外国人亲历的

辛亥革命

·丛 书·

李育民　李传斌

主　编

2021年主题出版重点出版物

国家“十二五”重点图书出版规划项目

The Passing of the Dragon

清朝的覆亡

——陕西辛亥革命及救援纪实

[英] 祈仰德　著　尹新华　刘雄　译

赵宏林　钟勇华　校

湖南师范大学出版社·长沙

图书在版编目（CIP）数据

清朝的覆亡：陕西辛亥革命及救援纪实／（英）祈仰德著；尹新华，刘雄译．—长沙：湖南师范大学出版社，2022.4
（外国人亲历的辛亥革命丛书／李育民，李传斌主编）
ISBN 978－7－5648－4527－8

Ⅰ.①清…　Ⅱ.①祈…②尹…③刘…　Ⅲ.①辛亥革命—史料—陕西
Ⅳ.①K257.06

中国版本图书馆 CIP 数据核字（2022）第 064938 号

清朝的覆亡——陕西辛亥革命及救援纪实
QINGCHAO DE FUWANG

［英］祈仰德　著
尹新华　刘　雄　译

◇出 版 人：吴真文
◇策划组稿：刘苏华　黄　林
◇责任编辑：赵婧男
◇责任校对：孙雪姣
◇出版发行：湖南师范大学出版社
地址/长沙市岳麓山　邮编/410081
电话/0731－88873071　88873070　传真/0731－88872636
网址/https：//press.hunnu.edu.cn
◇经销：湖南省新华书店
◇印刷：天津画中画印刷有限公司
◇开本：710 mm×1000 mm　1/16
◇印张：19.5
◇字数：270 千字
◇版次：2022 年 4 月第 1 版
◇印次：2024 年 8 月第 3 次印刷
◇书号：ISBN 978－7－5648－4527－8
◇定价：68.00 元

谨以此书向我的朋友和导师埃利斯教授表达深厚的感情。

作者　祈仰德

丛书总序

呈现在读者面前的，是部分来华外国人有关辛亥革命记载的一套丛书。辛亥革命是一次震惊世界的伟大事件，不仅改变和影响了中国的历史进程，而且在国际上产生了重大反响。对这一重大事件，人们从不同的角度做了大量叙述和诠释，揭示了革命的全过程及其意义。然而，作为一次波及整个中国、牵涉世界各国的革命，辛亥革命还存在大量需要深入认知的空间。自鸦片战争之后，随着对外开放的扩大，各类外国人大量涌入中国，他们对中国发生的各种事件均做了记述，其中对辛亥革命尤为关注。这些来华外国人所撰著作，记载了亲身经历的所见所闻，既补充了辛亥革命的史实，又阐发他们的相关评析，为我们进一步认识这场伟大革命提供了一个新的视角。正唯如此，值辛亥革命爆发110周年之际，我们编译了这套丛书，以冀扩展对这一重大历史事件的了解，推进这一领域的研究。

这套丛书译自各类来华外国人当时记述辛亥革命的著作，包括五种独立出版之著作，及一种选译汇编。作者来自英、美、法、奥匈等国，有领事、记者、商人、传教士、教育家、旅行家等。他们或已驻华多年，或临时来华访问，或常年在各地传教，或参与外国人救援活动，或以记者身份在各交战区域采访，或正在中国旅行而从南到北追随诸事件的进程，等等。事后，他们随即将自己在革命中的见闻整理成著作，在英、美、法以及中国以英、法等文字出版，向西方世界介绍辛亥革命。其步履和笔触遍及湖北、湖南、广东、陕西、云南、山东、江苏、浙江、安徽、山西、甘肃、河南、河北等省，以及武汉、上海、南京、西安、广州、长沙、天津、北京等重要城市，宜昌、滁州、徐州、扬州、潍县、汕头等中等城市，既包括革命进程中世人瞩目的中心，又伸展到内地和边远之地。

这些著作从不同角度记载了武昌起义及全国对其的响应，或对辛亥革命做了宏观整体的陈述，或以某个城市为重心的同时兼及其他区域，或介绍外国人援救寓华侨民的行动，或陈述上海的二次革命，等等。如《经历中国革命》一书，分析了革命爆发的原因，叙述了革命起始到善后大借款的过程，涉及云南、上海、北京等地。《中国革命记（1911—1912）》着重讲述了武昌起义以及武汉三镇的保卫战，同时还叙述了从南北议和到清帝退位的过程，并论及四川光复和孙中山、袁世凯等重要人物。《中国的二次革命》记载了1913年7—8月间上海及周边地区二次革命的经过，包括江南制造局、吴淞炮台周围等处的战斗。《身陷中国革命》和《清朝的覆亡》两书均以救援陕西外国人为主题，但内容详略和叙述范围存在差异。前者除了救援行动之外，还涉及西安起义、屠杀满人、哥老会内部争斗等内容。后者篇幅较大，除了上述问题之外，还设置专章介述沿海各地及北京、太原等地情形，并涉及山西、甘肃、河南、蒙古、直隶、北京、武汉、上海等其他地域。《来华外人在各地经历的辛亥革命选译》系《教务杂志》和各种个人著述的选译汇编，记述了作者在辛亥革命中的经历，范围涉及全国各地，如湖北、湖南、广东、陕西等省，除了武汉、上海、广州、西安、长沙等大城市外，还有宜昌、滁州、徐州、扬州、潍县、汕头等中等城市。就地域而言，这些叙述颇有代表性地反映了全国的革命风暴，作者将它们汇集起来，展现了一幅从南到北、自东至西的全景画面。

作为外国人，他们从自己的视角做了观察，提供了有关的细节，同时提出了各种看法，反映了西方国家对辛亥革命的认识和态度。例如，关于辛亥革命的发生，不少在华生活的外国人在武昌起义前便预感到大风暴的来临。如医学传教士胡美说，“清王朝正在解体”，当光绪帝和慈禧太后在1908年死去，“我们就隐约认识到了这一点”。随后1910年4月长沙抢米风潮发生，“我们已清楚地认识到了这一点”。到1911年初，“人们普遍认识到，一场严重的政治颠覆即将爆发”。英国驻华领事许立德在1910年也有同样的预感。或对革命的原因做了分析，认为有三个因素：一是经太平天国起义、戊戌政变、义和团运动等事件的累积，“这个国家发生巨变的时机已经成熟”。二是清政府“腐烂不堪”，已不能照旧统治下去。三是由于与外部世界的接触，中国已出现了“新一代觉醒的、训练有素的人”。

身处这场历史事变之中，这些来华外国人在当时便对辛亥革命的影响做了预测，认为：“或迟或早，世界上所有的国家必定会感受到中国革命的影响，在过去两年，它已经震动了亚洲大部分地区。”由于便捷的交通手段，人口几乎占全人类四分之一的中国所发生的事件，“不能不对整个世界产生深刻的影响”。革命对中国社会亦产生了非常大的影响，它既是政治性的，又是社会性的。“在中国一切都变了，包括构成人们社会和家庭生活的风俗习惯”，以及政治斗争及其格局，等等。他们对这场革命做了肯定的评论，同情和理解中国革命，肯定革命者的奋斗和献身精神。这些著述的作者们，均肯定中国建立民主共和制度的意义。如“遵纪守法”，“行为清白”；“所有人都充满活力”，而非“战战兢兢，犹豫不决，三心二意”；革命队伍“组织有序”，“运转流畅”；等等。从自己的经历中，他们看到或感受到中国的未来。如认为，哥老会和革命党有“良好的一面”，中国农民头脑清醒、克勤克俭、谨守本分，有助人精神，“蕴藏着一个真正伟大民族的元素”，“是这个民族的脊梁”。他们指出，“悲观看待中国未来的立场是错误的”，年轻的革命党“有希望建立一个稳定的政府”，这个政府“有能力开发国家的资源，帮助人民”，“一个统一的新生中国必将出现”。或者祝愿革命党人为自由而进行的斗争及其做出的牺牲，“将预示着中国正义和真理之日的到来”。

对革命军的缺陷和不足，他们也不讳言，做了客观的评论。如各省相互戒备，有着“狭隘的地方意识”，在陕西，“‘中国人的中国’这个口号在这里已经蜕变为‘陕西人的陕西’”。西北的青年革命者，几乎把全部精力“倾注在了破坏上”。他们有一种模糊的认识，“认为只要把旧势力清理干净，就可以在国内引进西方文明，建立西方式的政权”，却没有思考民众“接受和消化这种外来文明和制度”的可能性和意愿。“对满人的大屠杀是一个可悲的错误”，哥老会的抢掠行为等恶行，“留下了难以抹去的污点”，而共和政府却无法与他们“完全撇清关系”，这是革命派的“软肋”。其他如缺乏政治经验、招兵和军纪问题等，“未经训练”，“对战争技巧一无所知”，战斗中“毫无组织”，“全无秩序”，人人“随心所欲”，是一群“乌合之众”，等等。对革命对立面的长处，他们亦做了相应的分析，由此揭示了革命军的不足。如指出，北洋军在某些方面体现出明显的优势，有“最科学的战术”，“受过严格训练”，“学习了军事课程”，具有“坚韧不屈，无畏艰险，纪律严明，拥有丰富的军事常识”等军人素质，其战斗力强于革命军，等等。

评论中，不可避免地要论及辛亥革命中的各种人物，褒贬之间，反映了他们对这场革命的了解和态度。如黎元洪被认为是“中国带给世界的最伟大的改革家”，“如果没有他，中国可能就不会有革命”。袁世凯被认为具有“政治家的手腕”，“自始至终忠诚于自己的理想，追求一个目标，即谋求国家和民族的最大利益”，因此“要想拯救现在的局势，非袁莫属”。“袁世凯可能是当今中华帝国最伟大的人”，“并有能力使整个国家团结一致”。他还有极高的军事才能，北洋军“受过正当训练，拥有先进装备，具有良好纪律”，“成为一支不可小视的军事力量”。关于革命领袖孙中山，他们的看法是矛盾的：一方面认为他是“中国最有成效的革命家”，几乎为革命理想“奉献了一生”，“是一个有足够力量在中国建立一个稳定政府的人物”；另一方面又认为，西方人“根本无法理解”孙中山“密谋策划革命活动”，笑话他是个骗子，企图利用大动荡谋取私利。此外还涉及各省的各类人物。

著述中还涉及对某些国家的看法，如英国人丁格尔所著《中国革命记(1911—1912)》。其中谈到，英国在中国“比其他任何国家都更有优势”，这种优势“就在于他们取得了中国人的信任”。中国人普遍“相信英国人，相信英国的商品”，认为“英国是世界上最好的国家”。英国“仍然控制着中国大部分的贸易”，“没有一个国家像英国这样为中国的发展做这么多”，它“已打下了基础，播下了种子，现在只有他们才应该收获果实”。但英国遇到强劲的对手，即德国和日本，“他们正在斗争着”。关于德国商人，“不是依靠政治上的影响力，不是依靠关税或者欺骗性的手段，而是纯粹依靠对生意的专注和努力”，以“大规模的计划”和“良好的行为规范”为基础，“从而获得日益增长的贸易的最大份额”。这是因为，“普通的德国人都读中国历史，了解中国的自然特征、内陆人民及他们的生活，了解他们所拥有的及想要的是什么”，正是德国人对中国的深入了解和吃苦耐劳精神，使得“德国商人遍布每个港口”。关于日本，是英国“最强大的对手”，它“正在大批量地生产劣质产品”，“在这片土地上到处散播那些价廉质劣的东西”。所有日本人都赋有“寡廉鲜耻这种特有的德行”，“为了争第一，他们什么事情都做得出”。在华日商“没有什么信誉可言，人们需要小心提防着他”。日本人不择手段，“已经使自己成为中国的最优惠国”。现在日本人在中国内陆省份“秘密地勘探矿物，开采闲置浪费的金矿、铁矿”，他们“无处不在，却很少获得信任”。“没有哪两个国家能像大不列颠和美利坚合众国这么有希望获得中国新的贸易机会”。再如，法国人费南德·法金奈尔所著《经历中国革命》，较为注重辛亥革命与法国的关系，如革命对法属殖民地安南的影响、法国人与云南革命的关联、革命期间上海法国人的情况、法国对善后大借款的态度与政策、在华法国人对这场革命及其前景的不同观点，等等。

总之，来华外国人通过自己的亲身经历，揭示了鲜为人知的某些史实，丰富了对辛亥革命的认识，并反映了西方各国对华立场及其形象。但是，由于立场观点的不同，以及其他种种局限，这些记述又存在不同程度的缺陷和不足。例如，这些书贯注着西方优越的思想，或以所谓实录的方式丑化中国和中国人，或宣传西方思想尤其是基督教教义。如丁格尔在《中国革命记（1911—1912）》借他人之口提出，要把基督教文明的“真理和价值”传授给中国未来的统治者，“把中国融入”西方文明，使“中国人珍视”西方的“崇高道德准则”，如是，“中国可能就会在基督教文明的光辉照耀下成为一片乐土”。在对各类人物的评析中，亦体现了他们的思想倾向，如对袁世凯的赞许和对孙中山的褒贬，等等。关于辛亥革命爆发原因的分析有欠客观准确，或强调基督教的影响，认为“基督教在中国的传播与引发辛亥革命有着很大的关联”，因为“基督教在其教义和精神上是平等的”，当革命爆发之时，“乡村的偏远角落都有这种平等精神的表现”；或归之于某个人的作用，如认为“黎元洪是中国带给世界的最伟大的改革家”，“如果没有他，中国可能就不会有革命”。这些错谬的产生，既有个人主观倾向的因素，又反映了他们对中国或相关史实缺乏深入了解而出现误判。与后者相似，或因信息不准确，或因史料歧异，书中在各种问题上均或多或少存在某些错误。诸如此类，读者在阅读时需予以鉴察。

李育民

2021 年 6 月

译者序

一百余年前，大量外国人亲历了辛亥革命，其中不少人在当时或事后对这段历史进行了详细记录。这些撰述者往往具有较高文化素养，他们对当时中国各种现象或问题亦有深刻体认，从而为今天研究辛亥革命时期的中国留下了珍贵的第一手资料，本书便是其中一种。

本书作者祈仰德（1875—1942）是英国浸礼会传教士。他于1904年来华，常年在西安等地传教。1911年10月，辛亥革命在陕西爆发时，祈仰德刚从英国休假返回中国。他闻知革命爆发和在陕外国人遭遇不幸的消息后，便与英国驻华公使朱尔典等人商议，拟召集部分西方在华平民志愿者赴陕救援。11月23日，祈仰德乘坐火车由北京启程，只身前往山西太原府着手组织。12月初，祈仰德在太原府与英国探险家苏柯仁等共同组建了“陕西救援队”。救援队由来自英、美、瑞典等国的9名成员组成，苏柯仁担任队长。随后救援队由太原府往西南，经汾州府，过黄河，入陕西绥德州，经延安府，最后抵达西安。1912 年 1 月 4 日，救援队护送外侨从西安撤离。这支队伍穿过西安东关，出潼关，经河南陕州、渑池等地，最终在河南府（今洛阳）登上前往北京的专列。在此期间，祈仰德亲眼见证了辛亥革命的诸多场景，并且跟一些重要当事人有过直接接触和交流。救援工作结束之后，祈仰德返回西安继续传教，并把自己在辛亥革命时期的所见所闻和一些感想写下来，于 1913 年交由霍德和斯托顿公司出版成书。读者所见的这一中文译本，便是以此为原本的。

本书共分三篇，内容十分丰富。主要包括陕西辛亥革命的爆发及发展，外国人在陕西等地的经历和遭遇，以及“陕西救援队”的组建、救援工作的展开及外侨撤离的情况。本书虽然以陕西辛亥革命及救援队赴陕救援为主，但是也有专章述及了辛亥革命爆发后沿海各地及北京的情形、山西太原府革命的爆发等内容，牵涉山西、甘肃、河南、蒙古、直隶、北京、武汉、上海等其他许多地域。同时，通过本书还能看到这一时期活跃在陕西、山西、甘肃、河南、北京等地，并在陕西乃至全国辛亥革命的舞台上扮演重要角色的一些人物。如陕西军政府大都督张凤翙，哥老会领袖、西征军领导人张云山，重要的起事者、东征军领导张伯英，在西线议和中发挥独特作用并担任陕西革命政权顾问的英国传教士邵涤源，以及贾尔德、罗德存、荣安居等英国浸礼会在陕医务传教士，还有孙中山、袁世凯，等等。另外，本书也关注到革命期间陕西当地及附近地区的一些特定社会群体，比如哥老会、穆斯林、满族妇女、新式学堂的学生、本地基督徒、普通农民以及民兵等。对于不同社会群体及一些重要人物在革命期间的表现，一些事件的意义及影响，作者或详或略进行了评判。值得一提的是，对于辛亥革命时期陕西当地及救援队所经沿途的风俗民情、城乡景观等，作者也有不同程度的介绍，比如黄河流域的水土流失，当时中国的摆渡系统，还有当地较原始的交通工具，如骡轿，等等。

本书的观点亦比较鲜明。其中，对于辛亥革命中暴露出来的问题，尤其是以陕西为代表的西北地区的问题多有指陈和批判。譬如讲到西北省份的地方主义，作者认为“这里每个省都对其他省充满着戒备，它们因狭隘的地方意识而妄自尊大，因自给自足而夸夸其谈”，这使得该地域难以选拔到足够的优秀人才，而“‘中国人的中国’这个口号在这里已经蜕变为‘陕西人的陕西’”。作者还质疑西北地区青年革命者的责任心，认为这些人“把他们几乎全部的精力都倾注在了破坏上。他们有一种模糊的认识，认为只要把旧势力清理干净，就可以在国内引进西方文明，建立西方式的政权。至于这个国家能不能或者是愿不愿意接受和消化这种外来文明和制度，却没有几个人考虑过”。对于陕西辛亥革命爆发后的无政府状态以及革命军和清军交战时的各种乱象，作者亦颇有微词。书中指出革命军对非战斗人员的屠杀，尤其是“对满人的大屠杀是一个可悲的错误”；作者在描述陕西及其他地方外国人的经历和遭遇时，强烈谴责了哥老会尤其是底层会众对外国人的迫害及其实施的系列抢掠行为，认为“这些恶行给哥老会历史留下了难以抹去的污点”，而陕西新近成立的共和政府“没有与这些人完全撇清关系，也没能公开批驳他们的暴行”，这仍然是该政府的软肋。

尽管如此，作者对中国的前景并未感到悲观，对于革命过程中一些值得肯定的方面并没有回避。比如，书中讲到革命期间清政府和革命者双方都在履行保护外国人的责任，给救援队提供了或多或少的方便；而陕西“切尔西医院”的设立，在他看来是“显示了哥老会和革命党良好的一面”；书中指出，中国普通农民“保持着清醒头脑，他们克勤克俭，谨守自己的本分，对那些不幸的求助者也能张开双臂”，“他们是这个民族的脊梁”，“他们中间蕴藏着一个真正伟大民族的元素”。也正是因为如此，作者认为“那种悲观看待中国未来的立场是错误的”。作者还谈到了他对陕西乃至全中国年轻革命者或革命政权的希望，认为年轻革命者所组织的新政府“将有能力开发国家的资源，并帮助人民树立自信”，“尽管为国家重生而斗争的过程痛苦而又曲折，但当目前的沉沦与混乱过去之后，一个统一的新生中国必将出现”。

书中配有多幅插图，其中多为当时拍摄的照片，这些插图真切而生动地再现了辛亥革命时期陕西及其他相关各地的多种景象。另外，作者有着强烈的宗教理念，同时他也是一个学识渊博、心思细腻且又颇有文采之人。全书透露出比较浓厚的宗教情怀，而引经据典之处、感人肺腑之言亦随处可见。尤其是细腻的情感抒发能让读者真切地感受到战火兵燹之下，身处其中之人的疲累、伤痛及其对和平的迫切渴望，从而产生不同程度的共鸣。

需要说明的是，本书也存在一些与其他史料记载相出入之处，其中有些是夸大、不实乃至错误的地方。部分明显的史实错误，译者已用脚注标明。但是还有一些内容在观点方面需要读者阅读时自行甄别。譬如，书中把中国取得的一些进步或某些未来的希望都归结于教会工作者的教导，这显然是不妥当的。

称辛亥革命“是外国人教诲的结果，外国人的建议和帮助对革命派的成功至关重要”，这种说法过于夸大了外国人的作用。说哥老会是“最无法无天的人所组成的集合体”，“与强盗无异”，“‘哥老会’跟‘土匪’（地方恶棍）这两个术语可以互换”，这些描述无疑有些偏狭。

语言的转换本身是一个复杂而又艰巨的工程，而原著又成书于一百余年前，故此次翻译工作对译者而言在专业知识、语文功底和外语水平等各方面都是一次巨大的挑战。此译本虽已尽力忠实原文，但其中仍不免存在各种不周之处，尚祈读者批评指正。

尹新华　刘　雄

序

《清朝的覆亡》的作者不仅仅是理论家。他游历甚广，了解许多地方的生活。在进取心的激励下，他前往欧洲大陆的不同地区，横越美国，造访日本那些繁忙的城市。他曾在加拿大的农民以及兰开夏的纺织工人中间生活和工作。作为一个学生，他闻名于牛津大学和曼彻斯特大学；作为一名教师和友人，他在中国华北留下了熟悉的身影。他应召前往中国是因为义和团运动后那里缺少志愿者，他的主要工作也是在中国完成的。在他首次离开英格兰前往东方的十年间，他不惜以身体健康为代价，将全部精力投入工作，直至劳累过度而被迫休假。1911 年他又回到中国，再次承担起他的职责。他如此渴望重返中国缘于他对中国的浓厚兴趣。离开英国前一个朋友对他说："我不明白你为什么去那里。在我看来，那纯粹是白费力气。"他的回答很简单："这是我的责任，那里需要我。"后来发生的事情证实了他的说法，甚至超出他的预料。还在家乡的时候，他就谈到遍及中国的动乱和即将发生的争取自由的斗争。当他踏上中国土地时，革命已经开始了。他立刻意识到他的同事们所面临的危险，并立即着手准备救援方案。当这一严峻时刻来临时，他已准备就绪。念及于此，他曾写道："我只是做了任何一个英国人都会去做的事情。"他的事迹都记载在这本书中。

当伴随救援行动而来的兴奋与刺激消退以后（到达北京后他和另外三人受瑞典公使之托，又前往山西西北地区营救瑞典传教士。因为这次救援行动，他获得瑞典国王颁发的金质奖章），他悄悄返回西安府，继续他普通的生活。如今他就在那里，就忙碌地工作在他所热爱的中国人民中间，从事着他喜爱的传教工作。

在他人的请求下，他把革命期间的经历写下来，并在一些问题上，比如说已经发生的事件的意义以及这些事件对未来中国的影响等，发表了自己的观点。他所具备的独特资历有助于他在这些事件上得出合理的判断。丰富的旅行与此前的经历使他成为一个知识渊博的人。他极富同情心，这既使他站在弱者一边，又使他能够正确看待强者所面临的困难。他所拥有的宽广视野保证了他观点的正确。他所处的独特位置使他能够亲眼见证革命的进程和影响，也使他有机会跟一些重要当事人进行交流。本书就是这样一个结果。作者自己确信他有一些信息应该传递给其他人，因此他也要求读者给予本书积极的思考和诚实的判断。由于作者不在国内，我们便为该书补充了上述细节以符合出版要求，这对我们来说是一件既荣耀而又快乐的事情；如果这些补充内容与作者的原文同样具有价值，那就太好了。

赫伯特·埃利斯
司慕德
曼彻斯特

目　录

序章　消息传到北京　1

第一篇　陕西共和　5

第一章　局势所迫　7

第二章　起义的水准　11

第三章　攻占西安府　15

第四章　哥老会　19

第五章　抢掠西安府　26

第六章　洗劫满城：起因　31

第七章　洗劫满城：遭追杀的满人　37

第八章　满族妇女　42

第九章　穆斯林　46

第十章　大屠杀的后果　48

第十一章　众多都督　51

第十二章　东征军　54
第十三章　云山先生　58
第十四章　西征军　62
第十五章　最黑暗的时刻　69
第十六章　政府顾问　73
第十七章　城里的军医院　78
第十八章　战地医院　84
第十九章　与伤员同路　89
第二十章　未来的希望：两则启示　94

第二篇　陕西的外国人　99

第二十一章　在西安　101
第二十二章　南关的谋杀　105
第二十三章　逃亡　112
第二十四章　拿石头打死　116
第二十五章　东关：六个外国人的遭遇　120
第二十六章　东关：两个外国人的遭遇　124
第二十七章　在三原县、福音村和中部县　127
第二十八章　一个孤身女人　132
第二十九章　概览　138

第三篇　陕西救援队　143

·第一部分　救援队的产生·

第三十章　沿海地区的情形　145

第三十一章　北京的气氛　149

第三十二章　来自太原府的消息　152

第三十三章　准备　157

第三十四章　在石家庄　161

第三十五章　穿越火线　167

第三十六章　磋商　172

第三十七章　等待的一周　175

·第二部分　进入陕西·

第三十八章　出发　179

第三十九章　阔步前进　182

第四十章　夜晚骑行　185

第四十一章　前往黄河　190

第四十二章　我们是如何进到绥德州的　195

第四十三章　绥德州的政情　199

第四十四章　听天由命的人质　205

第四十五章　撤离绥德州　209

第四十六章　骡轿的使用　219

第四十七章　延安府：谈谈中国的农民　222

第四十八章　去甘泉：谈谈中国的统治者　226

·第三部分　撤离陕西·

第四十九章　旅行队　231

第五十章　住宿问题　236

第五十一章　粮草供应问题　239

第五十二章　战祸兵燹：从潼关到庙沟　244

第五十三章　战祸兵燹：在庙沟　250

第五十四章　穿越　253

第五十五章　实现和平了吗？　260

第五十六章　前往北京　265

尾声　西安府的又一个安息日　268

附录　专有名词英汉对照表　274

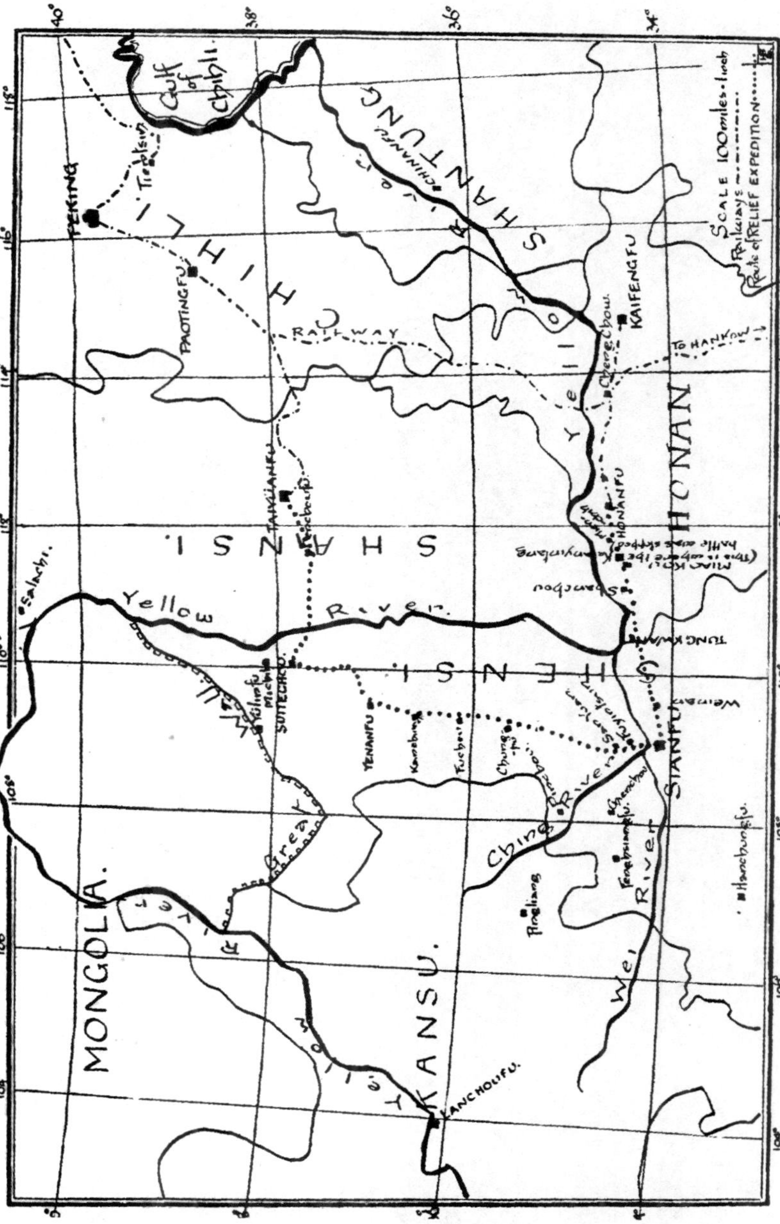

书中所涉及的中国地区的地图

◎序　章　消息传到北京

六国饭店的白色餐厅里挤满了人。柔和明亮的灯光下，侍童们在食客间来回穿梭。来自世界各地的客人聚集在这家远东的旅馆里。清廷的达官显要也在这里租下单间或是套间。虽然是些权贵人物，但在他们眼中，这使馆区却是北京的一处安全之所。在这里也能遇到许多热衷于新生活方式的中国有钱人，以及一些从耶鲁或伦敦回国的留学生，这些留洋派乐于在这里重温西式生活，虽然时光短暂但令人留恋。也能看到来自欧洲大多数国家的客人，还有美国人——无论到什么地方，他们总能用奇妙的方式毫不费力地营造出美国式的生活氛围。这儿还有银行家、矿主、大学教授、商业巨子、特许权追逐者、中国政府的外籍雇员，等等。人群中也有一些是所谓的“环球旅行者”——他们在自己的地盘上便以扶危济世为己任，是新近出现在中国地面上的活动分子。

人们的交谈甚是热烈。在人流涌动的电报房，受到持续关注的也只有一个主题，就是当下的局势。诸如战争的进展、汉口和南京的情况、皇宫的动向、南方的滔天自负、各省的形势，等等。就北京自身而言，当下的恐惧已经消失。难道这是因为袁世凯的到来吗？有一点是大家一致认可的，那就是无论如何外国人是安全的。当事双方，清政府和革命者，都争相保护他们。这和1900年的情况全然相反。原因是多方面的。比如说这次革命是外国人教诲的结果，外国人的建议和帮助对革命派的成功至关重要；就清政府而言，除了来自国外的援助，根本没有其他指望，等等。人群中有部分人或许更急迫地想了解这方面的情况，以驱除逐渐增加的不安和忧虑。这种忧虑并非来自已经得到的消息，而是源于部分消息源的持续沉寂。自从星期天，即10月22日以来，陕西就与外界断绝了联系。信件得不到回复，电报无法传递。越过陕西是大省甘肃，甘肃的扩展部分或者说它的邻省就是新疆，该省在西北方向与突厥斯坦接壤。陕西和经济富饶、交通便利的河南之间有一道关，隔离了两省。如今这道关的西边究竟发生了什么呢?

在河南省会开封府，一个英国人坚守着他在大清邮政局的岗位。开封府因为仇视外国人而声名狼藉，这时的空气中弥漫着对外国人的不信任和怀疑。因工作需要而骑着马来回奔忙时，他任由士兵们谩骂，因为任何愤怒的表示都可能成为敌意的导火索。只有一件事可以做，他正是那样做的，就是对任何辱骂都装聋作哑，一脸平静地做自己的工作。然而在遥远的陕西省，离此大概12天路程，他还有——如果还活着的话——一个弟弟。但是，数周了，寂静代替了频繁往来的信件，只有从一些还在工作的骡夫和送信人那里得到一点消息。这些人是从陕西逃出来的，情绪低落，一脸惊慌。他们的描述令人恐怖："赫尔·亨和他的妻子、孩子都被杀了"；"满飞烈"，即开封府那个人的弟弟，"也被杀了"；"那儿发生了大规模屠杀"；并且，局势还在恶化。一个可能是从陕西逃出来的中国人在信中歇斯底里地谈道："从'枪林弹雨'中逃出，所有外国人、当地基督徒以及满人都死了。"但一直以来，没有任何来自外国人自己的消息，也没有什么消息能够被最终确认。在此困境中，开封当局动员一切可资利用的机构去尽力解救外国人。邮政局的那个英国人竭尽全力不去想这些恐怖的事情，并继续进行着他的工作。不过他也把自己的担忧告诉了北京的几个人。于是乎，"没有消息就是好消息"或类似的谚语被不停地重复着。

西安府南门

1900年后使馆的墙角

上面写着“以免我们忘记”，那些字虽然已经褪色，但依然可见。

人们再次把目光转向电报房，但仍旧一无所知。大家焦躁不安地盯着电报纸，看到的却是些与当务之急无关的消息。然后，一个拿着信的男孩出现了，他手里是一封发自天津的快件。信中对大家都不敢说出口的担忧给出了答案。这封信把我们对时局的乐观估计无情地粉碎了。信中这样写道：

> “……西安府的白锦荣夫人和五个孩子被谋杀了；他们的房子也被烧毁。邮政分局局长、他的妻子和孩子，还有年轻的满飞烈或许也死了。几乎所有满族人，总数有7000，都被杀了。清廷的军队疯了，四处屠杀无辜的汉人。这儿的邮政分局［天津］试了很多方法，力图从西安府获得消息，但都失败了。我听说邵涤源［在西安府］花了500两银子找人把他护送到河南府。路上到处是劫匪，传教士不能携带银器……设法找些人前往西安府……只收到如下电报：‘河南府，十一月十九日，一群瑞典人前往［河南府］途中遭劫。布洛姆夫人受伤严重。请做好准备。’”

消息从遥远的内地传到我们这里，而当时的我们正生活在安全舒适的环境中。尽管还需要进一步获取消息，也有一些情况难以得到证实，一些细节以后或许还要加以修正，但是情报的大体意思是可靠的，因为消息是由外国人带来的。一位瑞典裔的美国女士，还有五个孩子被谋杀了；其他人也许也被杀了，至少是陷入极度危险的境地。陕西与外界隔绝了联系，到处是毁坏的景象，一片血红色的毁坏景象。

第一篇

陕西共和

DI-YI PIAN

SHANXI GONGHE

◎第一章　局势所迫

某个星期天的早晨，一个27岁左右的年轻人悄悄从西门进入西安府。这个人面容俊俏，看上去很聪明。除此之外，很难将他从人群中辨认出来。他的着装打扮与普通中国绅士无异，看起来也没有携带武器，不像是一个危险分子。他沿着街道静静地走了几英里，来到高等学堂。在这里，他进进出出，拜访了一些朋友。此后，他和朋友们来到附近的一家餐馆，并在这里与事先约好的一些人碰头。然后，重大事件发生了。就在此前不久，有三个人曾匆忙地进行过会商。他们都是革新团体——革命党的核心成员，也是陕西新军的成员。和其他大部分省份一样，革命党的纲领在陕西省还没有得到广泛传播。虽然有一些该党的重要人物聚集在这里，但为数不多。不过，一些高等学堂的教师和学生，还有新军中大多数受过教育的军官却在该省革命党中占据了很大比例。他们本打算10月8日起事，但天降大雨，而且部分新军将被调往西南部，这些新军正是他们起事的依靠力量。如果拒绝执行命令，势必过早暴露起义计划。于是，他们决定将起义时间推迟一个月。但是，这使他们面临严重的问题。张伯英①，一个热情饱满且富有冲劲的年轻人，担心会因此失掉一个为之计划和奋斗了很长时间，又作出众多牺牲的机会，便慌忙去找另外两个人商量。当他四处活动时，其他人也意识到了事态的严重性。因为汉口的枪声已经惊醒了消极懒散、粗心大意的陕西当局，他们正在采取一系列行动。布政使钱护院②此时担任护理陕西巡抚，他成功地督促八旗将军③采取了防范措施。正如他说的，“革命党的种子已经长出嫩芽”，现在必须采取行动。这就是说，他已经得知陕西新军中某些军官就是革命党人。如果要保住陕西，那么军政当局必须迅速、秘密而又坚决地行动起来。

存放新式武器和弹药的主要军装局不是位于满城，而是在汉城。不管什么原因促使当局作出这种安排，现如今从朝廷的观点来看，这样做是愚蠢的。军中诡谲丛生，很多军官都属于革新派。唯一值得信赖的军队是旗兵，这些人的命运与大清政府的安危紧密相连。然而，军火并非存放在人人都愿意抵御叛乱的满城，而是存放在视清政权为外族统治的汉城。管事的人忽略了这么明显的一个危险，不知道对革命的发生有没有起到什么作用？这又是一个权力“缩水”的事例吗？就算军装局的地点需要依据兵营位置而定，那也不至于像现在这样把它从满城里面搬到汉人聚居地一条不设防的街道上吧。

无论怎样做都是一样的。大清④王朝仍是一个异族，它骄傲自负、大权独揽，不屑与其汉族臣民打成一片，只是依靠军队维持统治。清廷腐败不堪，毫无希望。无论中央还是各省，都充斥着贿赂。在与西方的接触中，清廷虽迫于形势，建立了西式军队，但军中各项职务，如战地指挥官、军械官、情报官、军需官等，都被用来出售。他们卖，革命党就买。这等于

① 即张钫。——译者注
② 即钱能训。——译者注
③ 即文瑞。——译者注
④ 大清的意思是“极度纯洁”，它是清朝采用的国号。——原注

是朝廷自己出卖了自己。

最近，清廷试图亡羊补牢，纠正错误——一个因为背叛和愚蠢而导致的错误。旗兵使用的来复枪很多是前膛枪，即便是后膛枪也是非常陈旧的型号。我后来在城市看到的一些，竟是1861年美国南北战争中使用的斯普林菲尔德步枪，它们远远落后于军装局所藏的新式毛瑟枪和蔓里契枪。因此，八旗将军和护理巡抚一起决定把军火从军装局转移到满城，以装备旗兵。如果这样做了，他们就可以威慑城西的新军军营，并抓捕革命党的头目。至少，他们能为北京朝廷守住西安府，直到北京或甘肃的援军抵达。这个决定一传到衙门，就泄露了。（衙门的秘密是保得住的吗?）张伯英得到消息，立即去找他的同伴，劝说他们谨慎行事。西安的民众尚未完全接受革命党人的信仰宣传，一旦正式起义，他们或许并不支持革命者。更严重的是，起义计划还没有经过缜密思考，具体细节当然也还没有制定出来。既然他们已被视为革命党的代表，而且指望首义成功所依赖的弹药即将被转移，他们就必须立即采取行动。而要想成功，就得冒险。不惜代价，也要保住军装局。张伯英的激情也带动了其他人。已经没有时间考虑时机问题，现在只有一件事可做，就是采取行动。张凤翙，西安新军中的二号人物，决定去西关营房把他的营，或者一部分他认为值得信赖的人带出来。张伯英则悄悄溜进西安城，正如一开始我们见到的那样，去召集那些一起宣过誓的朋友。他们要冒险夺取武器，这是起事成功所必需的，但却不能让满族守军提前觉察。

现在已经没有时间犹疑不定。如果陕西想要像山西那样在北方与中央分庭抗礼以吸引和分散汉口的朝廷兵力，就得立即行动起来。全省统一举事的时间预定在农历九月十五日（西历11月5日），城里的许多人正在等待这一时刻。但是，陕西革命党核心圈的三个人物，张凤翙、张伯英和钱定三①事前并未将起义计划和细节全盘透露给其他成员，直到一切已成定

① 即钱鼎。——译者注

局。这三个人认为现在立刻就要动手。如果满人坚守西安直到援军抵达，就可能导致甘肃、陕西和河南坚决站在清廷一边，而且会给山西的革命形势造成负面影响。陕西必须把忠于朝廷的甘肃跟河南分隔开，削弱他们的保皇气焰。如有需要，陕西还应抵御这两个省的联合进攻。能够把朝廷的进攻兵力从长江吸引过去，这对陕西来说是一种荣耀。在各省中，陕西向来落后且被人轻视。“一块不毛之地”，住在沿海的中国人这么讥讽她。但是，她仍然记得此前有一个帝国曾建都于此。[①] 在自由之路上，倘若她能走在其他省份的前头，那么过去的辉煌也许会重现。

密谋策划的夜晚已经结束，在黑暗中进行活动的日子也已经过去。刀已出鞘，箭在弦上，陕西是时候在阳光底下为自己争得一席之地了。

---

① 此处描述与史实不符。实际上，有13个王朝先后建都于陕西西安，分别是西周、秦、西汉、新莽（新朝）、东汉、西晋、前赵、前秦、后秦、西魏、北周、隋、唐。——译者注

◎ 第二章　起义的水准

守卫军装局的力量近来加强了。几周以前，张凤翙在面见护理巡抚时，强调了派精兵强将保护军装局的重要性，并主动表示可以从他那里调一些“值得信赖的人”来执行这项特殊任务。那时巡抚没有起疑心，并且接受其建议，撤换了军装局的守卫。这样，密谋起事者得以将自己的人安排在门口，使得36个兄弟未遇任何抵抗便进入了军装局。

意想不到的事情接连发生。枪械和弹药随便堆积在地板上。而革命者们对这些枪械又很陌生，带队的人赶紧向他们演示如何使用这些武器。但他自己首先就遇到了难题，因为这些枪与他所熟悉的枪的型号不一样。在努力摆弄这些枪支的时候，误伤事件就发生了。

这时，外面的人已经警觉起来。商贩们匆忙关上店铺，大街上变得冷冷清清。攻入军装局的36人队干得不错，他们已经占领军装局，并把这些可能用来对付他们的武器弹药控制在自己手里。可是，下一步该怎么办呢？张凤翙杳无音信，那些参加起义的士兵也不见踪影。

若没有人手，这些武器又有什么用呢？如果清军决意来攻，这么少的一点人是不可能守住军装局的。起义者们开始焦虑不安，成功的喜悦荡然无存，恐惧笼罩着大家。一两个信使被派出去催促张凤翙加快行动。张伯英则穿过已然空荡的街道，来到附近的一个交叉路口，焦急地盼着他期待的人能出现在那里。难道一切都白费了吗？难道他们真的要被命运嘲弄，以至于守着这堆枪却没人来用？满族骑兵随时都有可能从他们的背后杀过来。他们的整个计划变得前途未卜。这个时候也许只有久经沙场的老兵才能经受住考验，而他们只不过是些初出茅庐的新手。重压之下，队伍出现了分裂迹象。张伯英努力设法稳住他们。5 分钟，10 分钟，15 分钟……很长一段时间过去了。终于，远处路口拐弯处扬起一阵尘土，一群穿灰色军装的士兵沿着弯曲的街道走来。骑马走在前头的正是张凤翙，另有 1500 人尾随其后。他们得救了！

步枪已经拿到手，随即就分发下去。给士兵分发完毕后，普通民众、巡警、苦力、店员、仆役等，只要在自己胳臂上缠上白布条，就可以领到一支新式步枪和一盒子弹，并被告知紧跟某个头目。一开始，这些“爱国者”们所受的伤有百分之八十都是由于自己或同伴不熟悉手中的武器造成的。这并不奇怪，因为没有时间详细讲解如何使用它们。

场面混乱不堪。社会最底层的人们面对着无限的可能，一条通往财富，或许还有权力的大道展现在他们眼前。近乎凝滞的血液也不由得沸腾起来。而自由一旦被滥用，那么即使在起义的早期阶段，它本身也会受到激进分子的威胁。于是革命党的领导人立即派出信使，前往四郊，去安抚群众，要他们保持冷静。但是，并不是所有信使都能赶在城门关闭之前出城。一旦城门关闭，而钥匙又在衙门手里——中国人的锁是自动关闭式的——要想再打开就没那么容易。如果哪个送信的人遇到这种情况，他就得相机行事了。

渡过黄河，陕西岸边（下船）

存放枪械和弹药的军装局（西安府）

在1911年10月22日被张伯英率领的“36人队”攻下。屋顶上面画×之处可见插着旗帜的军装局建筑物，左边画√之处是正对入口的照壁。

现有的力量被分成两部分：一部分抵御来自满城的突击，另一部分去攻占主要的衙门、银号、学校和其他公共建筑。但在分工前，还有一件要做的事就是打开监狱。并非所有起义都会这样做，但作为汉人反抗满人的起义，这样做是不可避免的。西安城划分为两个行政区：长安和咸宁。前者是著名的古都，后者则是城东一片新兴的市镇。咸宁县衙离已被占领的军装局不过几百码远。人群蜂拥而起，冲它而去。衙门里的长官此时正在判案。这里很容易就能听到街上嗡嗡的噪音，但今天这些声音似乎集中于一处，然后音量越来越大，最后便近至耳旁了。毫无疑问，外面至少是发生了骚乱。四川和湖北已经发生了叛乱，而现在可能就是陕西叛乱的开始。长官并没有坚守他的岗位，当人群冲进大堂时，他们只看到衙役们在慌乱地收拾财物。一些革命领导人缴获官印、案件记录和其他官府文件，其他人则打开衙门监狱的号舍牢门，把囚犯释放出来。但革命者手边并没有工具能够打开囚犯的脚镣，也没有时间去做这件事。他们叫犯人戴着镣铐到城市中心的钟楼去，那里会有铁匠来帮助他们。想来事情就是这样发生的。获释的囚犯可以选择加入起义队伍，不过他们分到的武器只是些大刀、长矛和不太锋利的剑——那时步枪已经分发完毕了。人们是怀着非凡的热情去攻打咸宁县衙的，因为有一大批政治犯近来就被关押在这里。不过这些人多半都是旧式会社——哥老会的成员，而非革命党人。这个会社最不好的一面，即它的邪恶本性其实已经显露出来。这给陕西革命添上了不光彩的一笔。不过，在举事的当口，人们所思所感的只是自由的狂热、正义的事业、为此而进行的武装斗争以及一个暴政时代的行将终结。不论是善还是恶，事业已经成功，历史没有倒退，起义的水准的确是提高了。

◎ 第三章　攻占西安府

摆在革命领导人面前的任务有两个：一是占领汉城各大有利位置，确保对衙门、银号和兵营进行控制；二是预防来自满城的任何有组织的进攻。至于接下来在战斗中发生的大规模屠杀，这要考虑到革命领导人的基本品质。应该说，从他们的角度来看，在战斗中之所以那么不顾一切，主要是想彻底摧毁满城守军的战斗力，而并非由于他们固有的复仇情绪。后来他们表达了这样的观点：满城驻军太强大，旗人数量太多，要摧毁这样一个政权，杀戮是必要的。如果让这个政权继续在本城或本省生存下去，它必将是个很大的威胁。当然，无论对事实怎样解读，都无法为革命领导人开脱罪责。但公正地说，这种不加区别的杀戮不是事先策划的，而是因为战斗唤起了嗜血的欲望。不过，在斗争进入到白热化阶段之前，他们并没有认清他们那些同盟者的本性——尽管那些同盟者的声誉在省内一直不佳——他们也很难料到哥老会底层群众对当局的仇恨竟是如此刻骨铭心。

汉城的起义行动比较简单。由革命领导人各自带领以少数士兵为核心的一伙人——分头进攻不同的衙门，其间伴随着震天的喊杀声和纵火行为。各衙门的长官都逃走了，占领者夺取了里面的官印、公文，还有银子。这种进攻方式使得当局无法确立一个防御中心，也无法将它的同情者——如果在汉人中间有同情者的话——集中到一个地方。巡警的情况又如何呢？在各路头目的带领下，起义士兵纷纷将木头搭建的警察所掀翻，命令巡警停止工作。如果巡警愿意加入到起义队伍中去，那是允许的，但在新政权成立之前他们绝不可再从事警务工作。巡警们对大清王朝本没有多少感情，又没有崇高的责任意识制约他们的行动，因此他们在被劝说或是被胁迫的情况下，要么加入暴乱者的行列，要么就自行回家了。

在汉城和满城，对叛乱分子的抵抗分别是以护理巡抚和八旗将军为中心的。此时他们又在何方呢？几天前有传言说，新任巡抚①尽管尚未到任，却已经在和外国人商谈借款事宜了。该项借款将以延安府丰富的石油矿藏作为担保，这激起民众的强烈不满。三天前，在谘议局的一次抗议集会上，群众激愤，人们要求立即取消这样的借款。会议任命了一个调查委员会，负责弄清借款事件的真相，并且预定在下一个礼拜天，也就是10月22日召开第一次会议。参加这个委员会的很多都是当权者。因而，在起义的紧要关头，省里两位级别最高的官员都还在汉城最西端的谘议局里开会。他们正聆听一群商人和学生对那个尚未就任的巡抚发泄种种不满和抱怨。这两位官员与其各自衙门之间是一座骚乱的城市。如果他们想要统率各自衙门进行抵抗，就得有果敢和忠诚的骑兵为他们开辟一条通道。但有这样决心和忠诚的人已经很少了。比如说护理巡抚的100多个随从中，只有4个人留了下来。他只好找到一处地方临时避难。有关他的情况我们稍后再讲。那位八旗将军此时却已无法返回满城，因为所有城门都已关闭。对他来说，

---

① 即杨文鼎。——译者注

要把少数散居在汉城的满人集结起来是不成问题的，关键是要保护好他自己的安全。在这一点上，将军做得很好。

起义队伍只在汉城的两个地点遇到抵抗。一是在南门附近，该地在欧洲大陆或许可以叫作“地方”——它太宽阔而不能称其为街道，形状又太不规矩而不能称之为广场。这里一排排的全是富有的官员和士绅的房子，马夫们牵着马和骡子在街上来来往往。这里是传播流言蜚语的中心地带，也是流氓无赖们经常出没之地。这里驻扎着巡防队一支强大的小分队。他们对城里发生骚乱的原因一无所知。他们既非西关营房的新军，也非革命拥护者。当张凤翙为控制通向南城墙的要道率人席卷而来时，巡防队士兵们拿起武器，准备抵抗。关键时刻，张凤翙挺身而出。他告诉士兵们：这不是单纯的街道骚乱，也不是结伙抢掠，而是汉人的孝子贤孙们渴望已久的革命。巡防队确信他们的抵抗将会徒劳无益，于是接受劝告，并站到革命者一边。

发生抵抗的另一个地点是藩台衙门。当时，陆军小学堂的学生未曾预料到起义会提前两周发生。因此，他们在听闻街头发生骚乱后，便匆匆赶来保卫藩台衙门以及衙门里的军费，这笔钱早就计划好要用于起义。如果说武器是起义部队的胳膊，那么资金就是他们的血液。学生们刚在衙门口大厅列好队伍，即有暴民蜂拥而入。但当看到来复枪后学生们那一张张刚毅的面孔时，他们惊讶地向后退缩，挤成一团。尽管守卫者是一群年轻的学生，但他们却懂得如何使用手中的武器。不过，暴徒的核心层也是些训练有素的士兵，他们也排列成队。两边都举起了枪。如果任何一方有人按捺不住，手一紧张而扣动扳机，立刻就会引发枪弹群发对射。但这样的事情并没有发生。两边的人都希望避免流血，因为他们都有一个共识，即他们都是汉人。紧张的局势又一次缓解了，这次也是因为张凤翙。他走到两列队伍中间，让学生们相信入侵者都是诚实守信的，并且向他们表示革命党人的行动是受到严格约束的。于是，两边又一次达成和解。不过，最后一幕却有点让人扫兴，它令这群以“自由、平等、博爱”为信条，以法国大革命为楷模的学生们心中怀揣的梦想备受打击。原来，当学生们回到陆军小学堂时，悲哀地发现有人（其他爱国兄弟）利用他们不在的机会，洗劫了库存的武器和弹药，它们本是用来向专制政权发动进一步攻击的。（如果同时也丢失了少量财产，能谴责那些鲁莽行事的爱国者吗?）这主要是因为陆军小学堂离西关营房不远，而在营房和西关一带，占优势的并非革命党人，而是那个一向为其所轻视的秘密会社。不过现在，他们已经与革命党面对面，并且再也不能为后者所小觑。这个秘密会社就是哥老会。

◎ 第四章　哥老会

如果不探讨哥老会这一秘密会社的有关情况，就无法正确理解最近中国西北部的事态发展。一般而言，革命党是由受教育阶层组成。他们通过散发宣传手册和发表演讲等方式扩大影响，其成员多分布在政府、军队和学堂之中。与之相反，哥老会主要在农民、工匠以及下层士兵中发展力量。其大部分成员都没受过什么教育，即便是领头的人，文化程度也不高。他们的历史渊源、宣传方式以及组织形式都与革命党不同。两者只是在奋斗目标方面有共同之处，而且主要集中于“兴汉灭清”或“复汉灭满”——恢复汉人的地位，摧毁旗人或满人的统治——这一点上。对于一个没受过教育的农民来说，他只能通过戏曲、民谣、风俗、习惯等形式获取历史知识。他们对自身以外的世界一无所知。对他们而言，所谓的革命原则毫无意义，法国大革命只不过是一个空洞的词汇，“自由”概念则过于抽象而难以激起兴趣。在他们中间散发宣传资料很难赢得支持；政治演说虽然对革命党人有效，但对普通哥老会成员来说就过于深奥了。他们所能接受的动员方式和手段非常原始，但极其有效。

谈到哥老会的起源，人们会追溯一些历史故事；只不过这些故事中理想化的成分有多少还很难说。一般来讲，当抽象的原则不起作用时，实实在在的例子便能打动人心。通过某种精心设计的仪式，历史的诉求与现实的呼唤得以切实体现并且不断强化。在互助中获得的好处激发了凝聚的力量；入会时因不同身份而形成的等级秩序构成了纪律；恢复汉人地位，驱逐外人（不管是满人还是其他人）则为整个组织指明了方向。

哥老会的警语来源于三个著名的关于兄弟友情的故事。简单介绍一下这些故事，有助于理解哥老会的号召何以获得如此广泛的响应。三个故事的基调都是一样的，即四海之内皆兄弟。但这些故事所揭示的兄弟之情却与西方人普遍理解的表面意义上的兄弟之情有着巨大差别。对于西方人而言，兄弟之情类似于某种基于“共和主义”的平等理想，他们自然而然地就能想到这一点。简单地说，哥老会依据人类生活经验和人的本性，毫不犹豫地宣称：四海之内皆兄弟是可能的，但平等是没有的。双胞胎只是例外，兄长弟幼则是常规。在这种长幼秩序中，适当调整责任和权利的关系便能达到自由。对哥老会来说，抽象的个人自由既无用处也无法得到。能够自由地履行个人对父母、兄弟及婚姻的责任，并且在社会上忠实地担当个人的角色，这才是他所想要的。自由地“去过自己的生活”对其没有多大吸引力。如果某人想要这样的自由，那他多半是神志不清。

“山、水、香堂”是哥老会的三大警语①。前两条大致代表自然和平衡(或调和)，最后一条则提醒大家：“人是有灵魂的。”

山。它与一个用以说明爱国心的古老故事相关。春秋时期，羊角哀和左伯桃两人义结金兰，誓做永远的兄弟。但是，他们都非常贫穷，而故事又发生在寒冷的冬季。尽管如此，他们却并不愚昧。尤其是左伯桃，他非

---

① 山、堂、香、水是哥老会在组织上的“四柱”名称。——译者注

常有希望在某个有职权的岗位上为国效力。不过，要实现这个目标，他得想办法赶到国都，并且向朝廷展示他的学识才行。然而，无论是左还是羊都没有足够的衣服来支撑他们在这寒冷的冬季完成这趟远行。于是，作为“兄长”的羊角哀——诚然，就他们的知识和经验而言，他们的关系无论在理论上还是在实际上都不是平等的，而是长幼有别的——脱下他的长袍，套在他“兄弟”左伯桃的身上。左伯桃这才得以前往朝廷，获得任命，从而服务于他的国家。而羊虽因脱下衣服而被冻死，但他通过赠衣给他“兄弟”，也间接服务了他的国家。① 通过这个事例，我们知道特权包含着责任。而且级别越高，提携下级的义务也就越重。这是今天哥老会的一个主要信条。

如今，在哥老会成员眼中，“山”这个词指的就是“爱国友情”（“义气的朋友”）中所体现的高尚情怀。

水。钟子期与伯牙是两个亲密的朋友。钟擅长弹奏五弦琴，伯则是少有的能欣赏他琴音的智者。他们之间有着近乎完美的默契，当钟弹琴时，伯“就能明白琴音中所隐藏的意义”。伯死去并被安葬后，钟带着琴来到朋友墓前，亲手把它摔碎。以后他也不会弹琴了，因为再也没有像伯那样知心的听众了。② 这里我们看到的是一种基于个人之间的，而非以爱国为基础的友情，这是一种“知音的朋友”。这种朋友知道我们的想法，理解我们的心意。这种涌动的默契在哥老会的信条中就以“水”来指代。

香堂。它与著名的“桃园结义”的故事有关。当年，国亲刘备和他的两个将军关羽与张飞歃血为盟，结为生死之交。不过，誓言所说的“一生三生；一亡三亡”（如果一个人活着，其他两个人也要活着；如果一个人死了，其他两个人也要陪着死）很难得到完全执行。实际情况是关羽死后，

---

① 这里有误，赠衣者应为左伯桃，求得功名者乃羊角哀。——译者注

② 这里有误，弹琴者应为伯牙，钟子期实乃听者。——译者注

刘备因要为他报仇，致使其军队遭受了重大损失。尽管如此，上述誓言在中国文化中一直很有名。尤其是关羽，他的勇猛和无私的爱国情怀，以及他对朋友的忠心耿耿，始终为各阶层的中国民众所怀念，以至于现在他还被奉为“战神”。这里我们所看到的是一种正直的友情。

于是，山、水、香堂这三大警语就作为表达三种友情的关键词来使用了。这三种友情分别是：爱国的友情、默契的友情和正直的友情。三个故事中的英雄人物作为典范而受到人们的尊敬，他们也成为哥老会顶礼膜拜的对象。举行这样的膜拜仪式显然成为哥老会凝聚会众的手段。

哥老会在其早期形成阶段便已分立为东、西两支。因而，在一些参考资料中，该组织的起源地有时也被说成是中部各省。但是，该组织真正的中心是在西部，即四川、甘肃、陕西等地。可以说哥老会的西部分支是最为兴盛的。一个东部分支的会员甚至要称呼西部分支的会员为“师爷”，至少也要称“师叔”，如此才能显示各自辈分的高低。不过，哥老会的会众过于分散，该组织仅在西北及西部地区形成一支强大的力量。

每个哥老会成员都会加入某个香堂。这样的香堂分为八种，分别是孝堂、悌堂、忠堂、信堂、礼堂、义堂、廉堂、耻堂。每个堂名所指称的美德经过民众的口耳相传，持续不衰，并反复出现在各类中文典籍中。在各堂之中，就实际情况而言，孝堂的成员个个都是大哥。而在其他各堂中，忠堂和义堂是最受欢迎的。

哥老会拥有自己的徽章、标记和暗号。这个中国式共济会组织的各项职能都得到全面发展。有入会仪式、晋升仪式，有举行仪式的专用器具，还有一套用于接头的暗语，等等。起初，革命党的知识分子们以轻蔑的口吻把哥老会这套做法斥为装腔作势的滑稽剧。后来，哥老会庞大的会员群体、有效的组织结构以及它所享有的崇高声望令他们幡然醒悟。对于西北地区那些目不识丁、很少外出并且负担沉重的农民来说，革命党过于平淡、抽象，而且对文化水平要求太高。然而，几个世纪以来哥老会带给农民的东西却有声有色、温暖人心而且颇具戏剧色彩，这些正是革命党所不能提供的。革命党人同时发现，要利用好省内已经激发起来的政治热情，最便捷的方法就是去找哥老会。只要小心谨慎，就能把这个组织转变为自己的同盟军。不过，该组织也很容易站到自己的对立面上去。

追踪哥老会历史的一个难点，在于它的名称经常变化，尤其是各分支的名称。另外，某些分支的极度活跃也掩盖了哥老会作为一个整体的存在。哥老会自称已经存在很多个世纪了。现代形式的哥老会则起源于中国上一个朝代，也就是明朝。“明末清初”一般被视为它诞生的时间。这个组织的老巢在四川。然后，经过汉中府，并越过秦岭，它的势力扩展到陕西和甘肃。该组织的活动贯穿于整个清朝——哥老会不屑地称之为“满”（满族）或“洋”（外人）。在此前发生的历次反满起义中，哥老会都是积极参与者。在去年（1911）发生的事变中，不管少数领导人是怎么想的，哥老会多数会众都轻而易举地把满族人界定为外来入侵者，是理应被驱逐出中原的邪恶势力。不过，事变中发生在东部沿海省份的思想革命，在西北地区几乎没有任何影响。

事变中清政府遭遇的困境，刺激了西安府内哥老会势力的发展。该会成员众多，组织良好，并且联络了许多山林匪徒，以至于一些店铺老板都不得不参加进来，以免起义时成为抢劫的对象。陕西哥老会组织的头目是一个叫李明山的假道士。他也是整个帝国境内最出名的哥老会领袖之一。他名字的由来就是著名而神圣的太白山——每位领袖都会依据著名的山川来取一个哥老会的名字。这个人总共领导着上万名哥老会成员。先提一下，此人随后将被陕西省的新都督（地方长官）安排一个肥缺，这令革命党领导人倍感无奈。后来他被任命为三原地区负责征税的专员。不过幸运的是，他的贪婪和残暴激怒了当地农民，并最终因此被他们杀死了。

当从日本及沿海归来的学生在当地学生以及受过教育的本省军官中发展革命党时，活跃的哥老会则在普通士兵中招募会员。哥老会的行动很成功，它靠的是互相帮助的承诺、华丽的仪式、简单明了的等级秩序、兄弟情谊以及誓为汉人复仇的豪言壮语。结果在第二天的战斗结束时（城市已经被占领，起义者们停下来考虑下一步重要行动，即组织新政权），革命党领袖猛然发现他们正面对着一个未曾预见的局面。他们认识到在自己的势力与哥老会势力之间必须做些调整。他们深知，即使不在民事领域，至少也要在全省的军事管理方面接纳哥老会领导人。

必须承认，以上对哥老会的概述涉及的主要是其最好的一面，是它的理想状态而非实际情况。在最近出版的一本优秀的百科全书中，开列有“秘密会社”条目。此条目对哥老会的介绍十分坦率：“一般而言，哥老会是中部省份（从河南至湖南）里那些最无法无天的人所组成的集合体。他们狂热地宣称仇视一切外国人，包括满族人在内。”到 1900 年，它已成为中国暴动分子实现野心的工具，并开始参与到暴动分子的抢劫行列当中。在陕西北部，哥老会与强盗无异。在辛亥革命的早期阶段，所有的过激行为，所有的暴行都可以归因于哥老会势力的兴盛。“哥老会”跟“土匪”（地方恶棍）这两个术语可以互换。但这并不是事情的全部。这样来解读中国西北地区的革命是令人困惑的。虽然上述对哥老会的指控大体真实，但西方人对哥老会十分友好也必须承认。不过，哥老会的名声确实因下列事实而变得更加糟糕：满城内发生的暴行、对东关英国人的野蛮攻击、对南关美国人和瑞典人的谋杀、汉中府内的暴动以及陕西北部的极度混乱。① 然而，哥老会里仍然保留有一部分中坚分子，该会的传统理想和纪律因此得以延续。这些中坚分子——哥老会中的杰出人士意识到，革命的未来需要建设性的政策，正如目前需要彻底为汉人报仇一样。因此，他们没有把革命党领导人完全排除在外。正是这少数的一些人开始投身到恢复秩序的工作当中。尽管在他们眼里，革命党人只是些自以为是的书生和怯懦的教条

---

① 见司慕德著：《身陷中国革命》。——原注

主义者，但他们还是勉为其难地与这些人一起工作。也正是这少数的一些人，极大缓解了起义者对陕西军医院的围困。有时，这些人也会表现出他们的慷慨和勇气。在恢复秩序的工作完成以后，他们承认哥老会为之建立或复兴的事业已经完成。这一表态证实了他们的爱国情怀。不过，大清王朝虽已终结，但仍有一些不法之徒想要打着哥老会的旗号实施犯罪。如今，哥老会的中坚分子正着手解散这个组织，而且他们取得了很大的成功。比如说李明山，他在城市最大的寺院——“城隍庙”里相当于半个帝王。而今他统率的众多哥老会成员都被遣散了。同时被遣散的还有“忠义”堂、“黄初”水（“Hung Chü” water）、“太白”山等哥老会组织。另有上万份哥老会会员文件被烧掉。在解散组织方面取得的这些成就，是哥老会中坚分子所能提供的最好证明。他们以此表达了对哥老会既有理想的坚守，也借此对哥老会在事变中犯下的诸多错误、暴行和无法否认的罪恶表示遗憾。这些恶行给哥老会历史留下了难以抹去的污点。

◎第五章　抢掠西安府

事变中西安府的商业区及官府衙门遭受的厄运随后也降临到其他大城市，尤其是省会城市头上。革命党领袖拿起他们刚刚获得的武器，率领他们所能召集到的人马，对满族人发动了猛烈进攻。而敌人所在的西安府西北方的满城与西关营房之间，是富裕而未设防的汉城。该城街道两边银号及商铺林立，许多衙门也建在这里。起义者事先并未计划好如何让西关营房的士兵穿过汉城去进攻满城。也许这根本就是不可能的。战斗开始时，起义领袖们只顾着仓促进攻军装局。因而城内除了张凤翙原先带来的那1500人外，并没有多少起义军。传达给西关营房士兵的命令也很笼统，只是让他们进城（当初起义领袖出于猜忌而特意没带他们一起进城）“去帮忙”。士兵们马上接受并且领悟了这条命令。他们明白要自己帮助自己。

他们闯入汉城的银号和当铺，其他暴徒也尾随而至。对此起义领袖是难辞其咎的。通过抢劫，那么多的人一下子从贫穷变为富有，甚至不需要什么掩饰。

除个人遭受的痛苦和经历的绝望之外，抢劫也造成了其他悲惨的后果。由于银号被破坏，它不可能在财政上支持新政府，也无法帮助新政府渡过最艰难的时刻。而东关那些幸存下来的银号虽然没有遭到抢劫，但多数都关门了。即使一年之后，他们仍不敢开门营业。抢来的银两被大量埋藏起来，或者是在投机倒把中，毫无增益地转来转去。为了筹措经费，革命党却又不得不诉诸最原始的手段。

就事变的特点而言，西安府和其他大城市大致一样。西安府的独特之处（不算关城发生的事情），是一部分不负责任的人一时鲁莽而对英华医院①发起的围攻，是穆斯林的独立姿态，最后就是对满族人实施的可怕杀戮。

在事变中，士兵们和那些被释放的犯人、穆斯林以及新招入伍的人一起闯进银号和当铺。不过，对这些地方的洗劫并没有使他们满足，他们又把目光瞄向其他商铺。在那里，普通商品很少遭到抢劫，一般是被肆无忌惮地破坏掉，只有“银子”才是他们一直嚷嚷的东西。之后，守城士兵会从容地把抢来的金银细软堆积在卫兵房或者城楼上，等方便的时候再把它们搬回家。

发生在衙门的情形与其他地方差不多。衙门长官能跑的都跑了。在遭到一番洗劫之后，衙门通常又被起义领袖征为“官邸”。长安知县——长安县统辖西安府西部——被邀请以非正式身份协助新政府的工作，这是因为他对当地商业情况了如指掌。他同意了。西安知府也接到类似邀请。但他的官衔比较高，倘若他也投靠敌人，那就太引人注目了，因此他拒绝了这一邀请。对我们来说有点奇怪的是，当地有十八位官员的经历都反映了这种差别。显然，官员们的选择并非碍于背叛行为本身，而是由于他们的官职大小各不相同。

---

① 即英国浸礼会所办的医院。——译者注

抓到一个当省法官的人①是行动中最大的收获之一。这位法官是一个满族人——有时也说他是蒙古人。他落入了哥老会领袖张云山之手，并被理所当然地当成了捕获的猎物。作为一个外族人，不管是满族人还是蒙古人，一旦被抓住，他的生命就岌岌可危了。不过他是省里最高级别的法官，而且在目前的位置上已经有五年了。他这些年的收入远远超出他当初买官花的钱。在他的衙门以及私宅里，藏着大量金条和一箱箱、一袋袋的银锭。抓获他的张云山是哥老会“大哥”。这个“大哥”可不一般，他统辖着一大批“小弟”，做事英勇无畏，说话一言九鼎。不过张云山醉心于他的人生大业，不屑于胡乱抢劫。但是现在，仅仅这一次他就发了财。随后这些钱就变成了他的战争经费。原来，那位省法官为了将自己置于哥老会领袖的庇护之下，愿意捐出所有财产。当交易完成时，法官的房屋、土地及各种贵重物品都交给了张云山。在世人眼中，这笔交易甚至还具有一定的合法性。不过，进行这种交易真的是一个极其大胆的想法。也许是因为被掠夺者是靠践踏社会正义而发财的，这才赋予了这种掠夺式交易一定的正当性。之后，对该法官的保护约定得以忠实执行。在张云山的庇护下，这位前法官给自己起了个汉人常用的名字，并以普通居民的身份住在城里。直到一切复归平静，共和告成，他才离开此地前往北京。

要用委婉的说法来描述这些荒诞的场景是不可能的。尽管银号遭到无情抢劫，商人的银子也被掠夺殆尽，不过，当轮到商铺的货物时却发生了下列情形。士兵或“爱国者”离开沿街快速行进的队伍，闯进不幸尚未打烊的商铺，他们随手捡起相中的物品，就问：“多少钱?”“五两银子”，店主答复说。“五两?！胡扯！这里有500文，我没有时间和你讨价还价。”在威胁和恫吓下，店主只好同意成交。他还未离开，另一个人（战友）又进来了。这个人也随手拿起一件物品。“老板，这是50文”，说完他就转身离

① 即陕西提法使锡桐。——译者注

开了。第三也是最后一幕的情形是，一位王姓士兵看见一位张姓士兵拿着物品离开店子，便嘟囔着对店主说："哎！你给他东西，也应该给我这个。"说完他拿起"这个"物品就急匆匆地离开了。注意，最后一幕，使用了多么体面的话语。抢掠者为应付将来可能面对的法庭审讯，应该会坚称这些物品都是买来的便宜货，或是商人赠送的礼物。这样的"交易"和"赠礼"直到商铺关门才结束。遭到惊吓的店主敢违抗要他们开门营业的法令，对此会有人觉得不可理解吗？一个礼拜后，士兵返回城里，敲打店门，威胁说若不开门，他们就破门而入。同时，城西一些之前富有的商人被抓捕，并被恐吓说如果不开门营业，将被砍头。直到这时，那些满腹忧愁的商人才打开店门，而其存货已经少得可怜了。他们深知，那些被迫接受的纸币是由军队发行的，要想赎回它们，即便不是血本无归，也必将大打折扣。因此，店主采取了妥协的方式，只取下一块活动门板，以便再发生骚乱的时候，能及时安上关门。

学堂，学生学习的地方，也是他们为实现光荣革命的梦想和目标而奋斗的地方，现在却被征用为士兵的居住场地，尽管后者在城外拥有足够的营房。有时，学堂也被一些新上任的，通常是自封的"领导人"用作办公场所。一些幸运的学生成了新政府的成员，在其中担任官员或秘书等职务。但是，新政府里这样的职位很少，不够分配。而且，令他们失望和沮丧的是，这些没有受过教育的哥老会会众对指导工作的学生根本就缺乏应有的感情和真诚的尊敬——难道我们的学生没有学习法律、军事战术、英语语法（哦，见鬼的语法！对此你能怎么回答！）和政治学吗？哥老会的"大哥"也是如此，他们在攫取和掌握了政权后，就粗暴地把这些受过教育的学生排挤出去。这些学生也需要填饱肚子，但他们没有足够的经济来源。在经过了维护职位、寻求庇护和搜寻食物的可怜努力后，学生们最终惊恐地离开此地回家去了。高等学堂的讲演厅，对学生来说，它是神圣的地方，现在却被所谓的"爱国者"、"爱国的人"用作宿舍。化学实验室里四处散落着玻璃碎片，物理实验室也一样。一箱箱的试管被肆无忌惮地打碎，电磁棒、气压计以及贵重的精密科学仪器被这些新住户当作嬉戏打闹的玩具，应该让这些把国家从专制统治下解放出来的“爱国者”开心。凉亭、花园、专供娱乐的休闲场所都必须坚决服从实际需要，应该用来存放马匹。为什么还要浪费时间去找马厩呢？有能用来生火的木头，为什么还要去柴火商那里寻找？这里不是有窗框、门和凳子吗？那些有纪律观念的领导人，还有其他一些渴望将来恢复秩序的人，大胆地站出来表示不满和抗议。但是他们很快沉默了。那些人质问，现在我们不是共和了吗？根据你们的说法，我们不都是平等的吗？长官的命令算什么？

西安府居民的容忍度让旁人叹为观止。起初，他们什么都不敢说，什么都不敢反对，只为能活着而庆幸。后来，当新“政府”进一步组建的时候，他们依然保持沉默，因为任何批评政府的话都是禁止的，那些政府领导人甚至威胁说要控告那些散播谣言者。他们只好又开始经营自己的生意，或是到自己的地里去劳动。商业遭受了巨创，估计需要很多年才能恢复。然而，不久之后有容忍心的西安人会鼓起一点勇气，去控告那些以不正当的途径占有他们财产的人——事实上，这些控诉已经开始——在未来的好多年里，他们都会坚持这样。

◎ 第六章　洗劫满城：起因

满城位于西安城的东北隅，而穆斯林聚居地占据了西北部大块地方。满城西城墙有两道门直通穆斯林聚居地，南城墙有三道门通向主城汉城。一直到 10 月 22 日快结束的时候，尽管这些城门没有遭到攻击，但革命军仍然重兵把守着以阻止城内的人外出。第二天早晨进攻的信号是从城中心的钟楼发出的。有两个士兵自愿进入并攀登上钟楼。尚不清楚里面是否还有隐藏起来的旗兵。如果有，双方就有可能发生殊死的战斗。如果没有，这两个士兵就从顶层鸣枪通知同伙，其同伙就会进入钟楼，从这个优势位置向下面的满城开火。

就在前一天夜晚，尽管满人的优势并没有立即被压倒，但是革命军已向南城门楼的防护斜坡发起了进攻。在这里，官府的贪婪再次招来报应。政府本已拨出专款以建设一支装备精良的军队来守卫这里，但是这笔资金被层层截留。结果在第一轮攻击中，这群无基础、无纪律的守城者就被击败溃逃了。南城墙被胜利者占领。第二天早晨，他们就向东推进，没有遇到任何抵抗，便到达了东南城角。但是从这里到东门，他们遭遇到了来复枪密集的火力射击。因为在东门，八旗守军建立了坚固的据点。城门上面的雄伟城楼里，驻守着大量军队。在东城门楼下通往满城的登城马道上，八旗守军集合了大量的骑兵和步兵。虽然进攻城墙的革命军数量很少，但是他们都是经过现代军事训练的士兵，并且装备了城内最先进的武器。他们所面对的是一群士气低落、养尊处优的八旗兵，其中很多旗兵的枪支是前膛枪，都很陈旧，而且他们对大炮的管理和使用也漫不经心。在东门的瓮城里，张云山率领他的兄弟们进行了疯狂的战斗。

在西边，满城城墙蜿蜒延伸到西安城北门。北门有雄伟的城楼，这里发生了激烈的争夺战。张伯英是这场战斗的指挥。23 日的清早，他就爬上一座房子的屋顶。该房子所处的位置就在满城高高的城墙与汉城的园子毗连之处。在这里，他能看到一些八旗军队的部署情况，能够看到他们如何在通往汉城的城门附近集结。

从城内拍摄的西安府东门

城墙上面的战斗正如第 37 页（原书）所描述的那样，同时在东门的瓮城里，张云山和他的哥老会进行了战斗。在这里，他对满族人的仇恨得以彻底宣泄。

满城里的废墟

大炮从兵营和军械库推了出来，被安置在通向这些城门的汉城街道上。随后的炮击很快达到了目的。它不是炸毁了满城的大门，而是吓跑了城门口的抵抗者。之后，革命军抬出沉重的横梁猛撞城门，就这样攻入一道城门，而另一道城门则被他们放火烧毁了。但是，当城门就这样被攻破的时候，一些八旗军兵返回来，并与革命军在入城通道上展开了殊死搏斗。张伯英声称，在这场混战中他亲眼见到革命军士兵做到了以一敌五。他估计，参战的八旗军队有 3000 人。考虑到这一点，我们应该记住，抵抗越是激烈，随后就越有借口发生屠杀。

革命党领导人最初的命令是，只能杀死士兵。几乎毫无疑问，张伯英，这位主要的指挥者，当时也没有想到会发生后来那样的屠杀。由于以下原因，这样温和的政策后来被抛弃了。

其一，一意识到长期以来担心的革命爆发，满人马上就涌入八旗将军衙门询问该怎么做。正如已经提到的，将军在汉城的省谘议局里。不幸的是，他的属下中没有一个人能够积极主动并且意志坚定地组织起一致的抵抗。的确，城门马上就被关闭了。但是，几乎可以说，在中国稍有风吹草动，城门自然就会被关闭。有关暴乱发生的传言成为城门关闭的直接原因。

满人关闭了城墙内的城门，将东关与满城隔离开来。除此之外，其他一切都陷入混乱。

其二，就像没有一致的防御计划那样，满人对投降也没有任何规划，他们也未在颜面尚存的时刻采取适当的方式提出谈判的问题。如果在开始阶段，满人的总部就能向革命军作出适当的说明，那么虽然不能阻止抢掠他们的财物，但是他们的性命或许能够得以保全，至少革命党也许会尝试采取一些保护措施。不幸的是，他们没有进行这样的尝试。城墙一被攻破，大多数人的念头就是逃跑。最后，大家四散逃生，乱成一团。

其三，尽管满城守卫不再是一支战斗力量，但是每个满人至少名义上还是士兵，因此在街道上仍有小规模的战斗发生。当时形势下，中国西北部的街头巷战并不如发生在欧洲的那样激烈，甚至连发生在中国南方狭窄街道上（两侧是两层楼房）的巷战都不如。这里的房屋只有一层，没有俯视街道的窗口。仅有的土墙像鱼鳞一样容易脱落，上面没有射击孔，也没有立足之地。就逐房逐街的巷战而言，无论是卡奥尔①的街道，抑或是巴黎的街垒，还是某个城镇愤怒而娴熟的抵抗，应该都是没有问题的。但是，这里的街道很宽阔，满人也有一种办法来对付他们的敌人。虽然他们在其他方面的优势已经消失，但是西安府的旗人还是高贵的骑士。他们向前发动进攻，虽然他们最终由于没有明确目标而变得徒劳无功，但毕竟在短暂的时间内形成了一种不可阻挡的态势。不过，越靠近城门，街道就越窄，最后就连这点优势也消失了。

有两个人例外，他们有胆量，不愿意不战而降。一个名叫穆额叶的巡官，召集了100多人，在满城中旗民们引以为傲的一座大园林里进行了长时间的抵抗。另一个人是怀包，一个声名狼藉的赌徒，他率众进行了一场希望渺茫的抵抗。

---

① 法国南部的一个镇。——译者注

但是，部分由于这两个人坚持抵抗的原因，这些少数战斗着的满人被他们的敌人当作了大部队的先遣军。那些原本从容地通过一些街道，且没有伤害意图的革命军队伍停止了前进，他们急切地向长官询问下一步如何行动，并且还大肆渲染如果任由这些“战斗着的满人”在街上将会给汉城带来的危险。这些战斗着的满人，连同满城内其他各色人等——据保守的估计，有5000多人——最终促使革命党人改变了他们的政策。他们转而要求把所有的满人都视为战斗人员。几代人的愤恨和惊恐又一次燃烧起来，命令变成了“全部杀光，一个不留”。

满城里的废墟

满城八旗将军衙门废墟

在满城的北端有一个被称为“皇城”的地方，是用来纪念西安府曾是皇帝居所的那些日子，现在被用作了八旗教场。它的城墙又高又结实，城门很大。有人认为满人会在这里建立最后的据点。认识到这一点之后，自然要尽量避免这种事情的发生。西安府要获得安全，恐怕要在这里进行一场战斗。这种担心促使一些革命者产生了盲目愤怒的情绪。街道上被杀死的每一个满人，不管他意志如何消沉，如何恐惧，都被认为将来在皇城发生的最后战斗中自然会站在敌人一边。对着城门的一堵巨大的土夯照壁遮掩了皇城内部。革命者担心这里会被用来作为伏击他们的地方。最后，当他们壮着胆子进入这块恐怖之地时，却发现这个所谓的死亡陷阱，这个帝国重整旗鼓的最后之地，竟然是空无一人。

其四，另一个因素不能忽视，即哥老会对满人的强烈憎恨。这种憎恨在张云山身上得到充分体现。对他而言，消灭满人就是一种信仰。星期二傍晚的时候，攻击减弱了。但满人并没有被完全征服，这就留下了隐患。那天晚上，满城北门的宏伟城楼陷入一片火海。这样也就足够了。偏偏还有人大声喊叫着说，满人已从 12 英里远的草滩驻军那里得到增援，他们聚集起来放火，杀人。闻此，哥老会会众更加愤怒。张云山却夸口说是他故意放火烧了城楼，目的就是保证所有满人被彻底地清理干净，至少他们在陕西的势力会从此根绝。

这些就是对满人进行彻底屠杀的一些主要原因。

◎ 第七章　洗劫满城：遭追杀的满人

一旦汉人开始破坏活动，弑血的欲望、杀戮的疯狂就占据了他们的心理。不管是老年人还是青年人，男人还是女人，抑或是小孩子，都一样被屠杀。在这关键时刻，已是暮年的八旗将军与他的人民切断了联系。他看不到任何希望，也无法面对这种情形！尽管暂时得以保全，但是他认为没有必要维持下去。于是，他投井自尽了。满城里的房子先是被抢掠一空，然后被焚烧殆尽。那些隐藏起来并试图躲过这次风暴的人，被驱赶到露天的地方。革命军以城墙上的墙垛作掩护，对满城持续展开了猛烈而又无情的射击。那些试图逃到汉城去的人，一出现在城门口就被杀死。在西城门，穆斯林出于自己的目的，收留了一些满人。晚上，有些人成功地翻越城墙，涉过护城河，逃到乡村去了。但并不是所有的人都能成功。城墙有 36 英尺高，顶部约有 16 码宽，城墙上四处都有成群的汉军守卫。逃难的人要想翻越城墙，必须从各处的卫兵之间潜行出去，避开巡逻的灯光，并要找到固定绳索的方法。还有些人可能是冒险从高高的城墙上跳下去以逃脱。

很多满人失望至极，便放火烧了自家的房子。这样做，至少可以让那些追杀者误以为他们的房子已被抢掠过。数天之后，即当第一轮暴怒过去之时，那些被带进英华医院的人，其情形令人震惊，他们甚至试图自刎。当被问及为什么这么做时，他们简单地回答道："井都满了。"陕西的井并不像中国其他一些地方的井那样浅，它们一般都有36英尺深。今天就有这么一个人住进了医院。他的家人，包括妻子、女儿和儿子们都被杀或自杀了。他之所以能活下来，就是因为水井已经被死尸或奄奄一息的人填满。他想通过其他方式自杀，但是没有成功。

革命爆发时，在汉城里也有很多满人。当时，有些人躲到朋友那里临时得以逃脱。但是，即使在20天之后，若满人在街道上被发现，都会立即被拖走杀害。在城市的大街小巷，有数百人就是这样被捕获的。通过着装、面部特征和语言，就能识别出他们是满人。他们对红色和黄色的酷爱，对白色衬里的使用，高领子和窄袖子（那些日子里，喜好时髦的汉族公子哥们向外人展示沿海式样的服装是很危险的）、腰带、鞋子，所有这些东西都能让他们暴露出来。对满族妇女来说，不裹脚是致命的区别。她们可以改换独特的头饰和着装，却无法掩藏自身的天足。一种办法就是穿上男人的衣服，如果能穿上汉人士兵的衣服就更好了。许多人这样做，并得以逃脱。但也有很多人被士兵抓住，暂时关押在一个庙中，直到被当成战利品进行分配。满人的面容很容易与陕西汉族人区分开来。他们一般更像开普马来人，而不是蒙古人。另外，说话也能暴露他们的身份。如果革命党人怀疑，就会要求他们说话，并就此作出判断。对中国其他省，尤其是直隶的人来说，这就意味着危险。

被杀的人从数百上升到数千。据革命期间住在西安府的外国人估计，那些被杀或通过自杀以避免更悲惨命运的人超过了一万。

在这个遥远的省份，革命党的教义使之临时扮演了一个非常原始而又很不科学的红十字会的角色。殡仪事务成了它最初的工作。那就是在已然荒废的满城挖坑，掩埋被害者尸体，收集人们遗留下来的砍刀和狗。雇来干活的人像牲畜一样工作。每个人在尸体上系上一根长绳，绳子的另一端搭在肩膀上拉着。惨白的尸体在城市的泥泞中碰撞、滚动着，就这样抵达了最后的安息地。沿着大菜市①——这条繁华喧闹的街道两旁满是小吃摊——来了一支半英里长拖运尸体的队伍。其中一条绳子的另一头，系着一颗头颅，尸身已不知去向，只有头颅在拖运者后面滚动着……这边拉着的一具尸体，内脏已经被掏空。你也许会说，这简直太恐怖了，真是不应描述出来！但它所经之处的人群却充满着仇恨和冷漠，甚至还带有几分令人生畏的心满意足。这些死者真是太可怜了！固然，满人是寄生虫，是压迫者。但在革命者取得胜利的时候，他们可曾体现出任何节制，抑或是比战败者更高的德性吗？

臂膀上缠着白布条是圣巴多罗马日②的一个标志。满人注意到攻击他们的人都戴着这个标记，于是到 23 日傍晚的时候，他们也戴上这样的标记。第二天，革命党领导人命令革命者缠绕另一种颜色的标记。到晚上，被追杀的旗人又尽力模仿，也缠上这种颜色的布。这样的事情一直继续下去。

西安府满城里的废墟

官办学堂的外墙。

---

① 现名大差市。——译者注

② 1572 年 8 月 24 日，法国王室军队受天主教指使对巴黎的胡格诺教徒展开屠杀，持续两天。此即圣巴多罗马日。——译者注

军装局附近的刑场

在这里有许多人被处决，其中包括第 45 页（原书）提到的那位女孩。

当满人意识到继续抵抗下去已经没有用时，多数情形下，他们会跪在地上，放下武器，乞求士兵饶命。但是，他们还是被杀了。有时是整排地被杀死。在一个门口，大约有 10 到 20 人是这样被杀死的，尸体躺在冰冷的血泊里。

一个女孩沿着街道走来，大约 20 岁，双手被绑着。她已经在军装局——革命军的临时司令部——接受了“法官们”仓促的审讯，现在正要被拉到 100 码远的地方砍头。她的面部表情，旁观者即使看一眼，也会终生难忘。那不是绝望。啊，不！她还来不及获得绝望这种止痛剂。那是年轻的生命和充实的生活被完全剥夺，转而将被带入黑暗和恐惧的表情。她嘴唇苍白，一声不吭。紧闭的双唇和她整个被捆住的身体一样，被彻底的恐惧控制着。颤巍的肢体、蹒跚的步态表明了这一点。比这更明显的是那可怕的、令人不安的眼神。他们所经过的地方，鲜血发出的恶臭在阳光照射下刺鼻难闻。到处是咒骂声、啜泣声，以及掺杂着呻吟和嘲弄的叫喊声。她只是一个女人，甚至还是个孩子，却在满人居住的地方被抓住。她没有和亲人死在一起，也没能像他们那样以自杀的方式拯救自己。但如今就要这样被匆匆赶到屠宰场。她有什么罪？因为她的出身是满人。一旁的士兵在不耐烦地嘟囔着，这活完了，他还有其他的事情要做呢。在那些日子里，时间就意味着金钱，就意味着更多的娱乐。他迈着大步跟在她后面，高高举着已出鞘的刀，大声咆哮着：“快，快点。”

革命爆发数天之后，一个英国人走过一条偏僻的街道时，听到呻吟声和痛苦的叫喊声，同时伴随着从某个底部传来的空洞回响。他看见了一口井，井口还围着一些汉人。这一天是属于他们的。痛苦的叫喊声不断从井里传来，微弱的呻吟声和刺耳的叫声交替着。一个已经跳井，也许是被扔进井里的满人躺在那里，四肢已经折断。他痛苦地瘫在那里，几乎是神志不清地哀求怜悯。站在井口的人捡起土块、石头以及一切能拿到的东西向井里扔，随即从井底深处传来投掷物击打人身发出的砰砰响声。

◎ 第八章　满族妇女

满族妇女呢？女孩们的母亲呢？那些目睹丈夫为保护自己免受凌辱而倒在门槛上的妻子呢？她们的处境怎么样？她们没有想过战斗，也没有人告诉她们如何保护自己。这里没有那样的窗户，可以让她们从上面倾倒熔化的沥青，或者向下面的敌人投掷沉重的器物。她们没有，也不知道如何使用武器。但是，即便不能保护自己的生命，她们还是可以维护自己的尊严。唯一的办法就是宁可死，也不能失去尊严，死亡是她们避难的天堂。她们是这么做的。她们视死如归。即使小孩子，也知道该如何去做。是啊，一切都失去了，剩下的唯有尊严，而尊严也是必须要保留的。某个比较有名气、受人尊敬的家庭，超过 9 位妇女投井自杀了。陕西的井很深，但是在那些恐怖的日子里，仍然被绝望的受害者填满了。那些老年妇女，一生专心于抚养自己的子孙后代。但是，现在却眼睁睁地看着他们被杀害。剩下的日子，她们或是到敌人的门口乞讨为生，或者是饿死。在杀戮狂潮中，老年妇女并未被放在眼里，她们因此而逃过一劫。但是，对那些年纪稍轻的妇女和她们的女儿来说，命运却是另一个样。这些母亲往往把自己的女孩召集在身边，然后一起赴死。街道上常常能见到这样的景象：一个士兵命令一位妇女跟了他，而那妇女则回答说："不，如果你愿意，就杀了我，要我跟你，办不到。"……于是，她倒下了，昏倒在血泊中。胜利者再去寻找其他目标。

小女孩则被带走，他们将被训练成奴仆。城市里的富裕人家，特别是穆斯林的家里满是这样的人——以备将来使用的廉价仆役。

但是，汉人的愤怒与西班牙人相比要柔和得多，西安府也比安特卫普①幸运。汉族士兵，即使满身缺点，也比"阿尔瓦的恶魔"② 或"柯克的羔羊"③ 好得多。汉人的婚俗习惯帮助了那些陷入苦难的满族妇女和女孩。因为对来自于社会最贫穷阶层的年轻的汉族士兵来说，正常情况下，结婚是一件很大的事。这需要计划很久，家里人还要省吃俭用，直至用光所有积蓄。但是现在却有千载难逢的良机，他什么都不用付出就能得到一位妻子。不用支付大笔彩礼——因为女孩已经没有家；不用付给中间人钱；不用为令人苦恼的婚宴和礼服支付任何费用；也不用缴纳登记费。他要做的只是把女孩领回家，并当众宣布她就是自己的妻子。于是他的父母就有了儿媳，或者说有了一位不用付给薪水的家佣。而且，她永远不能向他们提及娘家的事情，也不会吵闹着要什么权利。

三天后，革命军长官张贴布告，禁止伤害妇女和儿童。于是，那些单身士兵就到废墟里去搜寻。他们把找到的妇女和女孩带到医院，告诉医生她们是士兵们的未婚妻，治愈后必须转交给他们。医院很快就习惯了这种奇怪的现象。几个星期后，照顾这些病人的英国女护士不再感到别扭，转

---

① 比利时的一个市，1576 年被西班牙军队攻破，大量市民被屠杀。——译者注

② 指 16 世纪西班牙阿尔瓦公爵领导下参与屠杀的军队。——译者注

③ 17 世纪英国上校珀西·柯克以残暴镇压反抗者而闻名，他麾下的军团绰号为"柯克的羔羊"。——译者注

而饶有兴致地看着那些奇怪的求爱场面。未来的丈夫会给他的未婚妻带来特别的食物——在那时，食物是很难弄到的——并体贴地照看她。暴怒和残忍毕竟是不正常的。对家和家庭生活的美好向往，与家人分享欢乐和痛苦的愿望，这些都告诉他这样的残暴行为是不会持久的。在许多场合，是农民的血性与教养拯救了他。也有其他的人，在颓废的城市生活中迷失了自我，他们转而去抢劫，或去做出更坏的事情。

尽管汉族士兵散漫、易怒和乖戾，但倘若被引上正路，在他身上还是会发现许多优良品质。他也懂得感恩。他就像一头尚待驯化的幼兽。

还有其他一些渠道保护那些被追杀或者是受伤的妇女。城中有一些士绅，他们的房子毗连着满城城墙。这些人把一些年轻女孩保护起来，直到她们能够被安全地护送出城门，并在乡村找到避难所。一位善良的汉族老绅士站了出来。他对那些爱国者的政治一无所知，对他们乌托邦式的空谈也略感困惑。但是他知道一个男人的责任是什么，知道怎么表示怜悯和同情。他曾是城里最富有的人之一，但是现在却几乎失去了一切。他是一位优雅的绅士，而今却要和那些街头渣滓搞好关系。辫子必须剪掉。早就习惯了的得体而高贵的帽子也要摘下来，如今只能戴一种无比丑陋的“外国式”帽子，这种帽子像是从衬裙巷市场①某个小贩那儿淘来的。遇到人，他不敢鞠躬问候。对新的礼仪，他毫无所知。虽然感到困惑，遭受凌辱，甚至被毁掉了一切，但他却把自己的悲痛放到一边，尽力去帮助那些落败的敌人。妇女和女孩被安置在他遭到抢掠的庭院，没有受到任何凌辱，他忙着安排这些人安全地逃到乡村的家中。汉族基督徒也表现得不错，他们始终坚守着“仁慈”的信条。

在英华医院，不同民族的男女伤员把这里挤得满满的。这个时候，禁止收留满人的告示已经废除了。但这些逃亡者的膳食起居，仍然是教会的

---

① 伦敦一个历史悠久，以售卖廉价小商品著称的集市。——译者注

沉重负担。

有时，在附近城镇供职的满族富人并没有被立即处决。他们被抓后，接着被拖到西安府，投进监狱，在那里等待别人来赎救。这些囚犯的命运是骇人听闻的。他们被丢在寒冷且肮脏的牢房里，连续数天都得不到食物。其中有一个人是临潼知县，他设法把自己的处境通知了城里的英国人。随后在英国人的努力下，他被释放出来。他的家人也在教堂的院子里寻得了庇护。这个教堂属于浸礼会。义和团运动期间，该会在太原府曾遭受可怕的磨难。在那里，教徒们被满族巡抚毓贤残酷地迫害至死。现在，11 年之后，对满族人进行清算的日子到来了。在被追杀的绝境中，满族人转而求助他们曾试图消灭的外国人，求助于太原府那些被害传教士的朋友和同事。临潼知县的妻子，那个在英国人的院子里得到保护和安置的妇女，正是前山西巡抚——臭名昭著的毓贤的女儿。

种族差别已经命中注定。不过，当事各方的政治家均已认识到进行这种武断的种族区分的弊端，并已开始采取措施，使她们融入汉族人的社会生活。

那些幸存者将在新的共和国中获得新生。她们会参与生产制造，学习知识，并且形成新的国家认同。她们将逐渐告别旧式的懒散和与人隔绝的生活，且会过得越来越好。在陕西，一两代人之后，她们的满族妇女身份被遗忘，她们会被同化为汉人。但是，在下台之前，满族人已经证明了他们并非不值一提，这个种族统治了一个伟大帝国长达250余年。不论满族后来变得如何衰弱，如何富有寄生性、懒散和耽于享乐，然而在这极其紧要关头，满族女性展示了她们的勇气和尊严。在极度痛苦之中，在这出戏的最后一场即将落幕之前，这样一幅鲜活的场景揭示了真正伟大的秘密，它使满族人战胜汉族人，建立了帝国。

◎ 第九章　穆斯林

革命期间，穆斯林的态度是典型的犬儒主义。如果说他们与满人的关系不太亲密，那么他们与汉人的关系可以用绝不友善来形容。在政治上，他们完全不关心争斗双方的对与错。他们的立场很像威斯敏斯特的爱尔兰民族主义者：不论汉人还是满人，哪一方获胜都无关紧要，重要的是在争斗中双方能被彼此削弱。……

对参与战斗的人来说，革命让他们很满意。他们一般都设法获得了比别人更好的武器装备。现在，由于不加区分地给“爱国者”分发枪支，这里的穆斯林终于得到了他们垂涎已久的东西——城里最新式的来复枪。为此，他们在胳膊上缠上白布，假装自己参加革命也是值得的。一旦枪支发放完毕，他们还可以去参加军队以获得配枪。甘肃的穆斯林走的就是这后一条道路。在那里，保守势力坚守阵地，并不存在被颠覆的危险。那儿的官员稳控局面，把陕西革命分子视同垃圾，并残酷镇压了本省的革命党。但是，仍有必要派一支军队前去迎击陕西的共和分子，一旦他们的共和主张得势并且蔓延到其他省份就不妙了。于是，穆斯林的机会来了。他们纷纷“涌入”甘肃军队。但他们既不想受控于汉人，也不想受控于满人。因此他们既不追随总督，也不追随都督，他们的首领是马安良。……

甘肃穆斯林

马福祥（躺卧者），盖晓叶（KA HSIAO YEH，棋盘左边那位），

马忠效（棋盘右边那位）。

◎ 第十章　大屠杀的后果

大屠杀的第一个后果是建立起严格的审查制度。不管哥老会对这种屠杀如何看待，也不论他们对外界的议论是如何地漠不关心，但是毫无疑问，革命党人已经充分意识到自从革命之始其地位就受到威胁，其声望也严重受损。因此，他们决定在确信自己已经站稳脚跟前，要尽量阻止消息外传。于是，邮局和电报局被控制，通信和电报被禁止。关卡和渡口也被严密把守，每一个行人都受到监视。就这样，他们几乎获得了成功。几周以来，尽管没有确切消息，但可以肯定的是，外面的人们并未过度惊慌。这都要归因于上述紧急措施的实施。不过，以下三方面的情况还是引起了难以消除的惊恐。一是对满人的大屠杀迫使他们从默默地忍受一切转向对革命者的刻骨仇恨。二是消息已经传到潼关——扼守陕西及河南的关防要隘的指挥官①耳中。惊恐之下，他立即派人去请河南的正规军出兵陕西。三是革命者还必须面对一些欧洲人和美国人因未得妥善保护而惨遭杀害的系列事件。这三个

① 潼关道瑞清。——译者注

方面的最后一点将在后面的几章中叙述。升允[①]和潼关道的行动表明，陕西都督将不得不同时准备对付甘肃和河南的军队。在西北事务中占有重要地位的升允在革命爆发时正安静地待在一个清军哨所里，这个哨所位于西安城西北 12 英里处[②]，守卫着横渡渭河的一个重要码头。此时他并未担任要职，而且也没有很快任职的希望。然而，他的确是该省的一个重量级人物。现在的都督张凤翙在革命一开始就抓住了尹昌龄[③]。尹昌龄是四川人，正丁母忧去职。他是一位有影响力的官员，心胸开阔，适合跟升允接洽。于是张凤翙命令打开城门，派一名卫兵护送他出城去找升允。尹昌龄准备去提醒升允及草滩的旗兵们撤离。条件是升允要作为陕西都督的使者前往兰州，联络甘肃政府，以便甘肃与陕西两省组成攻守联盟。这就是张凤翙派人给升允送信和传递消息的原因。信一开始就指出，升允没有理由感谢大清皇帝，因为他不愿意任用好人（这对一个下野的官员来说，用意是非常明显的）。该信件接着提醒说，他不是满人，而是一个蒙古人，没有理由把自己的命运和那些旗人绑在一起。尽管后者在革命中受到了惩处，不论惩处有多严厉，那都不是都督的本意，但升允的家眷将会得到都督的特别保护。这是考虑到他之前对陕西省的贡献和陕西人民对他的尊重。随后，张凤翙要求他与新的临时政府共命运，并保证将会热烈欢迎他参加新政府。但是，如果升允觉得不能背叛大清主子，那他就要尽快逃到甘肃，作为陕西都督与陕甘总督及穆斯林军队的中间人，向后者解释革命党的理想，并说明这些革命党将联合他们共建一个新中国。信的最后写道：“但是，如果你选择去鼓动穆斯林军队来反对我们，不要以为我们会怕你，因为这样做无异于以卵击石。”

升允未对这封信作出回复。还不能确定那时他是否对新政权怀有极大

---

① 原陕甘总督，西安革命爆发后清廷令其署理陕西巡抚，并督办军务。——译者注

② 即草滩。——译者注

③ 前西安知府。——译者注

的敌意。按照他的理解，这是一场纯粹的革命党起义，满人将会被体面地对待。因此他没有表示出特别的敌意。但是后来，当他安全地越过甘肃边境的时候，得知他和家人的性命虽然得以保全，但寓所却成为废墟，家财尽失，而且还发生了可怕的屠杀。另外，从兰州那边传来消息说，他已经被大清皇帝任命为陕西巡抚。于是，他对革命党人爆发了刻骨仇恨——在那些正因动乱而苦闷的各省人中，这种情绪非同一般——并开始利用这一任命来对其个人遭受的不幸以及满人遭受的屠杀进行报复。

同时，消息向东传播出去。草滩的满人立即逃往潼关，逃跑中他们听说了那巨大的灾难。消息又从潼关传到了北京。北京政府认识到，无论怎么困难，为了自身的声誉，必须采取行动。陕西所发生的行为已经不可容忍。其领导人不仅应视为政府的反对者，而且更应该视为匪徒，“土匪”“社会渣滓”，更确切地说是“地狱魔鬼”。这就可以解释，为什么当北京和南京之间已经达成停战协议之际，军队仍在向西安府推进。北京政府拒绝承认领导陕西起事的人是革命党，他们认为这些人是哥老会，是“土匪”，必须将其当作罪犯加以剿灭。

发生在省会的过激行为，也令陕西省一些边远地区，特别是北部和西南部，陷入一种彻底的无法无天的境地。哥老会的下层会众以及地方匪徒们四处抢掠。他们的旗帜上还是1900年的旧标语：“扶清灭洋”。这就是说，人们还没有理解这次革命的含义，只是乱哄哄地聚集起来反对外国人。一座接一座的城镇换了地方官，大多数情况下，他们不是大清的代表，也很少是革命党，而是当地哥老会的头领。考虑到这些后果以及随后其他省份的革命进展——这些省份的满人未遭伤害——我们必然会得出这样的结论：且不说道义和人性，仅从策略上考虑，对满人的大屠杀是一个可悲的错误。这不由让人想起了人们对富歇①的评价：“这不仅是犯罪，更是一个弥天大错。”

---

① 约瑟夫·富歇，法国大革命时期的警察头子。1793年在里昂镇压反国民公会的叛乱，大肆屠杀叛乱分子，并毁坏了许多建筑。——译者注

◎ 第十一章　众多都督

当满人停止抵抗，进攻一方停下来考虑下一步行动之际，革命党和哥老会之间的裂痕也显露出来。虽然西安府已光复，但是他们在陕西省尚未获得全胜。当时，陕西省还夹在忠于帝国且对革命怀有敌意的甘肃和河南两省之间。如果想守住陕西，那么对于已有的军队必须迅速加强组织，同时还要加紧组建新的军队。并且，必须要成立某种形式的政权，即使是临时性的。接下来的第一步就是必须选出一个人来担任最高指挥。革命党的人选落到了张凤翙身上，他曾是西安府新军的副指挥①。张凤翙祖籍河南，尽管他的家族在西安府当铁匠谋生有几代人了，但他们仍被称为河南人。颇具讽刺意味的是，他那继承了家业的哥哥竟是革命第一批受害者之一。他哥哥家在满城，而不是汉城，革命爆发后因受惊而死。张凤翙是一个受过教育的人，曾在日本留学5年。他还是有一些风度的，比起那些年轻同伴们，他要年长10岁以上。当然他也绝不缺乏勇气。只是他的同情心少得可怜，脾气也不

① 即原混成协参谋长。——译者注

怎么好，这使他很难成为一个受欢迎的领导人。接受领导职务——那时称“统领”，也即军事统帅——以后，他接着任命了一些官员。此后，民政官员自然要由受过教育的革命党人担任，但军事考虑在当时是高于一切的。张伯英和钱定三这两个主要的军事指挥官被他任命为副统领。钱定三是一个极其勇敢的人，可悲的是他的革命理想后来梦断渭南。①

有五个人的要求不能小觑。他们是军队中无军衔的军官，几乎未受过教育。但是，他们有一大批追随者，以至于不能够被忽略。这些人是哥老会著名的领导人，他们被委任为“安抚招讨使”，负责领导军队分北、南、东、西四路进军。② 他们的职责是“安抚”群众，争取他们的支持，并四处搜捕“共和国”的敌人。第五个人是张云山，他要做这四路军的总指挥。形势很明显，军政府的职位都将分配给受过教育的革命党人。按照这种区分，哥老会的力量就会遭到削弱。这样，他们就有可能沦为革命党人的工具，而非同盟。这种安排被精明的“大哥”识破。他们虽表面上表示同意，暗中却将人员安插到城中各组织机构的中心。在很短的时间内，军装局虽然仍是革命军的司令部，却被“小弟”，也就是参加了哥老会的士兵包围起来。革命党的知识分子们猛然醒悟，明白了自己在当前局势中所处的实际位置。

此前的几个月，哥老会一直在士兵中进行积极的宣传。他们以在茶馆里喝茶聚会的方式替代了革命党人常用的演讲和散发传单。表面看来，茶馆这样的公共场所是安全无害的。但是，茶馆老板和跑堂的只对士兵服务。而且，有人经常在这里宣泄对清王朝的不满，并宣传加入哥老会的种种好处，说是这样既能帮助实现个人的眼前利益，也能达成一定的政治目标。郭、吴、刘、马③等人都曾是茶馆里的核心人物，他们在这里花费了时间和

---

① 见第十二章，第65页（原书）。——原注

② 四位安抚招讨使并非皆为哥老会领导人。——译者注

③ 郭胜清，吴世昌，刘世杰，马玉贵。——译者注

金钱，也冒了很大的个人风险。但是，若论个人能力和勇气，张云山明显超过他们。在革命的紧要关头，士兵们指望的正是这些人，而非革命党委任的军官。

新当选的都督质问到底是不是他在领导？他威胁要辞职不干。大家积极挽留。于是他又很自然地问，既然如此，为什么现在还有人不服。但是抱怨的声音仍旧不断。哥老会的人嫌分给他们的职位太低。每个人都想成为都督，想成为一个长官。西路军要一个，军需处要一个，这支军队想要一个，那支军队也想要一个。每个人都想拥有一个“都督”大印。因此，当北京政府授予各省长官都督头衔的时候，为了将张凤翙与其他人区别开来，只得改称其为“大都督”。闻听“钦差大臣”拥有特别的权力，于是一个没受过什么教育的人就希望得到那个职位。最后他被授予一个这样的大印。然而，当他作为调查官下去展开工作时，他却被那个给予他职位的人撇在了一边。遗憾的是，并非所有求官者都能得到适当安置。新都督虽然放弃了很多头衔，不过却尽最大可能保持了对事务的真正领导权。他对其他人说：“陕西的斗争才刚开始，没有人知道再过两三天我们会在哪里，我们是否还活着。现在当官并不意味着荣耀，而是意味着更多的劳累和危险。其实我是很想辞职的。”双方暂时作出这样安排：哥老会攻占的地方，由他们留守。西安城最主要的衙门，即抚台衙门，被张云山占据，成为哥老会的司令部。革命党只好待在城北那个破旧不堪的行宫。这种格局一直持续着。此后，北衙门专指由都督统率而众所公认的政权，南衙门则指张云山自封的政权。

双方暂时达成了和解。以后几天如何行动的命令也都发布下去了。但对于那些机警的市民来说，比革命本身更令人担忧的情况正在出现。这么多都督，他们经验少，野心却很大。这样下去全城和全省安有宁日？忧心忡忡的人们将要面对的不是一场革命，而是一种持续很久的无政府状态。

◎第十二章　东征军

潼关是从河南进入陕西的门户。作为一个通往西北的重要关隘，它在中国的小说和歌谣中非常有名。潼关很坚固，如果有顽强的军队驻扎于此，这对入侵者来说将是一个严重的障碍。听到西安叛乱的消息后，潼关的满人道台就意识到他的军队不仅数量少，而且不可靠。除非从正规军比如说出名的毅军那里得到适当的支援，否则潼关难守。他所指望的唯一援军是从河南来的旧式正规军。在他的请求下，大约有 500 名士兵前来支援。但是一进关，他们就成为抢掠者。这是潼关革命悲剧的开始。

在得知上述情况之前，西安的革命党就已决定派遣一支力量前往潼关。但西安并无多余的军队可供调遣，只能指望在潼关举行暴动的那些人。革命党认为只要从西安派出值得信任的人去那里加强领导就行了。于是，他们从陆军小学堂抽调了 70 名学生，并给潼关的起义军带去了新式来复枪、弹药和资金。派遣军的领导人是钱定三，他是军政府领导层最核心的人员之一。他的任命充分表明这次出征的重要性。

10 月 31 日，学生们抵达渭南县。该县离西安府东部有两天的路程。清政府任命的知县仍在这里掌权。学生军涌进县衙，从金库里搜出数千两银子。其中，除留下够军队在潼关使用的部分外，剩余的都被押运至西安。知县绝望地投井自尽。但对这些"解放者"，当地群众并未表示欢迎。毫无疑问，他们已经得知西安遭到抢掠的消息。于是，当地士绅开始与在附近地区出没的匪徒谈判。这些人常常以县城南面的群山作为据点。这样，匪徒就轻易地进入县城，并向县衙发起进攻。学生军非常震惊，奋起抵抗。到这种时候，他们不再是为革命信念而战，而必须为自己的性命去拼搏。战斗进行得很激烈，学生军及其领导人丢盔弃甲，直至最后被彻底消灭。

这一损失对革命党在陕西的事业是一个沉重打击。它意味着一群年轻人在战争一开始就牺牲了。而这些人在攻占藩台衙门时已经展现出他们的机敏和勇气。他们有着宽广的视野、爱国的情怀和领导的天赋。年轻人的青春激情和非凡勇气突然就这样被扼杀，这本身就是一个悲剧。这群人的过早牺牲使得东征军士气受挫。假如他们抵达潼关，并接管城内和附近城镇的武装力量，那么就有可能诞生一支能与哥老会相抗衡的真正的革命军队。事实上，在起义者当中，除了少数革命党领导人之外，到处都是缺乏训练的士兵，而哥老会在军队中的影响力却举足轻重。

匪徒将学生军带来的新式枪械、弹药和银子劫掠一空，对于渭南县城却并未实施抢劫，这是因为之前他们已经与城里的士绅达成了协议。为了弥补因在县城保持克制而带来的损失，他们转而在乡村游荡，四处抢劫和纵火。他们攻占了渭南县东 20 英里处的华州城，放火焚烧了衙门，将其夷为平地。这里的地方官选择了自杀。这也是西安府外唯一死去的一些官员。其余一些地方的官员或是逃跑，或是在被捕后被索要赎金。

新政权没有能力镇压这些匪徒，最后已被任命为东征军总指挥的张伯英便邀请他们入伙。领头的人都给了官当，手下的人则被编为普通士兵。他们组成东征军里面根本没有战斗力的一个团。他们是"敢死队"，虽然其中很多人只装备了抬枪、剑和钩镰，但是他们却经常冲在战斗的最前线。在与毅军这样近代化的军队作战时，他们当然显得很没用，大批大批的人被打死。但是轮到与旧式的河南正规军对抗时，他们却表现很好。

从河南来的这些旧式正规军洗劫潼关后，带着赃物撤退了。张伯英接着占领了这个令人不快的地方。可以公正地说，敢死队对潼关造成的灾难要小于河南军。事实上，可怜的潼关已经被洗劫一空，当地群众已经处于坐以待毙的边缘。直到从渭南和临潼运来的赈济到达，情况才有所好转。张伯英的军队越向前推进，就越不像一支军队，而是变成了一群乌合之众。最后，就连河南劫匪头子王天纵也被允许加入这支队伍。

军队的行动徒劳无功。张伯英就如同著名的约克公爵一样，“他把他们赶上山，然后又赶下来”。

由潼关往东，穿过一狭长通道，尽头便是灵宝县。灵宝县发生了激烈战斗，该地多次被双方轮番占领。次年1月，张伯英抵达并占领了陕州。这是一个军事和政治重镇，有一个很大的贸易市场。由此向东，下一个城镇是渑池。张伯英军的前哨部队，即由匪徒组成的部分到达这里。他们以为会很容易就能攻克此地。但是，当城门打开，迎面涌来的不是受惊吓的群众，也不是河南的旧式军队，而是赵倜领导的近代化的“毅军”前锋。战斗在渑池到观音堂之间的路段展开。这一路段延续9英里，到处血流成河。自那天起，东征军胜利的表象似乎逐渐消退。他们所能做的就是撤退。曾有几天，他们做出要抵抗的样子，但当赵军的炮弹呼啸而来时，他们便四散奔逃了。在潼关，他们试图增强防守。都督和他的副手也亲自从西安赶来。有传言说，他们要作激烈的抵抗。但当赵倜到来时，却发现潼关已成空城。在华阴庙东，东征军一看到赵军的炮弹，转身就跑，甚至没来得及看清赵军军服的颜色。狂乱的溃退一下子把都督张凤翙搞得手忙脚乱。虽然他竭尽全力想要掌控好军队，但是徒劳无功。他不停地命令、叫喊和恳求，以至于声音嘶哑，说不出话来。可是士兵们仍然逃跑，让他成了孤家寡人。极度懊恼之下，张凤翙干脆躺在路边，等待即将追击上来的敌军结果自己的性命。追上来的却是他的同伴张一陈。他的人也跑光了，他同样无法阻止败退的士兵。看到张凤翙躺在路上，他说：“起来，伙计，敌人追上来了。”“不”，张凤翙回答说：“现在只有死路一条，除此之外我们还能做什么？这些人根本不会去抵抗。”——应当记住，甘肃军队正从西面向陕西围拢过来，而东征军只会被驱赶得远远的，并且最终会不可避免地陷入腹背受敌的困境。张一陈主张明智地撤退，并要求控制激动的情绪。“起来，起来。”他尽力以轻松愉快的方式坚持用剑尖戳着沮丧的都督，直到后者让他搀扶着站起来撤退。在张一陈看来，显然好死不如赖活着。

抵达华阴庙后，东征军终于止住了后撤之势。赵倜对于重新占领潼关十分得意，并暂时停止追击。尽管在很长一段时间里，革命军的将领们“颜面”尽失，但是在华阴庙他们还是恢复了点儿自信。最后张凤翙等人启程返回西安，留下张伯英继续指挥军队。

可怜的张伯英啊！如果在西安那几天的勇猛冲杀之后，他的生涯从此结束，那么他就会留下英勇的记录。从那以后，幸运之神就不再眷顾于他。也许，就他所面临的形势来看，这是不可避免的。此后他经历了一系列耻辱，直到国家宣布共和以后，他与赵倜达成停战协议。出于恻隐之心，我们也许可以将那些他所经历的种种称为缓兵之计。自那以后，他到过北京，被大总统接见。在大好的日子里，他抱怨说，他曾大量饮酒解愁，这导致他健康严重受损。他的人，甚至自己的贴身护卫，都毫无纪律。无论是现在还是当时，那都让他觉得很丢脸。然而，在10月起事的那些日子里，他是一个勇敢的人，是一个亲切、文雅、热情、英俊和富有朝气的年轻人——而今却落到了这个地步。

◎第十三章　云山先生

西征军的故事就是它的领导人张云山的故事。认识他的西方人都取其姓名的最后两个字，称他为“云山先生”。实际上，他是众多领导者中唯一脱颖而出的一位，也是他们当中唯一一位能拨云见日的人。

他出生于西安府西边几英里远的地方，小的时候就去了新疆，并且还越过边界进入俄属突厥斯坦，在那生活了几年。他还在西藏待过一些时日。回到陕西后，他很快就在哥老会中获得领导地位。参军后，张云山成了号兵，并在士兵中做宣传工作。在士兵中间，他是最有声望的“大哥”。对他而言，哥老会的传统理念并不仅仅是一个追求个人晋升和攫取财物的幌子。他慎重对待哥老会的英雄崇拜，并身体力行哥老会的基本信条。只要跟他待上一个小时，就能体会到他那种洁身自好的生活方式。他既不吸烟，也不喝酒，还强烈抵制吸食鸦片。他拒绝油腻的食物，也不吃甜食，并且鄙视那些以吃喝为乐的人。准确地说，吃饭对他而言只是为了活着。他对日常事务十分敏感。根据人们的传说，这个斯芬克斯神般的中国人神情呆板，表情麻木……活像戴着一个面具。原以为这种传说中的形象会延续一段时间。就像阿信先生和某些武打小说里刻画的中国人，他们之所以看起来面无表情，也许只是因为他们实在是无聊透顶。居住在中国内陆的英国人也确实发现中国人多半面无表情，看起来“像戴着面具”。但他们最终醒悟过来，原来只要跟云山先生亲密接触半个钟头，就能了解那些传说中的朴实、有魅力且沉着冷静的天神般的人物究竟是什么样子。任何事物都逃不出他那敏捷而又不安分的眼光。他能在短时间内洞察事务的本质，抓住要领，并判断其对时局的价值。勇敢、真诚、自律、机敏是他的优秀品质。对清朝统治者的憎恨则给予他前进的动力。他的勇敢在陕西省是出了名的。他说出来的话比政府中任何汉人的话更有效力——这一点人们可能不太清楚——但毫无疑问他所表现出来的真诚却是引人注目的。前文已提到他所领导的一次大抢劫，但是这些财富都被他用于公共事务、军队开支和大量的慈善事业。他是罗宾汉式的绿林好汉。他知道自己和普通人一样有着种种缺点和不足。他的教育程度不高（在某种程度上，这种情况往往被用来强调他与军队普通士兵的共同之处），所以才召集了一批儒士在身边。看到汉人被奴役，他胸中燃起强烈的义愤，并因此而痛恨满人。这在他的情感中占据着主导地位。听听他是怎么说的。他真诚而热烈地向人们述说满人所犯下的种种恶行，以及满人给他的同胞带来的无尽耻辱。他的述说使人们对革命前已经暗流涌动的力量有了更深的认识。没有额外赞助的金钱，也没有相当的影响和地位，只有勇气、真诚和对目标锲而不舍的追求支撑着他。他坚定地前行，并以同样的坚定审视着自己的目标。在哥老会中，他明白自己的手段和能力，并且在运用这些手段和能力以达成自己的目标。

扭曲的爱国主义大量存在。在这当中，有阿谀奉承、恃强凌弱的人，也有拖后腿和玷污革命历史的人。但是，单凭这些并不能影响如此宏大的革命运动。为此，我们必须把目光转向少数卓越的精英人物，也就是那些真诚、有见识、有激情的人，如知识分子中的孙中山，无产者中的张云山。

对满人作最后审判的这一天终于来临了。对张云山而言，“杀，绝不放过一个”是他的格言。即使到现在，他还是不能明白，这并不是一条正确且唯一可选的道路。他对杀戮的结果很满意，这实在令人恐惧。这是一种原始的野性。他利用这个机会发疯似的战斗，杀戮，杀戮，战斗，以至于忘记了进食。在他战斗的城门口也没有食物和水，但对他来说，仇恨和疯狂提供了所需的能量。手下人割下满人尸体的耳朵带给他，而他喝的真就是敌人的血。他告诉你：当他环顾四周，看到一片废墟的时候；当枷锁被打破，满人的势力永远消失的时候；当压在他心头的重担随着一声彻底放松的长叹而卸下的时候，他终于觉得自己可以呼吸了，可以作为一个被解放的人自由地呼吸了。

然后，理性回归了。致力于建设的时候到来了。他曾利用哥老会破除枷锁，现在必须阻止他们成为祸害。他开始对哥老会实施控制，把首领们聚拢在他的周围，将抚台衙门旧址作为他的司令部，并且尽力恢复秩序和约束纪律。革命党只好凑合着以陈旧的行宫作为据点。1900 年，慈禧太后和光绪皇帝逃到西安时，曾使用过这座宫殿。

张云山邀请陕西省最有学问的儒家学者担任他的参谋。这位参谋曾是皇帝身边很亲近的人，也曾担任过汉人中级别最高的官员。他就是宋伯鲁，光绪朝时曾任监察御史。这位绅士自然拒绝这样的邀请。张云山再次力请，他又拒绝了。于是，张云山只好出动城中 100 多名最优秀的士兵去找他。其他一些名气不高，但有真才实学的人也被张云山找来了。以至于当时陕西行政管理过程中体现出来的文明、有礼和沉着冷静，竟然不是在都督府，而是在张云山的司令部。

随后而来的是西路军的征讨。在此过程中，通过坚决而又严厉的斗争以及谨慎的监督，他对手下制订了规范，并逐渐削弱了哥老会的权威。

尽管他看不起都督周围的那些人，不喜欢革命党知识分子，特别是他们的将军张伯英，不喜欢他在军队中与自己平起平坐，与自己竞争。但是，张云山却忠诚地支持政府。他镇压骚乱，甚至是当自己的朋友和同志因此被抓时，他都会迅速地予以处置。至于哥老会中无法无天的成分是否已经消除，他的手下是否比他本人更想进行改革，这些都还要走着瞧。

他非常自负，没有丝毫假惺惺的谦虚。他能津津有味地一遍又一遍讲述着他的战斗故事。他喜欢吹嘘，也很野蛮，而且对生活中的隐私口无遮拦。不过，尽管如此，凭借纯粹的人格魅力、真诚的宗旨和明确的目标，他仍是陕西舞台上最引人注目的人物。

◎第十四章　西征军

我歌颂战争和一个人。① 在张云山的身后，该是一支怎样的军队啊！革命党的都督自然会偏爱他的革命党同伴。张凤翙没有忘记起义开始的时候张伯英是如何勇猛。于是他便把后来从湖北得到的最好枪支全都拨给了张伯英。当然，他是期待张伯英率人去抵抗从河南扑过来的新军。而早些时候分发的枪支，很多都给了穆斯林士兵。但很难指望他们把枪口对准从甘肃赶来的穆斯林同伴。事实上，他们也没想过要拿枪对着任何一方。无论是满人还是汉人，他们都漠不关心。他们倾向于单独行动。因此，西征军只能尽量找能用的东西作武器，结果大部分都是长矛。为了西征，各地城镇都被要求派出一支人马。这些地方高兴地把一些亡命之徒或者是游手好闲之辈派了出来。如果在路上遇到这些人，人们需要格外小心。此前人们也从未意识到陕西原来有这么多不良分子。他们是从哪来的呢？他们与健壮的农夫以及勤劳的工匠是很不一样的。但他们也并不全都是恶棍。他们大都是被一种模

① 古罗马诗人维吉尔所著史诗《埃涅阿斯纪》开篇第一句话。——译者注

糊的冲动所驱使，去帮助这个省，去热爱他们的国家，去吃定量配给的军粮。马夫、学生、厨子和跑堂的发现他们自己身上有一种冒险的冲动，这是他们至今都未曾想象过的。就是这样一支队伍，少的和老的，高的和矮的，在尘土飞扬中蹒跚而行。在征兵方面，陕西军队从来没有进行过这样的“试验”。十英尺长的抬枪就算是他们的枪和炮了。赶牛用的刺棒和长柄镰刀则是他们最常用的武器。蒙茅斯的上尉们见过这种武器。他们的部下尽管衣衫褴褛，但很多人心中都有一股力量，支撑着他们去参加塞奇高沼的战斗，甚至丢掉自己的性命。① 西征军中也存在一股力量，不过他们没有“蒙茅斯和耶稣会”这样十分明确的口号。他们只是凭着一种朦胧的对国家的热爱而集合到一起。而这种热爱至多表现为不让外省人进入到他们的陕西省。但是，新的种子已经在他们脑海中生根。他们开始怀揣四海之内皆兄弟的希望，开始向往更加自由和充实的生活。这些念头尽管还很微弱，但已经在激励着他们了。就是为了这些朦胧的希望，他们牺牲了自己的生命。

在实际的冲突发生以前，陕西与甘肃之间有过一些沟通。后来，升允的军队阻止了双方的交流。甘肃有一个叫张行志的汉族指挥官，他曾写信给张云山将军，表示他自己以及甘肃当局的愿望是保持中立。他们要为大清王朝坚守甘肃，并不想追随革命党或者是哥老会（西安府的事情发生以后这一点都不奇怪）。但是，如果张能安于陕西，他就会安于甘肃，从而维持两省之间的和平。虽然在陕西邠州，甘陕两军已经发生冲突，但他会尽力撤回他的部队。张云山的顾问宋伯鲁对这封信做了答复，称他现在的处境是迫不得已，他与大清官员间的情谊并未减少，如果他能阻止陕西军队继续推进，他一定会去做。

---

① 1685 年，英国耶稣会信徒蒙茅斯公爵发动叛乱，反对当时信仰天主教的英国国王，史称蒙茅斯叛乱。塞奇高沼之战乃此次叛乱最后一役。——译者注

但事情本身的发展以及升允的强势立场使得调停者没有机会。不过，升允最初呼吁甘肃总督[①]发兵攻打陕西时，并未得到积极回应。后来总督之所以决心收复西安府，不仅因为它是通往西北的门户，也不全是为了让升允去为他自己和那些被害的满族人报仇雪恨，总督还有他自己的考虑。在甘肃，虽然他贵为总督，但并非一手遮天。在他身后，站着可怕的马安良，那个穆斯林雇佣军的首领。从西安府到蒙古大草原，再到鄂尔多斯沙漠以北，马安良是一个让人恐惧的名字。战争就是他的工作，也是甘肃穆斯林的利益源泉和消遣方式。他们被认为是不可战胜的。发兵的消息已经传了出去。甘肃的庄稼也都收割完毕，农民们就要入伍当兵。真正遭难的就只有陕西了。甘军跨越省界进入陕西，升允就要为他自己和其他满族人报仇了。他们攻打村庄、城镇，如果有可能，当然还包括西安府本身。

靠近陕西和甘肃边界的邠州具有重要战略价值，战争一开始，它就成为双方争夺的要地。西安的革命领导人派了一个姓石[②]的人作为官方代表前往陕甘边界。他带着新政府的文告，一路上向各地清廷官员宣布陕西已经成立了新政府。他成功过境咸阳、醴泉以及西边更远的城镇，一路上都没有遇到阻碍。11 月 26 日，他到达邠州。[③] 在该地，他的手下表现很坏，而他自己也娶了一个邠州女孩，并且还把她带进军营。这激起了汉族民众的义愤。12 月 2 日，甘肃军队在鲍魁恩的率领下越过两省边界，向城镇推进。他们不是穆斯林，而是汉人组成的军队。在随后进行的小规模战斗中，陕西军队遭到严重打击。他们始而撤退，后来则演变成大溃逃。石被抓住，并被处死在邠州以东几英里远的地方。甘肃军队人数太少，不敢深入推进，便退守邠州。居民们目睹了石部两天来的恶行，看到甘军行动平和，便给

① 这里指的是陕甘总督长庚。——译者注

② 石得胜。——译者注

③ 这里史实有误，石得胜的部队是驻扎在长武，驻在邠州的是苟占标部。后来石部也是在长武被击破的。——译者注

予他们很高的评价。同时，兵败的消息传到张云山那里。他正在西安府与甘肃边界之间的半路上。第二批更强大的力量被派往邠州。这次一共有 4 个营（一个营大约有 500 人），他们于 21 日到达。甘肃军队无法守住邠州，便有秩序地撤退到长武。12 月 15 日，在长武以西 9 英里远的一个叫冉店的大村子发生了战斗，最后陕西军队获得胜利。甘军领导人发现难以守住陕西边界的阵地，已经向甘肃请求增援。甘肃方面立即派出 4 个营，由穆斯林马国仁率领，经过强行军，很快抵达攻击位置。甘军的三部分军队决定于 16 日发起联合进攻。其中两部分分别穿过汉榆（Han Yü）和河樊（Ho Fan），秘密抵达冉店上头的小山，并躲藏在山洞里。从这里可以居高临下监视冉店桥。

甘肃军队

领导人：马福祥和马忠效

16日，甘军第三部分军队出现在冉店桥西，装出一副挨打的样子。4个营的陕西军队便向着桥冲了过去。马的军队就待在桥西的大路上。当陕西军队前锋已经上桥，主力部队正往桥上涌时，王、赵率领的人就从左右两面向着下面密集的人群开火了。这支运气很差的陕军只有殿后的人逃跑了，其余都陷入绝境。他们的尸体把桥都堵塞了。这时，另一支人数较少的陕西军队出现在甘肃军队的眼前。这支军队是被派出去平定乡村的。甘肃军队不知道他们有多少人，于是就撤退了。然而当这支军队得知陕军惨败的消息后，开始蜂拥而逃，直到乾州才停下来。

乾州守卫战

西征军将领准备不惜一切代价坚守乾州。面对如此严峻的形势，这也确实需要非常的勇气。在陕西东部，支持帝国的军队正从河南稳步推进，陕西军队则节节败退。而在西部，甘肃军队也正准备发起全面进攻。由于种种原因，升允的复仇欲望并没有平息。陕甘总督对革命党的事业也不感兴趣。他已经宣布要为大清夺回西安府。马安良的穆斯林军队则倾巢出动，准备发动冬季攻势。而最重要的原因，是甘肃的汉人、官员、士绅和一般老百姓眼见穆斯林军队行动起来，便急切地希望这支军队开出甘肃，赶往他乡。毫无疑问，面对这样一批不速之客，陕西的命运是悲哀的。但在那时，陕西军队本身不也是由一群“土匪”组成的吗？他们所遭受的大部分灾难应该说是咎由自取。而从甘肃人的立场来看，如果让这些穆斯林留在甘肃四处抢掠，那也将是十足的灾难。正是因为这些原因，陕西看起来注定要遭受甘肃方面严厉而持久的攻击了。12 月底，穆斯林已经逼近乾州。虽然乾州城并没有被包围，但在次年 3 月开始之前，该城一直遭受连续不断的攻击。张云山留在乾州组织防御。他派出一些人马占领了城东 12 英里远的醴泉。一旦有机会，陕西军队就会从醴泉派出小股部队袭扰穆斯林。但乾州遭受的攻击也越来越猛烈了。穆斯林试图在中国的新年，即 2 月 18 日到来之前攻进城去。乾州城坐落在一个盆地的低洼处，从盆地周边可以俯瞰乾州的城墙。没什么地方比这更难防守了。城里的居民甚至能从他们的屋顶看到敌人在四周的小山上打闹。陕西的将军懂不了多少战争法则，但他知道必须坚守住这里，以便阻挡敌人向西安府进军。张云山的全部依靠就是他个人的勇气，他对事业的忠诚和对哥老会会众的有力掌控。一连十余天，守卫乾州的战斗持续不断。城防被打开了缺口，敌人的梯子也搭上了城墙。战斗一度发展成为肉搏。张云山不管是否意识到他的行动所产生的心理影响，但他的确采取了最佳策略。他的人中持有步枪的不多，而且从总体上看，即使有也不熟悉用法。他没有采用西式战法，而是靠英雄冲杀不怕死的传统方式。在近距离的格斗中就是这样的。他们高举着大刀，赤露着上身，杀气腾腾，狂叫着冲进敌群。他们用最原始的方式战斗，把钢刀刺进敌人的身体，同时也让对手感到绝望。甘肃军队最终停止了进攻，乾州得以保住。但这是以醴泉为代价的。甘肃军队在乾州受挫，便想在中国新年前夺取另外一个地方。于是他们向醴泉发动突然进攻，并且发现那儿的守军毫无防备。马都督——众多都督中的一位——没能守住这座城。就在除夕之夜，醴泉遭到洗劫。穆斯林以一种野蛮残暴的方式庆祝新年的到来。落入穆斯林之手的陕军士兵被分割围歼，整支守城部队彻底垮掉了。其他陕军撤退到东南20英里远的咸阳。冉店桥之战的胜利者马国仁则率甘军尾随其后，穷追不舍。咸阳西北方是一块平坦的约半英里的不毛之地，其后是连绵起伏的山谷，再往后则是逐渐抬升的坡地。当甘军正追逐狼狈逃窜的陕军时，驻守咸阳的哥老会将领吴都督从相反方向的城门出来，迂回到北面一块起伏的高地。这里位于甘军的上方。这就使甘军陷入到咸阳守军和败退陕军的交叉火力之中。胜利完全掌握在陕军手里。这不是一次辉煌的胜利，相较于人数而言也不是一场伟大的战斗。但它对鼓舞陕西人的士气作用极大。因为它证明了甘肃军队不是不可战胜的，他们是可以被抵挡住的。

◎ 第十五章 最黑暗的时刻

守住咸阳使西安府的人大大松了一口气。要知道，咸阳离西安府只有20英里远。为了响应吴都督的紧急求助，他们派出了手头仅有的最后一点战斗人员。这个时候，东边要抵挡来自河南的进攻，西边还要应付甘肃的威胁，陕西的承受力实已达至极限。一个英国人在马路上看到了这批最后的“可用之人”。他们手里拿着长矛、大刀、老式自制手枪和抬枪。这是他们所能找到的最后的武器。他们有的赤着双脚，有的穿着草鞋，裤腿都卷到膝盖以上。大雨倾盆而下，这些人拖拉着脚步，在雨水中艰难前进，只有头上的斗笠稍微遮挡一下风雨。然而，与这帮乌合之众一起行军的，还有一小批步履轻快、着装整洁的正规军。他们是新近组建的炸弹队。西安府的人焦虑万分并不仅仅是因为那些穆斯林。就在醴泉陷落前，他们听说赵倜将军率领的毅军——袁世凯的精锐部队——已经越过豫陕边界，攻占了陕西东边的门户潼关。西安府眼看就要落到这些胜利者之手了。因此，形势尽管仍然严峻，但在咸阳抵挡住穆斯林的进攻，等于是把西安府从绝望中拯救出来。与此同时，另外一座城市也以它邻近的地方为代价而得以保全。

凤翔府位于西安府以西，有4天的路程。10月25日，它就被当地哥老会占据，各种流氓地痞聚集到了一起。府中学被他们彻底烧毁。内地会的院子被洗劫一空，部分建筑被烧。然后，“县”衙和“府”衙相继遭到破坏。凤翔府的自由就是在这种荒唐而毫无意义的破坏中降临的。凤翔的新主人知道自己不可能指望敌人的怜悯，于是在甘肃穆斯林前来进攻时，进行了长时间的誓死抵抗。穆斯林的梯子搭上了城墙，郊区也被他们占领了，但凤翔府却抵挡住了进攻。于是，穆斯林再一次掉头突袭了附近一个未作防备的据点。这次遭殃的是岐山。这是一座富裕而闻名的城镇，出了很多让人自豪的儒家学者。穆斯林的突然进攻让那里的守军措手不及，他们原以为敌人还在凤翔，所以没有保持警惕。整个团被歼灭，1000多人的守军只有很少的人逃了出来。

醴泉和岐山都是在北京方面宣布和平——也就是宣布赞同共和制以后陷落的。但是，如何把这一消息带进陕西，特别是让升允知道，这依然存在困难。升允是大清任命的最后一位陕西巡抚，也是北京新政权急切想要联系的人。如何把消息传给升允，将在下一章叙述。① 共和制宣布以后的两周里，升允以醴泉作为他的指挥部，纵容部队四处劫掠，并对西安府构成严重威胁。与此同时，赵倜将军第二次攻占了潼关，但却没有继续向前推进。西安府的领导人虽然不知道赵倜拖延前进的原因，但只要每天没有从前线传来进攻的消息，他们就觉得很安慰。最后，事情清楚了：中国已经不再是一个帝国，而是一个共和国了。赵倜则是受命前来援助陕西。他原是一个令人害怕的人物，是大清帝国的刽子手。现在却摇身一变，转而成为解救陕西的唯一希望。北京宣布共和以后，升允认为自己报仇雪恨的权

---

① 详见第87页（原书）。——原注

利被剥夺了，愤怒万分，于是对来自北京的任何命令都置之不理，并且依靠他的雇佣军同盟，也即马安良的穆斯林军队继续在陕西作战。赵倜的部队本已撤出潼关，退入河南陕州。这时，他接到袁世凯的命令——袁世凯是通过南京政府接到了陕西当局的请求——要他前去保卫西安府。

从来没有这样一支军队进入过西安府。赵倜率领着这支似乎不可抗拒的部队穿过城市，并且向醴泉派出了信使。但对手不会立即屈服，于是赵倜便把军队带到醴泉附近设防守卫。升允的复仇欲望因被阻碍而更趋激烈，他拒绝接见赵倜的信使。但马安良是雇佣军，并没有这样的感受。赵倜让他们选择是要和平还是要战争。马安良的部队在此前的战斗中多次受挫，多半会热情欢呼战争。但是，在马安良看来，游戏已经结束了。没有马安良的支持，升允根本无力对抗。于是甘军撤回了甘肃。

随后发生的事情颇具戏剧性：一个能保住陕西领导人的地位，并使陕西革命政权再次昂首挺立的偶然事件发生了。本来，人们直率地把陕西革命者称作“土匪”，并且要把他们当成强盗给予严惩，人们甚至拒绝承认他们是革命党，而只认为他们是哥老会，如此等等。但是现在，赵倜率领的这支本来要用以惩罚陕西革命者的力量，这支遵纪守法、循规蹈矩、无比优秀的部队却发生了哗变。他们像其他任何哥老会成员和土匪一样，打家劫舍，无恶不作。虽然他们自己决定不去烧毁别人的房屋，甚至向一个这样去做的长官开枪，但这并不能改变他们行为的性质。哗变是在他们回到西安府西关，得知西安当局不准他们在城内驻扎的消息之后发生的。他们四处放枪，闯入店铺，哗变就这样开始了——在此之前西关因命运使然并未受到洗劫。然后，哗变的士兵继续骚扰附近的城镇，掠夺乡村。现在，陕西领导人的机会来了。“都督”张凤翙开始帮助那个本来要成为他惩罚者的人。他们骑着马一起来到离西关约 10 里远的地方，这里驻扎着一群哗变的士兵。张凤翙代表他们的长官——陕西省的“客人”——向士兵们作了长篇讲话。他的讲话起了一些作用。虽然士兵们没有立即表示重返部队，但他们同意从营地牵走一些马车到城里去。这些车上都装着军火。剩下的只是时间问题。他们的子弹已经耗尽，实际上已经没什么力量了。不过，习惯于到处揩油的士兵们还是带着新式枪支，三五成群到各村去抢劫，满以为无人可挡。但是，他们很快就发现自己错估了形势。村里的人把他们赶出来，追着他们四处跑，最后在已经关闭的城门口把他们抓住。愤怒的村民把他们就地打死。他们本来是要统治这座城市的。现在，他们没有领头人，没有弹药，被人憎恨，完全是这个遥远省份的陌生人，于是只好返回兵营投降了。他们被解除武装，并且受命开拔出省。在他们前面约半天路程的地方，有一个团的全副武装的陕军在引路，而在他们后面同样远的地方，还有一个团的陕军在压阵。就这样，他们到达陕西边界的潼关。就这样，他们带着耻辱和羞愧，被看管着逐出陕西。

这次事件发生以后，北京方面再也无颜拒不承认陕西的领导者。于是都督和他下属官员的职位得以保全。陕西被接纳了。“陕西共和政权”也不复存在，它带着荣耀，以同等的权利，成为中华民国的一个省。

◎ 第十六章　政府顾问

当那位资深的英国传教士从福音村返回西安府时，他发现一大堆积压的事务亟待他去处理。在西北部的绥德州和延安府，他的同事深陷困境，延安府的人甚至身无分文。他有很多消息需要向省内各方朋友传递，一些人也正等着他的帮助。他自己也有许多疑问要向各方的朋友打听。对于西安府本地的基督徒和传教士，也需要认真思考，看看采取什么措施才能保证这些人的安全。

在林先生①因对该省的极度混乱感到失望而离开之前，那位传教士一般是找省里的外交部门处理相关事务。之后，他转而与北衙门，也就是都督张凤翙的司令部往来交涉。同时，那些满族人、无家可归者、受伤者、被追捕者和忍饥挨饿者的悲惨处境也引起了他的关注。尤其是满族犯人的处境让他感到十分震惊。这些犯人是在暴动的第一波高潮过去之后，从附近城镇解送过来的。他们被关押在这里，沦为敲诈勒索的

① 第二十一章，第116页（原书）。——原注。林先生即林则衣，是陕西高等学堂教员、基督徒，先是负责主持陕西军政府外交部，后担任陕西省外交司司长。——译者注

对象。他坚持要求这些犯人也应得到合理的待遇，而那些情况最糟糕的则应立即给予救助。满族人被悄悄地找了出来。一些人是从他们藏身的村子里偷着前来的。而那些被遗弃在残垣断壁中的老太太也被告知，她们可以在救世堂①获得帮助。汉族妇女被召集在一起赶制衣服。这些衣服是要分给那些贫困潦倒、一无所有的人。也就在几天前，他们还是统治阶级中很富有的人，现如今却要围在传教士虔诚的妻子身边恳求帮助，索要食品和衣服，以摆脱严寒和饥饿带来的死亡阴影。

早些时候，南京或汉口的革命党中央发来信函，要求在那些士兵和民众受伤很多的地方组织红十字会。结果，城里一些人被指派来负责此事。但他们对救护伤员所需的知识一无所知。因此，他们实际进行的大部分工作都要依赖教会医院。西安府离京汉铁路有 10 天路程，铁路以东②前往陕西的道路两侧都没有医院。甘肃也没有医生。因而，对于在甘肃、陕西和河南西部作战的军队来说，要想获得医疗救助，只能依靠陕西的英国浸礼会。红十字会希望有通情达理的人能够支持传教士的慈善事业。于是他们安排了一次宴会，以便那位资深传教士和一些医务传教士能够与驻城部队的领导人见面。后来，当张云山从西部回来的时候，他做的第一件事就是去拜访医院，以表达他真挚的谢意。他的主要顾问宋伯鲁和都督的主要顾问郭希仁很快就意识到，稳定的秩序正在到来，如果能得到邵涤源牧师的帮助，他们对战后重建的规划和理想就能很快实现。所有领导人都是这样。一旦他们遇见一个精明强干的人，只要这个人富有同情心，动机又比较纯正，他们就会紧紧抓住而舍不得放手。

他们的确从邵涤源先生那里获得了很多帮助，但这一点儿也不能让他们安然自得。相反，邵涤源令他们对屠杀满人的行为感到羞愧。当他们开

---

① 隶属在陕西的英国浸礼会。——原注

② 原文如此，应为铁路以西。——译者注

始采取行动弥补过失的时候，邵涤源又步步紧逼：“没有钱？财政空了？那就去找城市的领导人，去找军队的领导人，去找都督，要他们拿出自己的财产。”他很明智，没有直接提到不义之财，而那些人也很聪明，明白他的意思是什么。

尽管如此，他对陕西省的未来充满信心。而且，在临时政府所干的那些愚蠢、可悲、荒唐的事情的表象之下，他洞悉了一个事实：这帮人会留下来。尽管他们有种种缺陷——这些明显的缺陷即便是最好的朋友也不能否认——但这个革命的省份所具有的自尊不会允许他们的领导人听从外部政权的命令而被弃置一边，不管这个外部政权是来自北京还是其他地方。虽然他们意识到自己应该遭受谴责，但是他们绝对不会屈从于任何人。邵涤源已经在这个省工作了将近 20 年。对他而言，主要的志趣就在陕西以及陕西的复兴。现在，他的机会来了。革命领导人认为他是公正无私的。但从某种更深的意义上说，他远不止如此。他知道要帮助这些领导人做点什么。他发现了一条接近这些过去难以企及的社会阶层的路径。他要为将来的事情做打算。他为启发民智而工作，并且知道这种思想启蒙有一天必会遍及全省。他受同情心的驱使，在帮助人们摆脱眼前困境的同时，还有着更为长远的希望。他希望人们的生活更洁净，思想更单纯，心灵也能够得到洗礼。

2 月 11 日的时候，赵倜将军还在潼关。城里的人们觉得对起义者进行清算的日子不会太远了。但是，在等待袁世凯——在他们眼中袁仍是大清大臣——的代表到来的时候，穆斯林已经攻占了醴泉，并正在向 18 英里外的咸阳推进。邵涤源写信给升允，呼吁后者发扬爱国主义和人道主义精神。他还向升允保证，他已经得到确切消息，说北京已经宣布和平了。那为什么还要让冲突继续下去，并因此而延长人民的痛苦呢？升允心中充满了复仇的欲望，并不会因为这封信而有什么改变，但西安府的领导人仍对邵涤源所付出的努力表示感激。后来，英国驻华公使发来电报，询问邵涤源先生能否替袁世凯传递消息给升允。这是当时袁世凯与甘肃取得联系的最快方式。邵涤源先生给袁世凯去电，表示愿意尝试一下。于是袁世凯给他发了一封很长的电文，托他转交升允。至于如何传递，则由邵涤源自己决定。后来找了一个传递信件的志愿者。这个人是张云山麾下一名年轻的“顾问”，他愿意去把信件送给升允。这是陕西事变中最勇敢的行为之一。因为升允的名字本身就意味着恐惧。升允把这个信使，这个和平的使者，这个带来消息，从而使两省有可能实现和平的人抓起来，并以“凌迟”——这一中国最残酷、古老的方式处死。又有一个人自愿把信送到升允手中。他从前一个人的悲惨遭遇中吸取了教训，乘着晚上偷偷爬到尽可能接近敌人的地方，然后把信绑在箭头上，射向穆斯林的营地。

现在赵倜来到了西安府。他不是作为征服者，而是救援者，是为响应西安的请求，前来将它从甘军的威胁中解救出来。到达后的当天，他就在西安东关与邵涤源作了长时间会谈。在邵涤源这里，他至少能听到有关当下局势的客观陈述。事实上的确如此。而且，他还听到了对陕西领导人的公正辩解。第二天，他离开西安前往醴泉。这些我们已经知道了。当他返回东关时，他的士兵发生哗变。城里的革命政权发来紧急请求，要邵涤源一家赶快搬到城里。东关的人们对此意见很大，他们意识到就要失去最好的朋友了，并且担心邵涤源的离开可能是东关就要陷入麻烦的信号。

在率领那支让人丢脸的部队开回河南之前，赵倜带着满腔的悲伤和羞愧找到邵涤源先生。他是一个能让赵倜尊敬和崇拜的人。他们的会面选在西安府医院。那里有一个带小花园的庭院。这个庭院被主要建筑物遮挡着。庭院外面是赵倜的侍卫、佣人，以及一些替政府打探消息的人。赵倜在里面与邵涤源畅谈了一个小时。他那颗负重的心终于能够放松下来。他获得了追寻已久的宽慰。他请求这位英国基督教绅士的帮助也非徒劳。他叙述了西安府如何艰难地从升允及其穆斯林军队的恐怖中解脱出来，而这一切都是因为他的出现。这种说法后来被西安府的传教士原原本本地带到北京政府那里。几个月后，这两个人又在陕州相遇。作为朋友，他们一起面对了许多大事，并因此印证了彼此的价值。

随着敌对行动的停止，哥老会和他们的军队返回西安府。赵倜还会被叫回去平定内部纠纷。这是证明张云山是否忠诚的时候了。他经受住了考验。并没有发生严重的情况，困难时期就这样过去了。现在战争已经结束，陕西政府认识到需要努力进行战后重建了。他们有太多的东西要去学，但却没有时间。他们需要一个人，以使他们——尽可能地——走上正轨，需要一个人来防止他们将来再犯过去那样的错误。他们不需要一个多愁善感的人，也不需要一个狂热的共和主义者。他们需要的是一个心智成熟、举止稳重的人。自然地，他们会把目光转向邵涤源。过去几个月的困境，已经证实了他的价值。他们邀请他以政治顾问的名义来帮助政府。实际上他已经在这样做了。

◎第十七章 城里的军医院

起义爆发那天，西安城内有一位医生，另外还有他的妻子和一位专业护士，他们都是英国浸礼会的成员。晚上，贾尔德医生在护送下穿过街道，去帮助受伤的陕甘邮政分局局长赫尔·亨先生。为了到达目的地，他们好不容易才在喧嚣汹涌的暴民中挤出一条路来。护送他的人一路上高声叫喊着，不断向人群解释，说他们并不是要去处死这个外国人。22 个小时之后贾尔德医生往回赶时，他们就开始带回来一些受伤的爱国者。一路上他们还亲眼看见满族士兵仍在与起义者战斗。一些人之所以受伤，是因为他们平生第一次使用这种新式来复枪，由于操作不当而误伤了自己的手臂，或者是同伴的后背。从那以后的 7 个月里，这所医院①人满为患，人们又只好以它为本部，开设了很多分院。星期一和星期二，伤员逐步增加。

瓦特护士或许在英国就已经习惯于各种可怕的伤病场景，但今日所见仍令她心碎不已。许多伤员来到这里之前，伤口裸露着，好多天都没有处理。可怜的

① 即浸礼会开办的英华医院。——译者注

妇女们有的藏身枯井，有的躲进阴沟，任由苍蝇叮咬——都已经是10月底了它们居然还能咬人。

在那些日子里，英国浸礼会所幸得到一些教会助手的大力帮助。一位是石先生，这里我们又会见到他的身影。医院里还有一位姓陈的人。他已经在浸礼会服务多年了，是该会日常事务管理员。这个人的确有许多缺点，但现在他却表现得头脑清晰、足智多谋和忠实可靠。当贾尔德医生不在的时候，面对医院外面狂怒的人群，他沉着冷静，警惕性又高，这不仅让那两位女士宽慰不少，而且还帮了她们很大的忙。得知东关的教会同仁处境危险，他巧妙地对西安新领导人说，为了医治源源不断涌来的伤员，他们急需得到罗德存医生的支援。因为罗德存医生被匆忙关闭的城门挡在了外面，因此派人去找他就可以借机与东关教会的成员取得联系。如果他们仍然在那里，还可以让他们获得保护和帮助。

星期三那天，都督被说服了。他同意派遣医院的药剂师出城前往东关，去把罗德存医生带回来。星期天中午的时候，罗德存医生因为城门不期而关被挡在了城外。但是，现在没有办法打开城门……药剂师后来是从城楼上通过一根绳子被吊放下去的。下去后他马上前往东关的传教士据点。随后，罗德存医生和药剂师返回城门。一路上，药剂师紧紧攥着都督发放的写有“保护外人”的旗帜。一连几天，东关的居民注意到火焰从城内升起，听到哭喊的声音，看见被杀的满族士兵被人从城墙上扔到下面的护城河里。但却没有一个活着的人从城里出来告诉他们发生了什么事情，只有城上的士兵偶尔发出的叫喊声传递出些许信息。现在，一个大活人从那座地狱中出来，行走在他们的街道上，因此吸引了所有人的目光。医生和药剂师在东门附近找到一处水浅的地方，蹚过护城河。然后，他们将绳子捆在身上，脚蹬着城墙，被人吊了上去。在半空中，他们看见城墙的下面全是被胜利者从墙上推下去的一堆一堆的尸体。这些可怕又可怜的人的身体或被砍，或被劈，然后被弃置一边。虽然这两个人习惯于面对各种死亡和伤病，不过，目睹这样的惨景，他们的职业和习惯并不能使他们轻松多少。现在，医院已经有两名医生和一名护士了。另外两名医生，即荣安居医生及其夫人（也是一位医生）还在中部县的山间被追杀。

护理陕西巡抚兼布政使钱能训是最早住院的病人之一。5 个月之前，他才从奉天来到西安。从经济角度看，他一定损失不小，因为他只有 5 个月的时间来敛财。这 5 个月的收入未必能弥补他当初买官的费用。离开省谘议局后，他逃到一家店铺躲藏起来。在 110 名随护中，只有 4 个人还忠实地跟着他。其他士兵和当官的在与革命者进行简短接触后，全都反正了。战斗打响的第四天，他试图开枪自杀。子弹给他造成的伤害有点严重，但并不致命。两天以后，他被人发现，并被送到革命党的临时司令部（不是哥老会的）。那时，司令部已经从军装局转移到高等学堂。子弹被取出来后，他还接受了一个月的治疗。此后，他归隐民间，并最终去了上海。①

最早被送进来的战乱受害者中有一个八九岁的小男孩。此前，一位基督福音传道员设法进入满城去寻找失踪的满族基督徒。他想打探他们的消息，并尽可能给他们提供帮助。在那里，他看见路边躺满了死尸。在尸体丛中，有一个小孩虽然流血很严重，却尚有气息。于是这位传道员背起孩子就往一英里外的医院奔去。在道路的出口，守卫着“爱国”士兵。他们枪上膛，刀出鞘，随时准备射杀从满城逃出来的人。这不是对满人表示怜悯的一天。但是，他们却让传道员过去了。“哦，他是个基督徒，是那个在南广场传教的人。他们这些人是很有同情心的，让他过去吧，孩子也让他带走。”但是医生在检查完孩子的伤势后不得不说：“宋兄弟，干得好，但孩子恐怕救不活了。他的内伤太严重。”“好吧，医生，我这样做也是为了让主高兴，我们还是把孩子交给主吧。”在医院里，至少种族仇视是不被允许的。无论是满人还是汉人，无论是士兵还是受害者，都会得到同等对待。

① 在北洋政府时期，钱能训还曾担任国务总理、内务总长等政府要职。——译者注

尽管如此，受到惊吓的满人宁愿住在马厩，也不敢和受伤的敌人躺在同一个病房里。在最初的4天里，没有其他帮手，贾尔德医生独自承受着最繁重的工作压力，这几天他和瓦特护士的经历前所未有而又极其可怕。这种情况直到那位翻越城墙的同事加入进来以后才有所改变。险恶复杂的局势也足以令医院里的本地人助手心力交瘁。墙外是穷凶极恶、趁火打劫的暴徒，墙内则是难民、士兵、病人和朋友这样一群无助的人。因此，在这4天里，贾尔德医生还得独自指导这些人的工作，并不时给他们鼓劲。此后数月间，一批又一批的伤员不断被送来。外交部有一位姓林①的官员，他是陕西省最好的人。他代表新政府，与医院联系，让这些天送进来的所有病人和所有战乱受害者都能得到医治，而治疗费用全由新政府承担。

不久，从前线下来一批士兵，共有12人。他们是在离西安4天路程的长武作战时受伤的。但当时伤员主要是来自东线。张伯英的部队驻扎在华阴县，他的目标是夺取潼关。其后，由于伤员人数激增，外交部只得把医院的事情移交给军政部直接办理。这样，浸礼会的医院完全是为军队服务了，它也就成了一所军医院。

一个月以后，教会的另外两名医生被从陕西北部的窑洞中营救出来，之后他们也加入了医院。然后，林和另外一个革命党人与军政部协商，为东路军筹建一所战地医院。当一名医生前往那里的时候，负责指挥西路军的哥老会领导人也恳求为他们建立一座同样的医院。这意味着又有一名医生要离开西安府。这样医院本部的事情又要由贾尔德医生全面负责了。到12月，政府不得不在医院附近安排了一个大点的场所，交由贾尔德医生负责。他可以在这里照料从医院分流出来的伤员。12月底，派驻东路军的医生返回医院，并带回来一些伤员。次年1月初，医院隔壁的一座大公馆（官员的住宅）被征用，第三座分院在这里开张。接下来的两周里，这座医

① 即林则衣。——译者注

院也住满了人，于是又征用了它对面的一处房子。1/4 英里远的地方有一所孤儿院。多年以来，它见证了中国人逐渐增长的慈善精神。

到 2 月底，医院需要更多的容纳场所。孤儿被暂时赶走，他们的房子移交给了军医院。孤儿院建筑的背面连接着高等学堂，那里已经被洗劫一空。人们在两座建筑之间的墙上开了一个门，好让伤员住进学堂的一个院子里。它们一起构成第五座分院。

接着发生了伤寒。两例病人被转移到附近的一处寺庙。幸好病情没有传播，始终只有最初的两例。于是这第六处分院就成了隔离病区。另一处小一点的寺庙也被征用以备将来之用，它成为第七处分院。最后一处分院位于已成废墟的满城里面。城里因天花流行而发病倒下的人会被送到那儿。对于这部分病人，教会军医院所能做的就是为他们提供食物、住所和被服，并雇人陪伴他们。这些陪人并没有受过训练，他们的唯一入选条件就是自己也得过天花。

显然，两位医生——有时还只有一位——不可能每天都去给 600 个病人包扎敷药。在这些忙乱的日子里，门诊治疗的一般原则根本就顾不上了。所有病人，无论是轻还是重，全都要救治。寻找食物和住所的任务落在军政部头上，有一些也交由红十字会去处理。整个 3 月份，有 200 名伤员是由 4 名从日本回来的中国医学生照顾的。这些学生是南京红十字总会派来的。他们的到来一度让重压之下的外国医护人员轻松了很多。但不幸的是，他们月底就要回家，然后返回日本去完成最后一个学期的学业。他们感到很遗憾，而他们的英国同事们就更遗憾了。因为人手缺乏，对于有的病人，医生看过之后，就交给助手去处理；至于其他病人，医生每个星期能去看一次就很满足了。

这里有些病人表现得很高贵，他们能以坚强的意志忍受病痛的折磨，并且具有少见的自我排遣精神。一些年轻军官的素质让人看到了中国新式学生的美好未来。尽管这些学生的肤浅和傲慢常常会激怒某些人，但是一到治疗的关键时刻，他们就会表现得很好，特别是那些军事学堂的学生。举一个例子就足够了。有一个 19 岁的小伙子，送进来时腹部被子弹击中，病情十分严重。在准备做手术的时候，需要他在手术同意书上签字。这个曾在外面拼死战斗的年轻人，现在独自一人躺在手术台上，并且勇敢地签了同意书。这是因为中国的高等学堂里面有大量优秀的教员，故而能培养出如此优秀的人才。

◎第十八章 战地医院

将军最初的想法是在西部的邠州和东部的潼关各设一处战地医院。潼关的计划一度实现，但邠州的战地医院始终未能建立起来。

12 月 13 日，医生和他的助手从西安出发，奔赴邠州。16 日，当他们经过一段险峻的岸堤时，迎面遇上从冉店桥战斗中溃败下来的陕军士兵。当时的场面十分混乱，医疗队还没有来得及躲避，四辆车中就有三辆被推下了河。他们携带的绷带、器械、药品，还包括珍贵的麻醉剂都丢了。没有办法，他们只好撤到乾州。在那儿，张云山决定率众抵挡甘肃军队，于是就让医院就地安置下来。正如我们所看到的，敌人尽管取得了一些胜利，但却撤退了。既然没有伤员需要救治，医生就返回西安府，等待再次召唤。他们深夜才抵达西安城下。医生拿出守城军官给的名片——就是为了应付此类紧急情况才给他的——城门就打开了。在晚上，城门一旦关闭，除非遇到紧急公务才可以打开。12 月 29 日，医生又被召回乾州。在那里，穆斯林已经近在咫尺，随后便发生了激烈交战。唯一一位有经验的助手启程较晚，现在又被醴泉的指挥官阻挡，不准继续前进，因为通往乾州的路上发生了激烈交火。在滞留醴泉的四天里，一想到荣安居医生那儿的紧急状况，这位助手就心急如焚。后来他拎上东西，独自一人赶往乾州。一路上，他甚至可以看见山上面正在进行的战斗。①

上述情况使得荣安居医生身边只有一个守门人和一个力工。他们俩从来没有参与过医务工作。不得已之下，一个人在稍经演示后便干起了麻醉师的活，另一个人就干助理医生的活。他们一直忙到凌晨 3 点，直到医生累得站不稳才停下来。陕西的医生助理就是这样发展而来的。而当时伤兵的情况要多坏就有多坏。穆斯林使用的是那种质地较软的铅弹。打进人体后，这些子弹变得凹凸不平，有扭曲的，有伸展的，很难处理。一位陕西外科医生就收集了很多这样的子弹。张云山将军觉得医院在乾州可能不安全，便安排伤员去后方 12 英里处的醴泉。转运工作是在晚上进行的。道路状况把赶车人都吓了一跳。医生更是惊恐不已。在崎岖不平的路面上，载着伤员的马车以飞快的速度前进，这使得车身左摇右晃，根本坐立不稳。这是中国最糟糕的道路之一。

在醴泉，荣安居医生为大多数伤员处理了伤口，然后把他们送往西安府的医院本部，只有 9 ~ 10 个人被留下来。1 月 8 日，医生自己由于上一周的过度劳累也病倒了。9 日晚上，西安府传来紧急消息，说那儿有 250 名伤员，却只有一个医生。10 日，荣安居医生从病床上爬起来，骑上马，就往 33 英里外的西安府赶。最初的 15 英里，他骑的马有点野，颠簸得很厉害。但从醴泉脱身并不是一件容易的事。马都督认为医生去西安只是一个花招，实际他是想去沿海。马都督拒绝放医生走，除非医生保证叫他的一个同事来顶替他。这是一件很有趣的事情。都督认为这个外国人在耍花招，但是

---

① 见第 149 页（原书）。——原注

又愿意相信他许下的诺言。

当荣安居医生承诺的那个同事刚从西安府本部赶过来的时候，他就成功地让马都督认识到实际条件的局限性，并且指出让两个医生分头负责两所彼此隔绝的医院是不现实的。然后，他对前次转运时留下的伤员进行了处理，让他们尽可能舒服一些，并且指导人们把这些伤员转送到西安府。他自己也全速赶了回去。在当时的条件下，转运伤员所使用的那种方法只有在中国才行得通，因为中国人从小就习惯于用杆子运东西。只要把一根结实的杆子和一捆绳子交给一个中国工人，无论是运送两篮子鸡蛋，还是上百斤的煤，都难不倒他。两个人或者两组人，只要有杆子在手就能创造奇迹。所有这些都为医疗队运送伤员提供了很大便利。伤员有的躺在门板上，悬挂在两根杆子中间，由两个人抬着；有的把桌子倒过来，伤员就坐在支着的桌子腿中间；有的坐在轿椅上；有的坐在没有弹簧的车上；有的坐在盛放炭盆的木箱上，由一个人背着；其他伤员躺在竹沙发上，免不了又是用绳子吊在杆子上。最舒服的，是在两根长竹竿之间系一张网，由三个人抬着。不管使用的是什么方法，伤员们都被成功转运过来了，而且人数很多。

其中一名从西边转运过来的伤员曾在雪地里躺了三天三夜。还有一个小男孩，被穆斯林抓住后砍掉双脚，也被送过来，并最终康复了。有一个人在岐山战斗中陷入重围后，在一口枯井里躺了五天五夜。子弹打穿了他的腰，并且伤到脊椎。穆斯林走了以后，他设法引起一位农民的注意，然后被人从井底拉出来。其间遭受了多少苦难，只有他自己清楚。经历过这场革命，中国农民那纯朴、善良的本性勇敢地展现出来。放在平时，如果发现自家门口躺着一个生命垂危的人，他们是不敢伸手帮助的，担心会被人牵连。但是，在这场战争中，农民们清楚地知道那些人的伤是穆斯林造成的，去帮助他们并不会受到谴责。于是，农民们完全可以按照他们同情别人的天性去做出反应。过去经常指责中国农民麻木不仁，这种观念需要改变了。应该受到谴责的，是统治者的腐败和堕落。

东征军筹建战地医院的行动要快一些。11 月 19 日，一名医生离开西安前往潼关，准备在那里开一座医院。但潼关的局势很平静，于是这名医生于 12 月 3 日返回了西安。12 月 8 日，前线吃紧，医生又动身前往。10 日，当他到达潼关时，河南军队离城只有几英里远了。然而在半夜时分，医生发现他准备要支援的军队已经悄然消失了。衙门空无一人，陕西方向的城门大开。于是，这支医疗小分队再次掉头去寻找他们的部队。他们坐上一辆当地农民的简陋的马车。行李放在车板上，医生、助手和“小伙子们”坐在上面。车子摇摇晃晃，颠簸而行。

当他们以这种丢脸的方式赶到华州时，士兵们却兴高采烈地欢迎他们说：“哦！你们也跑了！”对这些被他们无情抛弃的人来说，这可真是落井下石。

在华州，尽管大多数居民都已经逃走，但他们还是留了一点人在这里守候，以便部队来了以后如果有什么需要可以帮助传递消息。正是通过这条途径，一位磨坊主得知会有一批人到他店里驻扎。他赶过来找那些士兵，但当他发现要在他店子里住的人不是士兵，而是红十字会的人时，他脸上流露出一种不加掩饰的喜悦。这件事对那些想知道战争对老百姓意味着什么的人来说是很有启发意义的。部队在华州待到 16 日，医疗队也随他们在此逗留。16 日那天，他们朝华阴县进军。17 日，部队向潼关发动了一次进攻，但没有奏效。到傍晚，伤员便被陆续送回华阴的医疗基地。繁重的救治工作由此开始，一直到 21 日，张伯英的陕军重新占领潼关——那主要是因为赵倜的军队没有弹药只好撤离。

一部分军队撤回西安府，张伯英则率人留守潼关。一时半刻是不会再有战斗了。医疗用品已经用光，特别是一些麻醉剂和药品在潼关丢失了。

而士兵一旦被子弹射中，只要他神志还清醒，就想着怎么取出子弹。不止一个人成功地用刀子和手指把子弹从身体里抠出来。其他人则嚷嚷着要医生帮他们取出子弹，然而医生手里并没有麻醉剂。很显然，明智的做法是尽快把伤员送到西安府去。那里的安置条件和医疗设施要好得多。这样，东征军的战地医院就准备撤回本部了。

◎ 第十九章　与伤员同路

> “愿主保佑遭遇危险的人，扶助穷困的人，安慰遭难的人；……愿主怜悯被囚和被掳的人。”

大清帝国最后一年的平安夜。一条宽大的马路上走来一队可怜的人。一个伤员坐在一把椅子上，椅子绑在两根杆子中间。四个人抬着一张门板，上面躺着的一个人断了一条腿，那是被一块炮弹碎片所伤的。另一个伤员躺在一副临时做成的担架上，其实就是在两根杆子中间系着绳子，再把一张席子铺在上面。

一天以前，他们组成为一个战地医院，现在则变成了伤员运输大队。他们自己的部队已经从前线撤退了。如果他们落单也许就意味着再也得不到军饷、补给，也没人管他们了。回家的本能十分强烈。他们都是很年轻的士兵，没有多少组织纪律。他们因为痛苦而像小孩子那样哭喊着——要妈妈，要回家。虽然有警告，也有禁令，但是那些还能爬着走的人，或者能说服同伴带他们一块走的人，都偷偷溜回省城了。他们本可以堂堂正正地自己走，不必受人安排，也无需别人照料，既不费力，也不需要什么花费。当然，果真如此，他们的革命事业也就不会有什么实际进展了。想到这些，医生面带怜悯的微笑，就像对待孩子那样，使出最好的手段照顾着这些伤员，从而把他的医院变成了流动的救护队。

他们离开之前的那个晚上，轻盈的雪花下个不停。现在，他们周围的世界仍是洁白一片，只能看见已经踩出脚印的公路蜿蜒向前。因为有些伤员前一天晚上没能及时赶到集结地点，他们这支队伍已经落后了。因此，他们在黎明之前还有6英里的路要赶。当这些晚来者抵达停留点时，他们发现村里的几个食品店已经为他们准备好了热腾腾的小米羹和好吃的馍馍。待体力恢复后，医生检查了伤员们的包扎情况，让他们尽可能舒服一些。然后，人们抬着伤员继续前进了。

他们的东南面耸立着中国五岳之一的华山。在这洁白无瑕的冬天里，这座雄伟壮观的高山更加令人称奇。右边伸展着一块广袤的平原，只有一条宽阔的河流横穿而过。河水缓慢地流淌着，汇入那条被称为“中国的忧患”① 的河流。天气特别寒冷。积雪上面覆盖着一层薄薄的冰，光滑闪亮，那是中午时分积雪稍稍融化而形成的。他们走的马路特别糟糕，一路上踩化的雪水和泥浆已经结了冰，走在上面很危险。突然传来一声痛苦的尖叫，接着就是持续的啜泣和呻吟。原来是抬那个断腿伤员的人绊了一下，把门板摔了。虽然门板摔落的距离不到两英尺，但它引起的震动相当可怕，它让躺在上面的伤员痛苦不堪。医生立刻赶上来，想尽办法把伤口处理好。令人高兴的是，他手头还有一支麻醉剂可以使用。

后来，他们抵达一个地方，准备休息一晚。说来也怪，他们在那儿找到了一处条件尚好的客栈。客栈的门窗都没有被战火烧毁，用砖垒起来的床还可以生火取暖。他们立即用稻草或其他任何可以找到的东西把火点着。

① 即黄河。——译者注

炉子里冒出刺鼻难闻的烟雾，但他们并不介意，这种烟至少还可以杀菌消毒。然后，他们让伤员躺下。有的躺在床上，有的躺在门板上，而门板就架在长凳子或者是马槽之间，也有的躺在担架上。医生和他那个没怎么受过训练的助手在伤员中间进进出出，忙个不停。这个助手是由“红十字会”派过来的。其他助手没有一起来，他们要负责照顾另外几个伤员。那几个人的情况稍好，可以让他们留在更靠近前线的地方。“助手”，那确实！他们本来是看门人、伙夫、力工或其他什么人，几周前才教给他们包扎，抬起和运送伤员，或者是做其他杂事。黑暗中，一个中国式灯笼发出微弱的光亮，映照着几样原始而简陋的设备：几个罐子、一两个搪瓷脸盆、一些医用绷带和敷料，还有少许药片。这就是全部的家当了。医生总是被伤员们可怜地哀求着索要“止痛药”。

圣诞节的黎明已经破晓，天气寒冷依旧。周遭的一切笼罩着祥和的气息，即便是那支可怜的队伍也蒙上了一片微弱的希望。不过，也许只对其中的一个人来说，这希望才是清晰明了的。年轻的中国教会自有其纯真的欢乐和盎然的生机。但是，有关圣诞节的美好而仁慈的回忆却是属于家乡的教会，属于那些具有一定历史感的人。在那位英国医生的心中，这个圣诞节的清晨，美丽而宁静，携带着荣耀的信息。必须要告诉某个人，必须让他也知道今天乃是耶稣的诞生日。于是，他把基督从天而降的故事讲给那个红十字会的男孩听——那个男孩对于自己臂章上的红十字标记还蒙昧无知。

这儿远离故土，远离那里圣诞节所意味着的一切。没有颂歌，也没有快乐的问候。然而，在医生的心中却洋溢着欢乐。这欢乐是那些信仰基督的人所有的，因为他们知道尽管教会有地域差别，但它能将上帝的荣耀在全地①彰显。医生想起了更多有关家乡圣诞节的事情，想起了庄严的教堂。

① “全地”为基督教术语。——译者注

在那里，礼拜者聚集在一起，为那些圣诞节外出旅行的人和生活孤独的人祷告。距离并不能阻止膜拜，即使在中国这条大道上，仍然可以很好地与教友们进行心灵的交流。毫无疑问，“圣徒相通”就是一个蒙福真理，它不会受限于地理上的界限。

最后，他们到达一座城镇。一条繁华的街道沿着公路伸展开去。在街道远处的尽头有一座福音堂。里面有一位中国传道员，他看起来温和、高贵且忠诚，完全是“上帝的礼物”。他说话不多，语速缓慢，在中国人当中很难遇到。然而，他总是满怀慈爱地帮助同伴。他凭着经验，懂得另一个世界的许多法则，知道为什么“祈祷能够产生出比这个世界所梦想的还要多的东西”。明白了这些道理，他就能默默地坚守着自己的道路往前走。

他花一点钱买了一些豆腐和蔬菜。当黄昏来临时，当地的基督徒们结束一天的工作，聚拢到他身边，吃着简单的晚餐，进行团契活动。他们又会讲起他们所喜爱的伯利恒婴儿的故事。不管外面的战争带给他们多少忧伤，在这儿又能听到天使之歌的回响。

在路途中，医生对伤员的伤口进行了最后一次处理。第二天他们就将抵达省会和一座教会医院。现在，医生不必急着去照顾他的病人，而可以继续自己的思索。因为会有几个小时的短暂休息时间——直到他又重新投身医院，湮没在满眼的伤员中。

毫无疑问，这次战争是可怕的，它所造成的破坏令人恐惧。但有的时候，把眼前所经历的悲痛放一放，而去更多地关注永恒的智慧，这是有好处的。不要忘了，圣诞节已经来临。战争、谋杀和生命的突然逝去还不会从这个世界消失，而在目前，它们实际上离得还很近。但不管怎样，信念还在，爱心仍存，希望在长。

伯利恒的婴儿一定会再生！在穷人生活的地方，在受伤士兵的心中，在疑惑的农民心中。是的，甚至在那些傲慢固执的领导人心中，他们正怀着惊讶和感激看着外国人给予他们的救助——这是由基督的爱所召唤而来的。

星星出来了。开始是羞答答地一颗接着一颗，然后就是快速、勇敢地一下子涌满了天空。在欢快的闪烁中，它们引领着人心向上，预示着希望就在眼前，让人们隐约看到了完美生活的场景和不再喧嚣的安宁世界。

穷困潦倒的满族人在英国浸礼会教堂得到救助

云山先生

前排三个人从左到右分别是：摩根·帕尔默教授、张云山将军和祈仰德。

◎第二十章　未来的希望：两则启示

一、炸弹队

送进医院的重伤员中，有一些是因为炸弹队发生意外事故而导致的。在动乱期间，一个留在西安的日本人教革命者如何制造炸弹——为了寻找爆炸剂他们曾经到医院去但是没有找到。当时，氯酸钾非常稀缺。炸弹队的士兵每人束一根腰带，上面有几个口袋，每个口袋里装着一颗炸弹。在行军中，这些士兵就构成一个移动的危险地带，没有什么安全措施，他们本身甚至连最起码的训练也没有经历过。炸弹队通常和一般部队混在一起，却不采取任何防范措施。他们漫不经心地走着，随时都会给自己和其他同伴带来死亡。

正因为如此，其他士兵才会嚷嚷着说："把我们从同伴中解救出来吧。"当一个随军行动的投弹手被击中，如果被击中的部位不是腰部，而是腰上的炸弹，那他周围的一大片人都会跟着遭殃。即便不是在军事行动期间，也会经常发生灾难。比如说三个炸弹兵坐在西城墙上聊天，其中一个人不小心让炸弹掉到了地上。结果三个人全被炸死，远处的两个人也受了重伤。还有一个人也受了伤，不过经医院治疗后康复了。这个“捣蛋队”——汉语称呼的直译——的成员有时也会在医院里无所事事地溜达，这时医生会立刻要求他们带着身上的炸弹离开。

陕西炸弹队作为既成事实，能说明问题；它也将成为历史，并为后人留下启示。它是青年革命者不负责任的表现。没有其他事情能比这更好地说明他们在操控危险力量时的轻松心态了。他们推翻了旧政府，这是陕西这个大省当时的大势所趋。在这样做的时候，他们怀着轻松愉悦的心情，即便面对无力应对的局面，他们也拒绝停止行动。事后想想，他们这种行为方式，真是让人吃惊，也令人难以置信。他们很年轻，没有经验，满脑子装着书本知识，并被革命党的宣传小册子点燃激情。有时候着重强调问题的某一特定方面，也许是必要的，甚至是理所当然的，因为它有助于把对整个事业的思考转变为切实的行动。但西北地区的年轻革命者却把他们几乎全部的精力都倾注在了破坏上。他们有一种模糊的认识，认为只要把旧势力清理干净，就可以在国内引进西方文明，建立西方式的政权。至于这个国家能不能或者是愿不愿意接受和消化这种外来文明和制度，却没有几个人考虑过。

二、切尔西医院

在所有的医院中，值得高兴和自豪的军医院就是他们的“切尔西医院”①。虽然创建恤伤院的想法来自外国人，但是将这想法付诸实施的却是满怀热情和耐心的助手石先生。尽管他现在还在外交部上班，但他却把大部分时间和精力献给了恤伤院，即“抚恤伤员的医院”。他是这家医院的院

① 即秦军恤伤院，切尔西医院原是英国伦敦一所残废军人休养院的名称。——译者注

长。那些缺胳膊少腿的人和终身残疾的人以此为家。他们作为“爱国”士兵光荣退伍，在这里度过余生。尽管残疾在身，但还是会教给他们一些力所能及的技艺，比如说编织、藤椅制作，甚至是木工，等等。赚了钱是他们自己的，如果愿意，可以购买东西，让自己过得舒服一点。很多时候，他们会把钱寄回老家。虽然恤伤院是一个政府机构，由军政部掌管，但它与基督教医院却有着密切的联系。每天晚上，很多人都会聚集在恤伤院的一个大厅里。他们遭受过巨大的苦难，经历过暴风雨般的战争洗礼，然后才来到这个安宁的地方。在志愿者的服务下，他们中的一些人每晚还聚集到一起顶礼膜拜，或者满怀崇敬，静静地倾听。这当中也有人传播上帝的话语，让他们了解一种持久的和平，以及永远的避难所。

陕西新政府是由一群年轻人组成的。他们的种种过失，包括他们的不负责任，在很大程度上是因为他们缺少经验。但是年轻人所具有的慷慨精神也是属于他们的。正是由于这种精神，他们响应爱国主义的诉求，欣然接受了关于创建一所“切尔西医院”的想法。在今天中国的共和主义领导人中，慷慨精神随处可见。这种精神也许仍会令悲观主义者感到很失望，但它也能成功地克服普通民众所具有之惰性，以及职业政客们的自私自利。如果他们的事业失败，那也不会再有其他希望了。社会动荡已持续日久，现在很难有简便易行的解决办法。唯一有效的办法就是坚持采取强硬措施，这样才能扭转歪曲的方向，并平复人们持续不断的失望情绪。为了切实贯彻这样的措施，就需要年轻人那种似乎永不衰竭的青春活力。年纪大一点的人凭着自己的经验和成熟的思想，或许可以策划和提出这些措施，但这些措施需要由充满自信、意志坚定、身强体壮、思维活跃的年轻人去接受和执行。在这个过程中，也需要由精力充沛的年轻人去坚持斗争，以渡过种种难熬的关头。这种斗争一旦取得胜利，它就会让这些年轻人更加成熟，更有思想，并且足够冷静。

陕西军医院的骄傲——陕西“切尔西医院”

这样的机构在中国也许是唯一一所，它显示了哥老会和革命党良好的一面，照片中的许多人就是哥老会的“大哥”。

也许有人会认为这个年轻人的党派有点令人讨厌。但只要仔细想想，人们就能知道，真正令人不快的，并非年轻人的道德情操，而是他们解决问题的方式。确切地说，人们对年轻人不满，不是因为他们本质邪恶，而是因为他们态度傲慢。这种傲慢乃是因为他们对自己的能力过于自信。如果认识到了这些，我们就必须承认——尽管有点难堪——对年轻人的看法并非不可改变。

这就是为什么那些熟悉并且热爱中国的人不愿意批评年轻革命者，而且自己还要全身心帮助他们的原因。他们把支持、鼓励、同情以及审慎的指导全都给予那个党（就是人们所知道的年轻的革命党）。该党毕竟在一些省份掌握着权力，它们自己就有希望建立一个稳定的政府。这种政府将有能力开发国家的资源，并帮助人民树立自信。该党一旦把年纪大一点以及经验丰富的人吸纳进来，就会变得更加成熟和壮大，并且能出于国家整体利益的考虑，成功地协调各种利益纷争。因此，尽管为国家重生而斗争的过程痛苦而又曲折，但当目前的沉沦与混乱过去之后，一个统一的新生中国必将出现。

第二篇

陕西的外国人

DI-ER PIAN

SHANXI DE WAIGUOREN

◎ 第二十一章 在西安

1911 年 10 月 22 日，星期天的早晨，一个英国人骑着马悠闲地走在西安的街道上。天已微亮。中国西北部的天空无风无云，略有凉意，这确实是个好天气。这座古老的城市正处于最佳状态。卖食物的商贩生意很红火，他们坐在路边的小板凳上，翻炒着锅里作响的米饭，搅拌着汤，这让严寒中的行人直流口水。木匠们来回拉动锯条锯着木头。满脸困意的巡警站在那里，只是为了摆摆样子。这里的一切都是那么盎然、舒适和忙碌。很快那个英国人就到了城东门，有几个士兵在那里走动。城门西北面就是满城，那里有宽阔的空间、美丽的花园和参天古树。原野清新的空气从东面飘逸而来。总而言之，这里是生活的好地方，空气中弥漫着祥和的气息，处处一派安息日的美景。这里远离冲突。他们知道湖北正在作战，汉口到处兵荒马乱。而在这里，这座旧世界的城市没有那样的战争。当北京、汉口及广东省在全力作战的时候，听说西安地方政府可能发生变动，人们将要向新的继任者交税，承诺已久的铁路很快会得到修建，并会迎来真正的改革。现在，她正沐浴在令人昏昏欲睡的阳光中。

医生骑马穿过城门，去探望东关的病人。他打算待上几个小时就回来。但半小时之后，张伯英对军装局发起进攻，陕西革命的第一枪打响了。伴随着枪声，西安日复一日的和平局面结束了。

那天早晨，一位德国绅士从位于梁家牌楼的家里骑马前往英华医院。他就是陕甘邮政分局局长赫尔·亨先生。因为贾尔德夫妇的小女儿得了重病，他要前去探望。在骑马离开医院之前，他把一条白毛巾系在胳膊上。他已经注意到街上有人缠着这种白毛巾。向西走了200码左右，他被一群暴徒拦下，他们是哥老会的成员。这伙人索要他的马，他知道西安城现在处于暴乱之中，便下来把马给他们，自己则继续步行。但是这伙人并没有到此为止，他们从四面八方围过来，其中一人拿枪对着他的胸口，他设法把枪挡开。拳头雨点般落到他身上，他被打得出血，还昏倒在路上。这时，来了两个士兵，自发地把他抬到1英里半外他的家中，当时他仍然神志不清。一些士兵被派去医院寻找医生。于是，贾尔德医生在士兵的护送下，艰难地挤过人群来到了赫尔·亨家里。一番检查后，贾尔德医生发现赫尔·亨的颅骨虽然幸运没事，但他的头上就有7处伤。贾尔德医生觉得他有必要留下来整晚陪伴病人。那么，之后他怎么回去呢？在街道上行走几乎是不可能的，那里满是喧嚣的人群。士兵在忙着抢劫，暴徒则横行无忌。赫尔·亨的房子位于梁家牌楼。这座城市里数目最大的金银就存放在这条街上。士兵有组织地逐房抢劫。那些送赫尔·亨回家的士兵在得知将会收到一笔丰厚的回报后，同意待在门口阻止其他士兵闯进来。否则没有任何力量能使这里免遭士兵的抢劫。他们静静地站在那里守候着，眼睁睁看着同伴装满银子从银号里出来。他们的坚守是了不起的。直至翌日清晨，贾尔德医生才回到家中，却发现自己的孩子濒临死亡。

整个晚上城里都在交火，黎明时还没有停止。星期日这天医院外也发生了一些激烈的战斗。穆斯林从军装局得到步枪，就迫不及待地想用以谋求自己的利益。他们既不怎么愿意帮助汉人反对满人，也对共和制不感兴趣。从军装局返回市中心后，他们马上就奔向学堂，学堂西边就是外交司和英华医院。当时学堂学生还能自己守住学校，而其他两个地方的外面，革命党学生与以穆斯林和哥老会为主的暴徒发生了冲突。星期一早晨9点的时候，外交司被占领。现在医院的四周都有交火。学堂的化学教授林先生是一位基督徒，他后来接管了外交司的工作。他明白，若单纯从政治的角度来看，保护外国人是一种明智的举措，而且医院的人还都是他的私交。等待政府采取措施是没有用的，人应该主动。值得庆幸的是，当一些不法之徒任意妄为的时候，有些勇敢、无私的人主动站了出来。他们不是为了沽名钓誉，而是为了国家和社会的利益。尽管在陕西像林先生这样的人不多，但是在中国的革命党队伍里这样的人却很多。他们是社会的中坚力量，能把大家从毁灭中挽救出来。

林先生把学堂的学生召集起来，带领他们奔向医院。经过战斗，他们战胜了暴徒，进攻者被击退了。当在其他地方抢掠可能更容易一些的时候，继续进攻显得太浪费时间了，于是暴徒就转向了银号与最好的商铺聚集的地区。医院里的大部分服务人员都逃跑了，只剩下两位女士：贾尔德夫人和瓦特护士。此外，还有贾尔德的女儿，已经奄奄一息的小多萝西·贾尔德。可怜的母亲几乎是带着感恩看着自己的孩子离去，因为至少她的死亡方式不是那么残酷和可怕。整个晚上，她们都在看，都在等，看着弱小的生命在眼前凋谢，等着外面狂嚎的暴徒消失。直至后来，她们才完全明白，外面的英勇战斗是为了她们。第二天清晨，就在绝望之际，贾尔德医生回来了，这两个可怜的女士终于可以让他来决定和安排该怎么办了。带他进来的士兵最终使医院的性质发生了变化，伤员开始被医院救治。至少现在医院是安全了。

城中的其他外国人没有受伤，只有北美瑞挪会的一位女士被抢。如同在陕西的所有传教士一样，她没有任何责备她所爱的中国人的意思。“哥老会行事非常谨慎，”她很严肃地说，“是的，他们是拿了我最好的手表和我的”——接着她话锋一转——“但是，他们没有破坏一扇窗户！”还有什么需要哥老会道歉的呢？难道他们的优点还不明显吗？

罗马天主教徒早早地赶来，目的是借款给新的领导人，以帮助他们建立政权。之前，陕西名誉主教收到现任都督张凤翙的信和他的请求，其中提到如果主教没有此类“善行”，他这个都督将难以维持陕西省内的秩序，因此也就不能保证传教士的安全。但是，天主教教会在资金来源上并不比都督好到哪里去。

不论当前政权对陕西境内的外国人多么友善，但是他们却不怎么喜欢罗马天主教徒。由于干预词讼，多年以来凤翔府界内的天主教信徒让当地人又恨又怕。革命爆发初期，他们的生命受到威胁，财产也遭到破坏。虽然天主教教会里的外国人没有受伤，但是渭南的一个中国神父后来却因被指控纵火和散布危害政府的谣言而遭受了野蛮的对待，并被就地正法。

◎ 第二十二章　南关的谋杀

22 日早晨，士兵们急匆匆地从西关的军事学堂和北美瑞挪会教堂中间穿过。当时，牧师白锦荣先生正在教堂里做礼拜日的晨祷。白锦荣的家在南关外，除了教会的工作，他在那里还负责一所学校的事务。这所学校是为教育瑞典和美国同伴的孩子而设的。他急切地希望回家照顾那些孩子和他的家人。在一位福音传道员的陪伴下，他骑马离开西关。途中被一伙士兵拦住，要他们交出马。白锦荣耐着性子与这些士兵交涉，并使得索马的士兵受到其他同伙的指责。但是，这并不能阻止他们。于是白锦荣跟随其他士兵来到他们长官的驻地，这位长官先派人去寻找他们被抢的马，但是没有找到。继后他本人也骑上马去寻找，并最终找回了他们的马。白锦荣和福音传道员继续赶往南关。到达教会院落的时候，他们看到城里的衙门和银行都燃起了熊熊大火。从房子上层的窗户向外看，场景十分恐怖：到处是歇斯底里的喊叫和子弹呼啸而过的声音。

白锦荣夫妇焦虑地商量着怎么办。没有守卫，房子会很不安全，必然会遭到暴徒的攻击。但是能去哪儿呢？南边的群山经常有不友善的哥老会成员出没，去东关或西关意味着他们必须穿越空旷的原野，这就有可能碰到暴徒。思前想后，看来最好的办法只有求助西关城墙外的军官，请他派兵护送他们到西关。但是，他们却找不到人送信，而白锦荣也很难离开。

他们只好待在家里。即使现在，不论发生了什么事情，在中国的外国人和负责任的中国人都认为，若没有人护卫，骚乱时期最明智的做法就是安静地待在家里。现在的局势在某些方面是不正常的，南关似乎没有当权者，新领导人也没有打算去保护外国人，只有基督徒林先生在设法保护医院。

他们也许采取过一些预防措施，比如说有个地方放了一架梯子，需要的时候可以用它翻墙逃走；而在其他人休息的时候，学校教师沃特尼先生①——来自挪威的绅士——负责值班守卫。此时，在南关三个恶名远扬的客栈里，一大群哥老会底层会众正聚集在一起谋划破坏活动。他们中很多人来自四川，满脑子都是抢劫和血腥的念头。由于城门已关，他们被挡在城外，因此就没有机会像其他起事者那样在城里干了一票又一票。但是，也正是由于这个原因，他们的活动才不容易受到来自城里的干涉。他们环顾四周，搜寻着附近那些容易得手，而又有价值的猎物。这帮危险分子盲目地四处搜寻目标，后来被当地的一位下级警官引往北美瑞挪会学校的院落。一名曾在该教会院落里做过工的妇女成了帮凶。她煽动着这伙人，声称教会院子里有大量钱财（这可真要命!），而且她会告诉他们钱藏在哪里。导致后来发生悲剧事件的内在原因目前还不能完全掌握。一部分动机后来自然暴露出来，其他动机也大致能猜个八九不离十。但是，事件的发生有着

① 中文史志中称其为“万先生”。——译者注

更深层次的原因，那就是种族方面的。不过，这里指的并非种族仇恨本身，而是指源自血缘不同所产生的种族特性。尽管100个中国人中有99个都是我们所熟悉的那种生活严谨而又吃苦耐劳的农民，但第100个人的行为处事却和他们2000年前的祖先——处于早期发展阶段的蒙古人和西藏人，也即希罗多德笔下的塞西亚人——是一样的。……对今天正常的中国人来说，这些暴徒只是异类，但是他们的确生活在那里。然而，让哥老会不幸蒙羞的是，它的成员中有很大一部分都是从这类人里面招募来的。

“无人幸免”

北美瑞挪会学校院落里八个人躲藏过的库房废墟，白锦荣先生试图弄穿围墙的地方清晰可见。

年轻的挪威教师在值守。难道就要这样结束了吗？为了孩子，他来到这个神秘的东方国度。难道这些孩子的日子就到此为止了吗？房子没有设防，四周恶行猖獗。他自己的家人，当他们听说这里发生的一切，会怎么想？怎么做？他站在那里注视着城里耀眼的火光，目光越过院落的围墙，凝视着阴暗的远方，等待那场运动从南关狂卷而来，谁知道此时此刻他在想什么呢？那场运动终于来了。是的，没错，愤怒的叫喊声，嘶哑的咆哮声，还有闪耀的火把，他们正在赶来。他招呼其他人，把孩子聚集在一起。从二楼的窗户里，他看到暴徒正把所有他们能找到的稻草、木头之类的易燃物靠放在院落的大门上。那位警官及其十个手下引领着暴徒，并且由警官指挥行动。他们离开房子，向梯子跑去，可梯子已经不在那了！那天晚上有个人想设法逃走，其他人也寄希望于他。但是，那个人找到梯子后，却将梯子挪靠到了另一处他认为安全的墙上，之后他就逃走了。他既没有告诉其他人，也没有考虑挪走梯子会给他人带来的后果。墙有 14 英尺高。虽然暴徒已经出现在北门，但东南角却能听到枪声。他们被包围了。他们找到了一辆手推车、一根木棍和一些绳子。沃特尼先生先跨坐到了墙上，然后白锦荣帮助他 13 岁的大女儿白茹丹爬上墙，并由沃特尼先生帮助她下到墙的另一边。在他们的帮助下，孙金连也爬上了墙。随后，白锦荣弯下腰准备举起他八岁的二女儿。这时，墙外的白茹丹喊叫了一声，接着传来两声枪响。沃特尼先生跳到墙外去救白茹丹，而他的学生孙金连又跳进了院子里。白锦荣再次把二女儿白水兰举到墙顶，他喊沃特尼先生来接她，可是后者却没有应答。白水兰啜泣着又被放了下来。外面没有人接应，他不敢再举其他人。紧靠墙的地方，有一间库房，他们就藏了进去。白锦荣试图用一把尖锄弄穿围墙，但是屋里一片漆黑，工作进展得很慢。这时大门被推倒，暴徒蜂拥而入。他不敢再弄出声响，只好紧抱着三岁的小女儿西尔玛听天由命。孩子的妈妈呢？虽然她坚信天堂居所的大门向他们敞开着，但是要因此赶往那里依然是一个艰难的决定。作为一位耐心地在教会工作的母亲，其生活极其不易，要肩负的责任也很重。因此，她应该很少休息。她感觉自己即将踏上耶稣所走过的受难之路。但是，让她接受不了的是连这些孩子也要这样死掉！她把孩子从她父亲的怀里接过来，把她搂到胸前。“宝贝，我必须和你告别了。”她嘟囔着，亲吻着孩子。这时，屋里响起轻柔而又虔诚地把自己交给上帝的祈祷声。他们弄不明白事情为什么会发展成这样。但是，他们的信仰让他们能接受这个事实。“即使上帝杀了我，我也要信任他。”此时此刻，这绝不是枉然的自我吹嘘。

这时，有一个人朝毗邻的库房走来。他没有发现什么，就离开了。他们知道这只是暂时的。母亲觉得没多少希望了，她说：“当他们搜遍了其他地方，最后一定会来这里。”暴徒洗劫了所有的房子，并放火烧了它们，然后带着抢来的东西撤到了院外。但是，那天晚上他们不只是要抢掠；只有杀戮——残酷、愚蠡、无端的杀戮才能让他们感到满足。按理说，他们没有宗教狂热，也不憎恨基督教义，不应该对小孩施加报复。他们这样做，是因为他们心里和灵魂中只有杀戮。尽管暴徒都在门外坐等受害者，可他们还是留下了一些人搜索院子。库房的门最终被撞开。这个狭小的空间里拥挤着 8 个人。6 个小孩，由于恐惧，脸色苍白；一位母亲，只能凭着母性本能保护孩子们安全离开。暴徒冲进院子，燃烧的建筑发出的耀眼火光照得他们睁不开眼睛，但是守在门口的暴徒却把他们看得一清二楚。于是，白锦荣环顾四周，试图找到其他的逃路。其中一个人终于发现了一条路，然而她叫喊找到出路的时候，另外那些正奔赴生命尽头的人却没有听到。

其中有一个名叫聂珍宝的孩子仅在这所学校待了一天。她的同伴正试图突破包围，而她也希望还能见着他们。虽然只有 14 岁，可她却至少有 5 英尺 9 英寸高的个头。也许是由于身高的原因，她踩着一个藤筐成功地攀上西边的围墙。对面小寺院里有一位长者，那天晚上他充满怜悯却又无助地看着发生的一切。后来他指出聂珍宝上墙的地方，那确实是一条有难度但却有可能逃生的路。她跳到墙的另一边，然后向西越过一块犁过的田地。她没有跑远。在继续向前跑了 200 码后，她就被抓住了，并被人用棍棒和刀剑杀死。

西安府东门

由城外拍摄。在那个角落划×的地方，罗德存医生被人用绳子往上拉着拽入城。

西安府南关外被毁坏的北美瑞挪会学校外观

但是其他人继续逃跑，现在完全是出于本能。他们只熟悉一条出路，并且盲目地向前跑着。白锦荣阻止不住他们，他一手抱着孩子，另一只手根本无法把他们挡回去。他们试图从大门跑出去，但炫目的火光刺得他们睁不开眼睛。那里满是暴徒，逃难的人无法再前进。

那位母亲跪下来，祈求暴徒不要伤害孩子。孩子们依偎着她，挡着脸，不想看到这么快就发生的事情。所幸的是，凶手立即大开杀戒，没有让他们的痛苦持续太久。乱刀朝他们重重地砍了下来，无数的棍棒朝这群人头部挥舞。被困在一起的人有白锦荣夫人和她的小孩白水兰，另外还有孙兴平以及她的哥哥孙金连。她哀求怜悯，但是除了看到一张张得意而又邪恶的脸庞外，一无所获。孩子们把脸藏在白锦荣夫人的臂弯里面，结束了他们的一生中所见的最后一幕。他们最后瞥见的世界，曾被造物主视为“很好”。但是，一些西安人今晚爆发出来的仇恨，却使得这个世界从此变得邪恶无比。他们，包括那位女基督徒和那些小孩告别了“这罪恶的世界”，去到了另一个世界。那是更好的神的世界，它没有被破坏。透过耀眼的火把和闪着寒光的武器，能看见一个人一闪而过，并一溜烟跑了几百码远。但是，路上满是刚才暴动的人群，站在北边柳树边的一股人将他制服。他是杨大街，一个好小伙子。虽然还只是个孩子，但其言行举止得体。他有着优良而又古老的血统，他是父母唯一的小孩，他们因他而高兴。现在他被带走了，留下父母孤独地在世上，他们的未来只能专心于工作。他们尊奉的上帝了解这种哀伤，而上帝所赐予的恩典则使他们渡过难关。

“约翰的门徒来了，把尸首领去。……就去告诉耶稣。”

◎第二十三章　逃亡

教会院落围墙的外面有一条沟，是用来排放雨水以保护墙基的。当白锦荣先生抱着孩子从门口出来的时候，一记重拳直奔他和小孩而来。嘈杂的叫嚷和炫目的火把使这个地方成了名副其实的地狱。他被弄得晕头转向，几乎是机械地抱着孩子跳过排水沟。他跳的时候，有人向他的脑袋狠狠打出了一拳——如果击中，就会把他打昏。拳头最终落在了他的肩膀上，他疼得几乎晕过去。环顾四周，他只看到一个暴怒的暴民。至于其他同伴，他没有看到；事实上他的同伴已陷入了可怕的人海。挽救西尔玛是当前最重要的工作，也是可能做到的事情。他使出全身气力，向西狂奔。尽管追赶他的人离他很近，给了他几拳，却没有将他打倒。渐渐地，他与追赶他的人拉开了距离。他一边跑，一边四处看，想找一个可能藏身的地方。离房子大约 1/3 英里远的地方，他看到右边有一个挖过的洼地，里面种着树，因为下过大雨，已经变成了一个池塘。此时，他已筋疲力尽。他跳入水中，看到池塘东岸不远的地方一片黑暗。他爬到那边，躲入阴暗处。

追他的人很快就到了那里，他听到其中一个人说他看见被追的人在这里消失了。四周一片漆黑，他们没能看到藏在阴影中的白锦荣。但是，杀戮的欲望还没有得到满足，他们呼喊同伴拿火把来。已经筋疲力尽不能再跑的白锦荣经过短暂的休息，恢复了点体力。他躺在那里，听到岸上传来咒骂和咆哮声。“我告诉你，我确实看到一个男人，还抱着孩子。该死！他跑得像兔子一样快。无论怎么样，我们已经把他的同伴全杀了。结束任务前，我们会抓住他。”

啊，必须活着，必须继续生存下去，他所爱的人已经惨死在路上。他非常想和他们一起死，但是怀抱里活着的孩子呢？如果他要死，也必须先救孩子。白茹丹和他的同事沃特尼呢？他们怎么样了？难道墙外那一声是她最后的喊叫？还是他们正借着城市燃烧的火焰弱光在田野里游荡？

前面是一潭黑暗的水，这些水坑里经常有很深的洞，掉进去就会淹死。但是，暴民已经拿来火把，他已被发现。他们拿来一根很重的扁担，扔到逃难者身上。大人和小孩都被砸中了。只有黑暗的水塘还可以藏人，白锦荣站起来，蹚进水里，机械地低着头和肩膀。刚走不远，他就听到岸上一个人问另一个人，被追的人是在什么地方不见的。白锦荣现在已经恢复了些体力，而且头脑也清醒了。他猜测，他们之所以拿着火把也看不到他，是因为他们被自己的火把照得看不清楚。这样，他就可以躲开他们。他来到水塘中央，发现那里有一棵小树，于是就背靠小树，坐在水中。在十月底的天气里，他不得不待在深水中，藏在树的阴影里，已经麻木的胳膊不得不举着孩子。他能够看到那些人在岸上来回走动，甚至能听到他们谈话的声音。其中一些人来到池塘北边。回来的时候，他们告诉其他人，那边的岸很陡，被追的人不可能从那里逃脱。他们在东、南、西三面燃起大火，然后坐下来守望着。一个人想进水塘搜索，但被另一个人劝阻了，因为水塘很深。这个人拿着一支步枪，他表示，只要那个外国人一出现，他就开枪把她解决了。他朝水塘的黑暗之处开枪，但没有打中他们。白锦荣在水中坐了一个小时，由于劳累，他的胳膊麻了，小孩的脚浸入水中。不过，小孩还算安静。晨星出现了，追赶的人和被追的人都在迎接它们的到来。搜寻的人说，天很快就要亮了，那么他们就能看到“猎物”了。白锦荣知道，如果想救孩子，天亮之前，他必须做点什么。

于是，他朝北岸涉去，但是水波声惊动了追逐者。两个人举着火把走过来。北岸附近还有一棵树，白锦荣就藏在那，等到那两个人巡逻过去。他慢慢地站起来，让水顺着衣服轻轻流过，这样就不会有很大的声响，那些人没有被惊动。慢慢地，轻轻地，他蹚到北岸，爬到从岸上掉下来的一堆土上，然后又爬过一堆烂菜叶子。站在菜叶上，他发现斯堪的纳维亚祖先赐予他的高大身躯对他很有利。他成功地把小孩放到堤岸上面。根据那些追杀他的人一般身高标准来看，这个堤岸太高了，但他却能正好够着。整个晚上都保持安静的小孩，开始轻声哭泣起来：也许她认为自己被独自留下了。父亲再次把她抱在怀里，想找一个更好的地方攀上堤岸，但是没有找到。他坐下祈祷，祈祷他们能逃出去。他又回到那个菜叶堆，告诉小孩不要哭，“免得他们再来打我们”，如果她能安静，他很快就会和她在一起。小孩子又安静下来。他第一次尝试爬上堤岸，松软的黄土脱落下来。土会继续往下掉吗？土掉下时发出的轻微响声没有引起另一边岸上的守卫注意。如果迟早要跑的话，那么现在就应该要行动了。对他来说，也许仍有很多工作要做；对小西尔玛而言，上帝也许会在以后的日子为她安排一个位置。如果是这样，那么上帝会把她解救出来。虽然那天晚上他已经把很多人带到他那里，把他们从“现在”带到“永远”，但这不是他的信徒能质疑的问题。上帝仍会来解救他们。他伸出长长的、健壮的胳膊，抓住堤岸，把膝盖放到上面，出人意料，他竟然成功地攀上了岸堤。守卫没有注意到他。他抱起小孩，然后向北而去。他不清楚自己在水中到底待了多长时间。到那天早晨为止，他一定待了有三个小时的时间。他在水中待着不动有一个多小时，在水塘周边出出进进的有近两个小时。湿漉漉的衣服紧裹在他身上。城里的火光照亮了夜空，不停地传来步枪开火的声响，现在又传来轰隆隆的大炮声。外面的火光和枪炮声交织成了一幅乱糟糟的场面。但是，相比之下，他的思绪更为混乱。他把那晚的经历回顾了一番，脑海中又浮现出那些托付给他照顾的孩子，以及最后一瞬间的飞奔和在门口遇到的人类恶魔。白茹丹和她年轻的老师呢？他们在哪？对于他所经历的苦难，只有成为丈夫和父亲的男人才有可能想象得到，而且还不可能那么真切。他继续往前走，直到来到一条从南通向西郊的马路。沿着这条路，他希望能抵达骑兵营，并得到他们的帮助。这时，他遇到两个人，他们是革命军，湖北人。他们告诉他，营地已经空了，而士兵都已投入城里的战斗。

白锦荣绕着营地转了一圈，来到西关的一个大门前。门敞开着：上面的卫兵正兴奋地闲谈，没有人注意到他走过。他又向前走了几步，遇到几个守卫。当他摸黑挪近的时候，几只狗向他扑来。现在，再也不可能不引起卫兵的注意了。然而他得救了，狗突然互相撕咬起来。趁着狗厮打、狂叫的机会，白锦荣偷偷地溜了进去，并来到了西关教会院落的后门。他的同伴因为不知道那些暴民何时会进攻，因此时刻保持警惕。他一敲门很快便有人回应。他们都等在门后。他报上自己的名字，里面的人就让他进去了。他步履蹒跚地走进灯光里，走进已经发生惊人变化的朋友中间。紧绷的警觉性、冷静的判断、不得不一再拾起的力量以及心底的勇气，所有这些在那漫长的几个小时里让他从心灵深处获得能量的东西此刻全部瓦解，悲伤和绝望瞬间弥漫了他那凄凉的心田。失去家庭的欢乐，失去人性的爱怜，这么长的时间里，这位可怜的父亲却表现得很出色。在死亡变得比平时更容易的时候，他维护了一个弱小生命的安全。现在，紧张得以缓解，可是，黑暗、恐惧却向他涌来。同伴们围绕在他周围，焦急地问道："其他人呢？其他人到哪里去了？"他抱起小西尔玛，对着他们说："现在，这就是我的全部。"

◎第二十四章　拿石头打死

当白茹丹在黑暗中大声哭喊的时候，她父亲以为暴民已经冲到教会院落的南墙向孩子发起了攻击。显然是有什么东西让她感到惊慌，沃特尼先生也有可能受到了惊吓。也许永远没有人知道到底发生了什么。南门和西墙那边所发生的事已经很清楚，但南墙外发生的事却一点也不明朗。也许出现在东南角的不是暴民，而只是一些偶然路过的人。让白锦荣为墙外的白茹丹担心的那两声枪响，可能是从沃特尼先生的左轮手枪发出的。不管怎么样，沃特尼先生一定认为白茹丹遇到了危险。也许白茹丹向南跑去，而沃特尼先生认为她需要帮助。这仅仅是猜测而已。有一点是确信无疑的，他们向南而去，走了整整一个晚上。直到星期一的早晨，他们才在西安府南部 6 英里远的一个村庄找到避难的地方。后来在这里他们被一个姓赵的人发现，他是从南关跟踪过来的。他们也许清楚屋子里有多少外国人。这两个人下落不明，而他们杀戮的欲望也还没有得到满足。这个人沿着南郊的马路一直追踪而来，经过询问，他得知这两个外国人在村子里避难。他召集了一群同伙，要求这两个人投降。他向村民讲述了南关发生的事情。村民听说西安府的外国人都被杀死了，就不敢让这两人逃走。村民对外国人的友情本来就很脆弱，大多数人原本对他们也漠不关心，现在却突然变得积极关注起来。他们拒绝这两人待在他们村子，并且还迫害他们。潜在的野蛮本性显现了。沃特尼和白茹丹不可能逃脱，他们被包围了。这些人拙劣地开着玩笑，随意地谩骂着。第一发“炮弹”发射出来，那或许是一块坚硬的黄土块；不过，村庄里随处可见的砖块和陶瓷片也是有可能的。也许没有哪个村民愿意为他们的死负责：说得仁慈一点，村民不愿意他们死，但是他们又不敢私自放了他们。结果，死亡的过程持续了几个小时。村民的野蛮本性随之增长。姓赵的那个人也非常清楚他需要什么。这个年轻的挪威人一次又一次地被飞来的泥块、砖块等重物击倒在地。对他年幼的学生而言，沃特尼先生是其身边唯一的朋友和保护人，在沃特尼先生倒下的时候，她紧紧地抓着他的手臂。中午的时候，他们两个人被强行分开。这时，村民拿来长矛。这些长矛不但很陈旧，而且锈迹斑斑，看起来像是只有在发生骚乱的时候，才从秘密的储藏点拿出。于是，这两个人遭受到一场名副其实的灾难的洗礼。村民首先以一种极端残酷的方式杀死了沃特尼先生，也许这并非出自故意。沃特尼先生那充满了生机的希望，他的教师生涯，他那培养、鼓励和指导年轻人的梦想——所有的这些都结束了。作为教师，他守卫、保护着他的学生，一直到最后。在一阵阵泥块和石块汇成的弹雨中，他昏迷了，倒下了。接着，他又被村民残忍地用长矛刺穿。现在，只剩下孩子独自地面对这些村民。她已经快看不清东西了，可怜的脸蛋已经被打伤，几乎失去知觉。只有她知道，这个被残酷的面孔围绕的世界是为她准备的：这是一个冷酷无情、不可抗拒的世界。她被这样一群人包围着，她把他们的语言当作自己的语言，向他们的同胞展示女孩子的温柔和善良。在这个世界没有一个人能给予援助。她看着他们，也没有一个人愿意提供帮助。在西安府平原上，在父母奉献了一生的地方，她倒了下去，濒临死亡。最后时刻到来了，有人给她最后一击，结束了她的生命。相比而言，这种死亡方式要仁慈多了。

南关外北美瑞挪会学校院落里举行的葬礼

不经过苦难，就不会有进步。要让中国人了解什么是更高品质的生活，文明人就必须为此付出代价。野蛮，即使被高贵和更高级的文明征服，也会垂死挣扎，造成伤害。毒蛇的脑袋会被踩碎，但是这样做也会使踩它的脚后跟变得青肿。传教士已经考虑到这些。在与上帝的契约中也注明了这一点。他清楚地知道，到末日审判时，这些都会得到呈现；当他尽力逃跑依然不能成功时，就不应抱怨。沃特尼先生因此没有怨言。1900 年发生的事情虽然是一个高尚和虔诚的记录，但对于小孩子而言，那就是另外一回事。他们没有与上帝订立契约，他们不应该遭受苦难，更不应该像那位美国少女那样在如花般的年纪就走向死亡。对她而言，人生充满了无限可能性。她的快乐，她的奋斗，都才刚刚开始。所有这些迫害看起来都是那么的残酷、恶毒和无情。但是，至少对其他人来说，死亡的过程很快。并且，他们几乎是死在一起。对这两个人而言，死亡的过程却很慢，残忍拖延的时间太长。

那些被暴徒剥夺的生命，给前行的路留下了些许阴影，但这是黑暗中点亮灯光的代价。暴徒们会遭到报应。不过，不是像一般人所说的那样有仇必报，而是会以一种更稳妥的方式进行。虽然姓赵的那个人仍然活着，村民也未受到惩罚和报应，但是我们应该为年轻的沃特尼和他的学生——那个更年轻的女孩报仇。黑暗、无知和嗜血残杀了他们；这样，在西安府平原上为陕西的进步服务的外国人就面临新的挑战。只有更加坚定地执行计划，更加热切地投入战斗，才能使陕西人不再受迷信和野蛮之害，上帝恩赐的知识与爱也才能更自由地发挥作用。他们的死使我们有义务去进行更郑重的服务。

让我们活得更加充实，
强化我们的意志，
坚定地继续进军，
前进，去到精神的荒原，
前进，赶往上帝之城。

◎ 第二十五章　东关：六个外国人的遭遇

南关的悲剧很快就在东关产生影响。很显然，南关是一个不好的地方：那里的人出身低贱，善于搞破坏；在西安府中，它也算是最糟糕的地方。当南关发生的事情传到东关的时候，立即在那里引发了恐慌。需要记住的是，尽管关城与主城仅仅隔着城门，但最初的几天它们已经与一切救援割断了联系。特别是在城东门、城北门及其城墙上还发生了激烈的战斗，一直到星期三早晨，这些地方的战斗才停火。南关聚集了400多名哥老会会众，据说就要来攻击东关。东关的民众感到非常恐惧，立即往他们的城墙上运石头，以备击退进犯者。

这些传言更让教会学校的女学生感到恐慌。她们没有缠足，很可能被当作满人。暴乱也许会像义和团运动时期那样，外国人和基督徒都成为他们憎恨的目标。一些当地的教师知道哥老会的力量很强，他们担心南关发生的事会在东关重演，因此建议外国人离开东关并赶往乡村。对负责学校的女传教士和她们的同伴来说，最明智的做法则是安静地待在室内。路上一定已经陷入混乱。关城虽然没有主城那么安全，但相对而言，它有比较坚固的围墙；而且当地士绅和群众都认识传教士，也很尊敬他们。然而，这些外国人怎样行动，关键是看学生的需要、忧虑和行为，教会寄宿学校，特别是女校的问题与此密切相关。这些学校已经做了很好的准备工作，但是依然很难保证他们能远离伤害。然而他们承担了很大的责任。只有管理这些学校的人才知道他们的责任有多大。这些学生（其中很多人是从远方来的）很少有自由，或者根本没有自由，因此也就缺少西方妇女所具有的勇气和智谋。她们常常需要有人为她们做好计划，并给予保护。她们意识到，在附近这些地方自己是陌生人。她们希望能离自己的地盘近一点，心中只有一个念头：寻找熟悉的环境并和自己人在一起。因此，她们必须回家。毋庸置疑，当前形势下外国人对局势的估计是正确的。哥老会领导的这群组织松散的队伍很可能不向城里请示就攻击教会院落；但是，也有可能在得到明确命令之前，他们要做的仅仅是防止外国人逃走。一般而言，这种时候应该安静地待在屋里。但是，这些女学生——在中国一般都是20岁以下的年轻女子——却很难控制，因为她们不愿意留在这里。老师把她们留下不是意味着等死吗？很显然，如果得不到充分的保护，她们就会想方设法逃走。因此，教师将她们分组带到附近农村，使其在信徒和其他朋友家里寻找庇护。

教会的一位执事准备晚点返回，并且要看一下外国人在夜幕降临的时候回来是否安全。然而就在动身离开之前，一名年轻的助手从南关回来了。他是去证实传言的。他目睹了那些可怜的被砍的尸体，旁边还坐着一些四川人和一些粗暴的哥老会会众。那些人谈论着，吹嘘着，大笑着，并商讨着下一步的行动是去抢劫西关的商铺还是东关的商铺。

教会院落里的人准备离开东关的时候得知了上述消息。于是他们知道，如果离开那里，那么将会很难有机会安全返回。当他们出发的时候，突然产生了疑问：应该去哪呢？是去南边的山上，还是去渭河北边的福音村？

此时，那些暴怒的人群怎么样了？那个年轻的男孩跟随着他们，在当时情况下能守在外国人身边确实很不容易，他们希望男孩能有自己的选择：“如果你愿意去其他地方，就没有必要跟着我们。”于是，男孩返回来与教会院落外面的其他助手留在一起。那一小队人向东走了大约两英里。他们有两匹马，上面驮着铺盖。这支队伍的成员有浸礼会妇女传道部的贝琴塞尔小姐、托马斯小姐和特纳小姐，罗德存医生，教会中学的埃利森先生以及教会建筑师斯坦利先生。东门两英里外，一大群人正站在一堆土丘上看着燃烧的城市。这些人挡住这支外国人队伍，接着很快就出了事。斯坦利先生被迫放弃他的马，行李也被他们抢走。贝琴塞尔小姐只好下马，在她下马的时候，那群人开始搜索铺盖里面的东西。然后，他们就命令这些外国人返回东关。当他们准备走的时候，那些人开始讨论怎么处置他们。他们猜测自己会像南关的朋友那样遭遇迫害。也许，正午时分，他们的住所就会被洗劫。他们尽量与那些人理论，提到这些年的友谊，这些年来医院为他们所做的一切。但是，那些人对他们的话充耳不闻，坚持要求他们返回东关。他们是哥老会会众，既然他们中一些首领在南关杀过外国人，他们自然认为也会采取同样的政策对待东关的外国人。这时，一些人骑着所抢的马赶往东关，而其他的人则互相投掷土块取乐。他们中大多数人是没有多少恶意的农民，但他们的头领却是十足的坏蛋：其中一个人看面相就知道本质邪恶且道德败坏。那些人开始对外国人搜身，寻找钱和贵重物品。看到他们不管怎样都会找到银子，几个外国人便把银子扔出去，引得这群人四散去抢。这些人抢到贵重物品后，就待在了村里。但是，那两个骑马的人已经返回来，他们命令外国人朝东关方向走。这些外国人心里明白，反抗也没有用，因为这些人与那些暴徒差不多。其中一个骑马的人还故意策马野蛮地撞倒一位女士。一点半的时候，这六个外国人又返回了教会院落，而那两个人继续骑马赶往主城城门。一个男孩过来说，士兵已经进入关城。他们觉得不会拖延太久一切就应该结束了。在这种时候，他们坚持的真理、坚定的信仰以及传达给别人的爱，对他们自己很有好处。他们静静地祈祷着，感受着来自上帝的安慰，耐心地等待着上帝的赐予。在那样长时间的等待中，他们该是体会到了怎样一种濒临死亡的感觉啊！

那两个骑马的哥老会成员已经到达城墙下面。现在已经不可能进城了，他们向城墙上的士兵喊话，说是抓住了几个外国人，打算立即处死他们。城墙上是革命党的人，他们已经在这里站稳了脚跟。一些革命党人清楚地认识到，对外国人的任何攻击都可能给他们的利益带来很大损害。他们警告城下的人，不要伤害教会和传教士。虽然已没有时间去发布一则有足够权威的公告，但是他们最后还是成功地说服了城下哥老会的人。要保护外国人的话很快传播出去了。他们那些中国朋友如释重负，欣慰地跑来报告这个好消息。这六个人经历审判时保持镇静，并能维持符合他们种族身份的体统和宗教信仰——只有当紧张得到缓解，他们才意识到自己刚刚承受了多大的压力。然而，对于这些，他们没有更多的思考余地。面对新的形势，他们很快忘我地投入到帮助他人的服务之中。

◎ 第二十六章　东关：两个外国人的遭遇

浸礼会妇女传道部寄宿学校的女学生被分成了几组，其中一组由唐纳德·史密斯夫妇照料。在当时的情况下，靠友爱和金钱是无法得到马车的，传教士的马只能用来驮运行囊。于是，队伍赶着马出发了。他们也是从东门出去，在行进了两英里的时候遇到了麻烦。他们遇到了一帮看起来“长相邪恶的人”。这些人盯着外国人从他们身边经过，然后扣留了队伍后面的女生。史密斯先生折返回来。当时，他骑在马上，怀里抱着队伍中最小的孩子——一个只有五岁的中国女孩。这些人索要他怀里的孩子，但是遭到拒绝，他们就放弃了这个要求，却抢走了马匹和行李，并向队伍投掷硬土块。大家在田野四散奔逃，传教士和他的妻子紧跟在后面，传教士还一边跑一边催促大家向上帝祈祷。于是，他们就不停地、大声地向上帝乞求帮助。对于接下来发生的事情，史密斯夫人的记录说得很清楚。

我们刚在一座坟边无力地坐下，但很快就来

了两个手持厚实扁担的剽悍男子，其中一个人的衣服上缀有红白缎带组成的玫瑰形图案（这是哥老会的标识）。我们站起来，紧紧簇拥在一起，扁担便像密集的雨点般朝我们砸下来。有一个人打断了扁担，然后他们就离开了。鲜血从我丈夫的头上流下来，可以确信我们受到了致命的打击。我刚刚为我丈夫包扎好头，前面攻击我们的那帮人又出现了。其中一个肩上扛着我的被子，另一个拿着一个罐装饼干盒的盖子，并且还都拿着树枝和木棍。我们最后一线生还的希望也消失了。然而我丈夫的语气仍然很坚定，正如他们第一次打我们的时候他表现的那样。他再次向对方声明我们来到中国的使命。他们质问是不是我们把鸦片带到中国来的，另外还说了很多我们没有听懂的话。随后，他们就对我们一阵痛打，其中一人狂叫："剥光他们。"他们虽然没有这么做，但是却很不体面地对待我们，直到他们确信我们没有再隐藏什么。他们搜身后，就要我们站起来，强迫我们朝东关方向走了一段路，然后就丢下我们走了。我们忍着痛走到附近的一个小村庄，向村民讨杯水喝，但是没有人敢给我们，村民也不敢给我们提供住所。狗冲着我们疯狂地叫着，村民几乎是一个声音，就是要我们离开。一出村，我们就坐了下来，独自待了一两分钟的时间，又来了两个人，其中一人拿着圆木棍。他们上下打量了我们一番，那个拿木棍的看到了我戴在右手上的那只戒指，于是便向我索要。我取下来给他，他的同伙显然是产生了怜悯之情，给了我一块馍，我欣然接受了。一些男人和男孩子向我们聚拢过来，除了一个人拿着利器向我们挥舞外，我们没有再受到进一步的骚扰。我们一副可怜相。我丈夫的脸和衣服上都沾着血，胳膊都断了，不能挪动。站在我们周围的一些人说了些同情的话，我们都祈祷，希望上帝能派给我们一位朋友。祈祷居然灵验了，因为人群中有一个人说他可以给我们提供一辆马车（我们出发时，根本无法雇到马车）。不久，有人从村里端来一碗茶水，此前这个村是拒绝我们进去的。随后，一名仆役的出现让我们高兴极了。原来，这个年轻的小伙子听说我们的悲惨遭遇后，就前来寻找我们。他一路跑来，看到我们又惊又喜，一下子坐在我们脚边哭泣起来。在远处观望的女生们也聚拢到了我们周围……

当这两个人还在受苦的时候，要对外国人采取保护政策的消息已经在东关传播开来。那六个外国人从中国人那里得到这一消息时，他们就想到了要寻找唐纳德·史密斯夫妇这组人，说不定他们也遇到了同样的困难。而这组人的遭遇也很快传回东关，于是有人前来找到他们。但要把伤员带回家，必须想些办法。在前面一章里，我们已经谈了运送伤员的种种方式：门板、轿椅和网。唐纳德·史密斯先生则是被放在爬犁上送回家的！

经过检查，发现史密斯的双臂都被打断了，脑袋上也受了伤，此外还有很多擦伤。他妻子的擦伤也很严重，不过幸运的是，这些伤并无大碍。

中国农民天生的善良又一次展现出来，不过史密斯夫人的记述中有一点我们需要注意，那就是她丈夫所表现出来的顽强意志。“我们最后一线生还的希望也消失了。然而我丈夫的语气仍然很坚定——他向对方声明我们来到中国的使命。”

崇高的境界由此得以见证。如果这个声音不再出现在地球上，那么就让它的精神继续延伸，毫不减弱，直至他们所宣誓的使命告终。

还有另外一个问题，那就是从攻击他们的人的牙缝里挤出的嘲弄声。什么讥讽呢？“难道不是你们把鸦片带到中国来的吗？”很显然，这是对英国和鸦片问题非常不确切的、轻率的评论。① 但是，即使把所有的言过其实和不合理的地方都去掉，既有的事实也足够让英国人的任何理由和解释听起来蹩脚。这样，我们还能说什么呢？

---

① 此处作者有为英国鸦片贸易辩护的色彩。——译者注

◎ 第二十七章　在三原县、福音村和中部县

这一章是作者根据一个男孩的描述整理而成的。那个男孩曾跟随荣安居医生及其夫人与孩子一起逃难、流亡和躲藏。要想得到荣安居先生或者他夫人对整件事情的亲口描述是没什么希望的。他们把这次脱险归功于那个男孩以及那些友好的哥老会成员——这些人正在寻找那个男孩。他们也感谢那些让他们得以躲避和逃亡的荒凉山野。后来人们给那男孩配戴了一条深红色的丝巾。这是专门为那些在战斗中为国家服务的人准备的。虽然对我们来说，几码长的红色丝缎仅仅是一个简单的装饰而已，但对于陕西军人来说，它就是“维多利亚十字勋章”。不论对那位过分谦虚的荣安居医生，还是对那个男孩来说，这个装饰品都代表着一场严峻的考验。

那是10月底的时候，荣安居医生一家人留下所有行李，只带着双手能拿的东西，离开中部县的一家小客栈。之前，他们是从宜君被驱赶过来的。当时宜君南部的乡村正陷入骚乱之中。

在南边，邻近的三原县暴民也出动了。他们挥舞

着旗帜，上面写着“灭满杀洋”。希尔兹先生是他们在三原县的一个同事，他通过贿赂守城门的人得以出城。之后他走了一晚来到福音村，并与邵涤源一家会合。福音村没有围墙保护，里面居住着外来的信奉基督教的山东人。哥老会的人马一来，福音村就被围困了。后来，石先生来了，他是“切尔西医院”① 的成员，此时是教会学校的教师。他带领着一队骑兵，护送邵涤源一家和他们的年轻同事回到西安府。

但是，在中部县的荣安居医生一家却发现他们所待的地方到处都是军纪松弛的“士兵”。他们被不友善的目光和恶毒的谣言包围着。他们在这里待了四天，除了他们，再没有来其他外国人。对这里的人来说，他们是陌生人。骡夫卸下骡轿，牵着牲畜逃走了。客栈老板则劝告那位男孩离开，这样他们就可以屠杀这些外国人。他问那男孩：“你为什么要卷进去呢?”

中部县城只有一条街道，沿着这条糟糕的道路就能爬上一座陡峭的小山，四周没有风景，就像加拿大的魁北克一样。街道的上方是英国浸礼会的一座教堂，于是他们赶往那里。但是由于士兵麇集，教堂里的基督徒很担心他们的安全。离此往南三天路程的地方是耀州。那儿到处是飘扬的旗子，上面写着打油诗似的对联，在当地人看来，其意思只是“消灭外国人”而已。

兴汉，灭满，杀洋人；
歼了恶鬼，除了根
让汉人昌盛，消灭鞑靼人，杀死野蛮的西方人；
杀死这两个魔鬼，从根本上消除邪恶。

中部县附近有一个满是窑洞的村子，里面住着一位姓曹的人。他是一

① 第91页，第108页（原书）。——原注

个虔诚的基督徒，也是一名淳朴的农民。他举止木讷，身体强壮，为人率直。那天他正巧在教堂，于是便把荣安居医生一家带到他家中，这样他们就可以避开士兵。那天晚上，传教士们就住进了窑洞。但是，他们来这里的消息很快就传到士兵耳里，由于曹家的其他人对庇护这样危险的客人感到很紧张，于是他们又出发了。那一天，他们在一个窑洞里藏了一段时间。夜幕降临的时候，才开始翻越群山。有一次他们差一点与士兵撞上，幸亏他们躲得快，才没有被发现。一整天，他们只吃了一点点馍馍，滴水未进，口渴比饥饿更难忍受。那男孩到村子里讨水喝，但是不仅没有讨到，反而令村民们滋生了杀死外国人的念头。曹留下来跟村民说好话，男孩则匆忙返回来，他们又一次逃到荒野里。那天晚上，他们没有窑洞住，只好躺在路边，躺在无比荒凉且被白雪覆盖的山上，饥寒交迫，口干难耐。只有他们的孩子睡得暖和些，并且靠瓶装牛奶维持着体力。现如今，他们的全部财物仅剩一床给他们孩子用的小被子、男孩肩上挂着的几瓶瑞士牛奶和一些黑馍馍。他们搜集了一些树叶和枯枝，在路上燃起一堆篝火。天亮的时候，他们发现自己站在宜君城边一个能俯瞰下面的高地上。宜君城对他们很不友好，而且他们刚从这座城里逃出来。往回走的时候，他们路过一片高高的玉米地。当那中国“男孩”去讨要或是购买食物的时候，他们就藏在这块地里。男孩遇到一位妇女，从她口中，他得知最近城里的局势——宜君早已被500人的哥老会队伍占领。这些人是从北同官赶来的，并已把城里知县关押起来。那位妇人给了男孩一些热水，还有一点点小米粥，然后把他们领到一个地方。男孩后来只记得这个地方叫“乌”，离宜君有些距离。那位姓曹的基督徒又在这里找到了他们。他们不敢在这里久待。经过商量后，决定由那位妇女和曹去安排。山上有一个窑洞，洞里住着一些河南人。他们是哥老会成员。那个妇女对其中两户比较看好，但对第三户没有信心，认为最好能避开这户人家。于是，曹便去弄清这户住家的底细。在给了住户们一大笔钱后——在中国人的眼里，那是一笔很大的财富——

他们同意收留这些外国人，并决定将他们藏在大窑洞里面一个下沉式窑洞里，并答应为他们提供食物。然后，曹牵着两只带着驮鞍的骡子返了回来。荣安居医生他们便朝窑洞出发了。河南人借给他们一套棉被、一些馍馍和玉米粥。当地没有钢笔、墨水和纸张，但是有中国纸牌。荣安居医生用一块木炭，在纸牌上写了几行字，讲述了他们目前的困境。然后，由那男孩和一个河南人把它送到西安府。男孩很焦虑，他对窑洞里的住户很不放心。于是他一路上走走跑跑，不停地赶路。三天之后，他来到西安府东关。在门口，荷枪实弹的守卫拦住了他，并询问了他一些问题。男孩一一作了答复，然后才被放行。城里几乎每条街道和每个街区都被堆成了堡垒，男孩只能不停地翻越这些堡垒。最后，他终于找到了邵涤源，并向其诉说他们的经历。尽管精疲力竭，男孩却不觉得困倦。天一亮，他就继续往主城里走。在医院，他找到了罗德存医生和石先生。

刘赤娃可以说是中国“男孩”的典型例子。他是教会里的“吃教徒”，人们随便就能把他打发走。随便提一下，很多年来这些孩子都不愿意信奉基督教，或是因为他们心智尚不成熟，无法理解教义的真谛；或是因为他们认为自己生活中存在道德缺陷，无法达到基督教的标准。但是，在仓促推广教义的过程中很容易忽略上述的事实，因而“吃教徒”依然是一个非常贴切的词语，一时间也不会被废弃。这位中国男孩与其他国家的仆役相比，没什么不同。一般来说，只要对他进行适当的监督，但又不是百般挑剔，并且表现出一定的信任，他就会忠诚地跟随主人。当然，他也会一分不少地索要作为仆役所应得到的佣金和额外的津贴。但是，当你处于困境时，他会站在你这一边，尽管离开你对他来说意味着更安全。如果你想起身边的“男孩”不只是按市价雇佣和保养的机器，而更是与你一样的同类，有着与你一样的畏惧、希望等人类感情，那么你就会认识到这已经是你的福气了。

石先生从都督那里弄到一份官方文告，可以用来保护荣安居医生一家的安全。都督也勉为其难地调了一队骑兵让他领着前去。石先生这趟旅行的经历自有他们的故事，这里不提。当他们靠近荣安居医生所在窑洞时，还特意安排男孩提前去通报，说来的人是友善的。

这时，荣安居医生全家已经非常习惯了我们穴居祖先的原始生活。他们高兴地把窑洞布置得如同人间天堂，以此把现实的科学性设想与正统的圣经理论结合起来。毕竟，他们能在这里得到最需要的东西——由一个男人、一个女人以及一个孩子组成的家庭，有着伟大的爱和力量的天父上帝，还有这些天他们所需的简单食物和安全庇护——那还有什么理由苛求更多呢？

是啊！我们不可能永远住在伊甸园里。世界很宽广，还有很多事情要做。于是他们走出阴暗的窑洞，感受着外面世界的新鲜空气，朝南向西安府出发了。

◎ 第二十八章　一个孤身女人

自从 19 世纪 70 年代穆斯林叛乱①以来，陕西的中国人从未像 1911 年这样如此真切地感受到恐惧。

对他们而言，革命意味着杀戮、掠夺和抢劫。“光荣的”共和国是花大价钱买来的。历史的车轮无疑是在滚滚前进，但它却让他们的家园成为一片冒烟的废墟。在通往南部山区的路上，在山丘之间，有一个叫引驾回的小集镇。10 月 22 日，星期天的傍晚，集镇的主街道上穿梭着一些从大城镇和小村庄来的人，另外还有一些本地人。这里的山很阴冷，不适合居住，但只要不是因为身份暴露而被杀害，也许还可以在这里维持起码的生活和尊严。因此，很多受到惊吓的女人都逃到这里。她们深切地知道，本质邪恶的哥老会会众是没有多少怜悯心的。

在引驾回住着一位瑞典女士——梁玉钟小姐。20 年前她来到这块土地，此后就一直住在这里，一心为上帝服务。由于这里尚未布教的地区特别广，男传教

① 这里指的是 1862—1873 年的陕甘回民起义。——译者注

士又不够多，所以她负责很大一片布教区。离她最近的传教士也有15英里远。她就这样生活在当地农民之间。在秦岭的山谷间，在平原的村庄里，她四处布道、授课，虔诚地履行着基督徒的职责。纯朴的农民很快习惯了和她相处。对他们来说，她是一位一心用于积德的“实干家”。这些实在的人还一致认为她是一位善良的邻居，一位真诚的朋友。

她的生活似乎既孤独又危险，可以确定的是只有十分虔诚的人才能过这样的生活；它需要有理智、健康的人生观，丰富的职业经历，并当时刻牢记忠诚的基本要素以保持健壮的身体和快乐的心情。在内地会及其附属机构一些偏远的驻点工作的妇女都具有这样的品质。对她们来说，这样的日子很愉快。她们的快乐就是为上帝服务。

那天晚上，她的耳边一直萦绕着哭喊声和痛苦的呻吟声。星期一的时候，有关西安府的悲剧以极其夸张的方式传播到了这里。一个男人带着10英尺长的三叉戟来到这里，当被问及他们在城里做什么的时候，他用手指了指梁玉钟小姐，回答说：“就是杀死这些人。”那天晚上，西安府教会学校的一名学生回到他在引驾回的家。受惊过度的他一副病态，因此很难从他那知道到底发生了什么事情。

当他稍微冷静后，他就催促梁玉钟小姐离开这里，去找个地方躲藏起来。教养院的老师也催促她这么做，而且还为她准备了一套行装：一件老汉的衣服和一顶大草帽。他安排梁玉钟小姐去1英里外一个村子里的一位基督徒家躲避。引驾回东边一片火海，西边也一样，而北边的天空则被西安府建筑物燃烧的光照得通亮，只有南边可以逃走。他们能听到从15英里外的西安府传来的隆隆炮声。教养院老师在前领路朝南出发。紧跟其后的像是一位老人家，正以中国农民特有的小步跑的方式行走着。梁玉钟小姐对中国人的生活非常熟悉，模仿这样一位老头并非难事。由于戴着帽子，穿着中国人的服装，并且还有同伴和黑夜的掩护，一路上都没被人发觉。在目的地，他们只见到一位年老的父亲和他最小的儿子。女人们已经逃到山里。陪梁玉钟小姐前来的教养院老师和学生也回去了。本来，那户人家的儿子按照中国人的习惯把自己的未婚妻接到家里来照顾。但是在24日，也就是星期二的早晨，他要把未婚妻送到一个安全的地方。老父亲只打算护送他们一段路然后就返回来，但是儿子却坚持要他父亲陪护到底。

这样，梁玉钟小姐就被独自留在这个有数百户人家的村子里。这里的人们对外面的动静保持着高度警惕，而且这里一些人还明显不怀好意。他们把梁玉钟小姐藏在一个仓库里。从那儿，她能看到引驾回。那是她长期工作的地方。在那里，她编织着她的生活。难道一切都被烧毁了吗？难道教堂、教养院，还有简朴却考究的家都被毁掉了吗？整个晚上，她两眼盯着那个小城镇，独自坐着沉思。

传教士圈子里越来越流行各式各样健康向上的兴趣和爱好。在家里，男女传教士们都热衷于品味生活，文学、艺术、政治、音乐以及科学等各方面都是他们涉猎的对象。他们担心思维会凝滞，工作之余，就作了一点点努力，“以便在家中能了解外面发生的事情”。这种态度有助于消除某些情绪方面的病态和消沉。但是，还有一种更高、更好的方式，只有那些信仰基督的人才能发现。他们背井离乡，放弃自己原有的生活兴趣，义无反顾地投身于布教事业。后来，在布教之余，通过从事其他的工作和进行冥思等方式，他们过着一种清新、健全且充满乐趣的生活。这些人从未感到生活乏味和无聊。他们一向孤独——虽然这是一个被滥用的词，但形容他们无疑十分合适——却有着无穷的力量。梁玉钟小姐就是这样。她独自一人在那间黑暗的屋子里待了几天，随时都有可能被人发现并杀死。得不到食物，听不到友善的声音，看不到人的面孔，她就这样维持着一种平静、安详且沉思的状态。“与神同在”已经成为她生活中司空见惯的一部分。现在，当她无所事事，只有等待和思考的时候，她的思绪转向她所热爱却又从未见过的上帝。

> 哦，人类的灵魂，只要你能像现在这样，
> 在心中亮起永恒之光，
> 在你情绪起伏不定的时候，
> 在你徘徊时，让你振作，为你导航，
> 使你不再因为迷惘而整夜受累！
> 你所推崇的天堂就是你的家。

星期三的晚上，她听到外面有人在谈论她的下落。其中一些人出发到山上去搜寻她。她听过路人说那些人打算烧毁她藏身的房子。同时，在引驾回，一个被释放出来的囚犯报告说哥老会的领导人已经来了，他们要烧毁传教士的房子，杀死所有外国人。当时，他还表示希望能亲自领路。“你不能那么做”，当地一些知道内情的妇女劝他，“我们从福音堂那里得到的只有好处，为什么要那么做?”于是，那个人就找了一帮佛教僧人来帮助他抢掠和焚烧。他的行为一时被邻居们阻止。邻居们出于良知，为她遭受的恶毒攻击感到愤愤不平。尽管他们无法接受她的信仰，但是他们都尊重她。可惜，这只是暂时的阻止，很快暴民就冲进教会的房子，或偷或抢，毁掉了一切。像瓷器之类的东西，他们发觉无法搬走，就蓄意把它们打碎。然后，他们就分散开来去搜索，想杀死屋子的主人。星期四的时候，他们闯进她躲藏的房子，有个人甚至有一只脚踏进她房间的门槛。她躲在最暗处，一声不响，那个人扫了一眼，转身说了一声“这里没有人”就离开了。但

是，她最终还是会被发现，这不是因为那些找她的人的智慧，而是因为她自己的怜悯心，以及她日耳曼血统中那“行事光明正大”的决心。星期五早晨天快亮的时候，一个卖宗教书刊的小贩来到门口，并喊她的名字。她让小贩进来。小贩说他去过当地劫匪的总部，并对那些劫匪进行了一番说教。那个头头说：“我知道耶稣，我不会伤害你们。”（为了取悦劫匪，人们送给他们鸦片、衣服及其他需要的东西。）唉，虔诚与慎重并不是永远都是一体的。小贩自恃手中有剑，便当众斥责劫匪的恶行，他们自然就转而攻击他。小贩伤得很严重，流着血，精疲力竭，爬着去找藏身的梁玉钟，身后留下长长的血痕，这使得所有人能跟踪而来。他对梁玉钟小姐说：“我要死了，你也没有办法救自己了。”她把他藏起来，透过门孔，她看到人们正往山上冲来，四处搜寻着外国人，他们相信外国人就在附近。有三个人走过来打听一番，然后指了指她藏身的地方。这样等下去或许就会被发现，而一旦这样被发现，受伤的小贩也就会暴露。他现在已经失去意识，为了救他，她迅速作出决定，只有一件事可以做。她依照决定行事。她从屋里走出来，迎接她的命运。对于这个决定，她的解释简单而率直，完全没有意识到这是英勇之举或什么别的。“我想”，她说，“他们要来取我的性命，而我要救小贩的性命，他那时的境况非常危险。我认为最好是我出来赴死，不能让小贩因恐惧而死去。”

“我认为最好是我出来赴死，不能让他被杀。”（这是真正的勇敢。）

她只是一个女人：一个被追杀的女人，一个孤独的女人！不过，最后她得救了。因为那三个男人中的两个负责寻找她，而这两个人对她很熟悉，一眼就能认得出。他们还给受伤的那个小贩带来了一些药。

引驾回寺院的钟声正在敲响；他们正在对从山上抓来的劫匪执行死刑。那天，一位官员来安抚群众，并要见这里的外国人。傍晚的时候，他们把她带到引驾回的一座房子里。她上次吃东西还是在星期一的晚上，现在星期五晚上她才得到一些吃的东西。她写道："我没感到饿。"一队骑兵把她安全护送到省会。

现在看来，引驾回故事的明显不同是主人公完全是孤独的。在前文提到的大部分地方，外国人至少是两个在一起，他们可以互相交流，也可以从可靠的中国朋友那里得到建议。除了那个流血、虚弱的小贩外，梁玉钟小姐孤身一人。她必须作出重大决定，却只有几分钟的时间考虑，而且也没有人商量。那个决定，既明智又勇敢。只有一种人才可能有这种英雄气概，这种人常常有着高尚的情操。在他们那里，简单的责任和无私的奉献构成了生活和追求的基本规则。

◎ 第二十九章 概览

关于西北部的外国人在革命期间以及共和制建立头一个月里的经历，仍有很多内容可以叙述，但是陕西其他地方的事情只能在这里简单介绍一下。而发生在甘肃、山西北部和蒙古的故事就不再陈述了。这不是因为缺少内在的兴趣，而是因为革命各个阶段关于他们的事情已经在前面章节作了介绍。

在西安府西关，外国人都聚集在一个院落里，这是白锦荣先生和他唯一存活的孩子回来的地方。大路的另一边是军事学堂，这里的学生都希望能确保传教士的安全。他们提供枪支，配发给一些在教会里面帮工的人。过了些时日，一个助手走进屋子，把枪扔到地上，并指着枪喊道："这些东西没有用，除非你们祈祷。如果上帝不来解救我们，我们也没有办法。"军事学堂的学生越来越明显地感到无法长久地守住教会院落，他们又不能分兵给教会，因为这样会削弱自己的力量。在这种情况下，他们决定邀请传教士到他们的学堂。一些士兵参与这项任务，他们站成两行，把外国人夹在中间，穿过马路，来到学堂。途中，暴民对着他们愤怒地咆哮着，因为他们的猎物被士兵们隔离开了。士兵们举着枪，随时准备战斗，枪口几乎挨着最前列的暴民的胸膛。

外国人一旦出去了，他们原先待的地方就安全了。这一事实表明推动这些暴民采取行动的主要因素是杀戮，而非抢掠。

在凤翔府，愚蠢的暴动行为及其残忍的性质几乎令人难以置信。暴民第一轮进攻的对象是府中学，然后席卷了教会院落。史蒂文斯夫妇在友善的中国人的劝告下，已经于前一天逃到甘肃地界。否则，他们的命运一定会与西安府南关的外国人的命运一样悲惨。教会的房子被洗劫一空，大部分建筑毁于一旦。

在乾州，阿尔斯特兰德夫妇在别人的劝说下躲避起来，他们在城外一个中国基督徒居住的窑洞里找到藏身之处。就是在这里，他们听说了发生在西安府的惨剧，得知他们唯一的孩子被残暴地处死了。此后几天里，他们和其他人就一直待在窑洞里，没有独处的空间，也无法摆脱其他人的注目。一直萦绕在他们周围的是令人发疯的胡言乱语和执着于小事的愚蠢唠叨。在西方，明智的做法是避免干扰哀悼者的情绪，并以静默的方式以示对他人悲痛的尊重。而中国农民完全不能体会这一点。因此，日复一日，这两个遭难的外国人被他们的朋友和信徒无意识地折磨和伤害着。

在甘肃境内的平凉，还有另一位内地会的女士孤身在那工作。她离最近的外国人也有三天路程。汉口发生战斗的消息传来之后的一段时间，她就与外面的世界隔绝了。信件和电报都被掐断。此后，教会学生从西安府返回平凉，带来了西安发生大屠杀的消息。再接着又有消息传来：西北掀起了革命风暴，清政府命令升允署理陕西巡抚。而升允的到来则是哥老会开始罪恶行动的一个信号。

魏荫庇小姐也在中国基督徒的催促下离开城市，去其他地方避难。她之所以勉强作出这个决定，主要是考虑到劝她走的人对当地形势的了解恐怕要比她自己的判断更准确一些。离开的时候，她心里想的仍是大家。按照基督教的理念，她把自己的大部分银两埋藏起来，并且写道："万一我不能活着回来，这些银子仍能被发现，并发挥作用。"后来她也藏身于窑洞中。在逃亡的最后一天晚上，她和其他基督徒在一个窑洞里避难。里面有两张砖砌的床（炕），一个敞露着的架子，这也许是简单的顶层。"一名女教师"，她写道，"和我拥挤着坐在小炕上，尽量少占空间，以便留出地方给几个小孩用。他们朝着不同方向躺着，已经没有任何空隙了。当然，炕的表面是用石头做的，它被加热后烫得几乎难以忍受。为了忍受热，整个晚上我们只好不停地挪动，还要把我们的鞋子放在孩子身下，以防他们被烤伤。尽管他们睡得很熟，但也是不断地翻身。"

"在顶层，老人和他的儿子几乎没有空间了，他们身边还放着上了子弹的枪。炕边放着用麻袋和箱子装的粮食等东西，还有一个火炉和餐桌，桌上放着一个野猪头，旁边摆着灰色的猪皮。猪的半边身子被挂在房椽上，那里还有猫在玩耍。窑洞的后面拴着几头驴子，几头母牛和小牛犊。在屋内的各个角落，在或高或低之处，都栖息着小鸡，在这些地方它们可以安全地过夜，而不被窑洞里来回走动的猪打扰……"而在平凉，官员和士绅已经鼓起勇气迅速采取了行动：旧军人、巡警和士绅日夜严密守护，不断巡逻，因此平凉没有像附近众多的城市那样引发恐慌。

与四川毗连的陕西南部一带，哥老会已经行动起来。龙驹寨、汉中府以及其他地方的教会也陷入极其危险的境地。东部靠近山西边界一带，传教士在革命爆发之初便被迫逃走，正是他们首先把西安府发生屠杀的消息带到外面。12 月 4 日，一大群外国人，总共有 39 位，开始从西安府出发前往沿海地区。其中 33 人是甘肃和陕西的传教士，也包括赫尔·亨夫妇和他们的 3 个孩子，此外还有一家西方商务公司的代表杜邦先生。他们向南翻越群山来到龙驹寨，然后顺江而下到达荆紫关，接着经过老河口，最终抵达汉口。

一路上负责保护他们的人由一名臭名昭著的哥老会头目率领。这些人一面保护他们，一面却残暴地对待无辜的中国人。一路上他们至少杀死了8个人，还四处抢劫。不过其后一段时间，外间无人知道他们一行人离开陕西前往沿海一事。

从我们已经见识过的足够多的事例中，我们了解了西北地区那些中国人的一般性情，也明白“坏人”给那儿的社会造成的难以洗刷的污点。这些人不但自己很不正常，在他们连累下，中国普通民众也经常受到谴责。

陕西新近成立的共和政府还没有与这些人完全撇清关系，也没能公开批驳他们的暴行。这是该政府自身存在的污点，现在仍然是它的软肋。但西北地区的外国人并没有报仇的念头。他们所希望的，只是中国人自己能够得到保护，而不被这些“坏”人侵害——这些坏人常常单独或者结伙闯入邻里，蓄意制造骚乱。不过，要在人群中找出这些“坏”人并不困难。稍有见识的中国人凭直觉就能认出他们。其实，只要当官的雷厉风行，像平凉官员所做的那样，或者是当地居民能够团结一致，像绥德州①那样，就能够阻止那些人作恶。而陕西新任都督一认识到他自身的安全也将受到威胁，就开始无情镇压这些坏人。而乡邻们一旦明白——中国官员一般很容易就能使他们明白——如果任由坏人在他们那里作恶的话他们也会被认作是同伙，他们就能够勇敢地联合起来，驱逐这些坏人。此外，如果放任西安南关发生的那种恶行不管，就将意味着鼓励附近的人庇护这些社会“害虫”，甚至是与他们合谋。陕西政府也有责任以比过去更加公开的方式表明其官方立场，即政府与1911年10月发生在西安南关的暴行并无瓜葛。

前景并非一片暗淡。英国浸礼会和北美瑞挪会的传教士们表现出来的宽宏大量，给西北地区的社会精英，包括一些政府官员，留下了深刻印象。报纸也反复称赞他们。甚至哥老会也感到有点惭愧，因为正是这些传教士们不辞劳苦的无私奉献，才让他们那些在战争中受伤的会众身体康复，而

① 第四十三章。——原注

哥老会却要将这些传教士迫害至死。

当听到传教士要建立“切尔西医院”的建议后，哥老会的头目、陕西西路军总指挥张云山流下了眼泪。“他们这些外国人居然想着为我的手下疗伤”，他哭着说，“而我却从未想过这些。”革命党、商人以及士绅们并非没有意识到外国人所做的一切。所以至少在一段时间内，对西方人采取暴力行动的可能性应该是很小的。更何况在陕西与在其他地方一样，公众舆论走在了政府的前面，并且能对政府的态度产生影响。在共和制建立的第一年，陕西民众就有机会根据西方人的所作所为对他们作出正确的判断。尽管这些西方人的尊严受到践踏，但他们想得更多的不是让自己满意，而是让陕西变好。他们的目光并非盯着自己的事情，而是关注其他人的悲痛与需求、希望和忧虑。为了陕西的命运，他们可以继续忍受；尽管处境仍然很艰难，但为了陕西的命运，他们可以宽恕暴徒们所犯下的罪行。

第三篇

陕西救援队

DI-SAN PIAN

SHANXI JIUYUANDUI

第一部分　救援队的产生

◎第三十章　沿海地区的情形

由于之前的平静，革命的消息所带来的震动更加巨大，其间所发生的战斗显得如此的不真实。在汉口，大炮声日复一日地轰隆作响，但是并没有几个人受伤。在上海，一场革命发生了，但几乎未造成任何破坏。若回顾那段历史，就会很容易理解：革命很容易就在沿海地区发生，而且过程相对平稳和缺乏痛苦，这使得人们在心理上对令人恐惧的消息缺乏准备。

10 月 22 日，在新加坡，中国革命党人发行的 1 美元纸币以 50 美分出售，这清楚地表明他们对这场运动的信心。英属海峡殖民地的华人与任何依靠经商为生的群体一样具有远见，他们以五折的价格购买了这种纸币。

在 10 月的最后一周，大批倍感惊恐的中国人从广州涌往临近的香港。曾经是狂热的“爱国者”聚集的广州，正式宣布它现在将为“广东军政府”而努力。由于急于实现近代化，它不能容忍中国的惰性阻挠它前进的步伐。同时，很多人的想法是："让我们把我们的金银细软置于香港的英国大炮的保护下。如果这样做的话，我们就可以自由地挥舞革命的旗帜，为革命者的宣言而欢呼。"

11 月 3 日，据可靠报道，上海地方政府接到了让其投降的通告。一个可怜的满族官员应该做些什么呢？制造局和各处要塞已被势不可挡的汉人所占据，这些汉族的子孙们决心由自己来主宰汉人的命运。汉人以前的长篇大论现在变得简明了，它只有一句话，对一位可怜的满族官员来说这是最不乐意听到的："满人必须离开。"无法得到来自北京的援助，也无法得到来自"帝国军队"的救助——这支军队很快就不再成其为一支"军队"。这支军队也从来不是"帝国的"，因为它从未真正地"属于皇帝"。袁世凯没有任何动静。只有关于他的腿的消息，他的腿时好时坏，变化速度之快，很令人困惑。因此，这位满族官员只好交出印钥，然后立马逃往外国租界。早晨的时候，上海已经"沦陷"，一切都结束了。人们看到，一队帝国军队正沿着街道行进，而 100 码开外的地方，一队革命军正在通过。在军事行动中，与对手见面一事往往会敬谢不敏，于是双方视若无睹般从旁边经过了。至于革命者的目的地，没有任何值得怀疑的地方。他们开始进占上海当地城镇。帝国的军队则开走了：也许去了监狱，也许自行解散了，或许在转过一个街角后，就改头换面以革命者的面目重新出现。这些天，不断传来让我们惊喜的消息，以致这样的细节显得无足轻重了。南京路，上海著名的"马路"，是一个应该被记住的地方。路的两边都悬挂着白色的旗帜，那是革命者的标记。这典型体现了中国人讲求实际的精神。每户人家都能得到 1 平方码白色棉布，这种棉布便宜，易于获取。暂且先将白布升起以响应革命，然后再进一步制作旗帜。白色旗帜上要写上大无畏的话，以充分显示爱国主义精神。此外，还需要展示出其独创性和文学色彩。整体上来说，"复汉"是宣言的主题。关于新国旗的颜色，目前尚不确定。有一种意见是，旗帜是红底蓝心，周边饰以白色星星——每颗星代表 18 行省中的一个。目前尚无确切消息，但是，看起来很可能要使用红、白、蓝三色。当我们的巴士底狱纷纷陷落的时候，让我们设法在三色旗下工作无疑是合适的。①

11 月初的青岛，德国人仍像往常那样高效地工作着。通过其他无线电中转站，一艘巡洋舰接到从汉口发来的无线电信息。当时巡洋舰恰好正停泊在码头，而无线电设备却在轻快地运作。沿着主街，走来一队排列整齐的德国步兵。他们看上去非常健壮，而且显得志得意满。乐队演奏着广为传播的旋律，它也是我们英国的国歌《天佑吾王》② 的旋律。有个人费劲地爬出黄包车，想为他们喝彩。毕竟，在遥远的东方，我们不都是日耳曼人吗？然后，这些德国士兵轻快地登上汉堡—美洲公司的“提尔皮茨上将”号轮船——他们这样不是显得很有活力吗？——士兵们利落地将他们的物资和骡炮运到船上。一番“温和的劝说”后，他们把骡子也牵了上去。他们要前往北京，去加强公使馆的防御力量。我们嗅到了战争的味道，但是北京发来的电报称那边一切正常，增援没有必要。于是骡子只好跨过它们极其讨厌的舷梯再次踏上旅途。床上用品和箱子不得不搬上岸边——尽管没有起重机的帮助，但它们都已经按照出海航行时的顺序摆放好了。但是，士兵们却欢快而起劲地投入这项艰苦的体力活，于是我们很快就乘船出发了。根据青岛方面的消息，山东省的省会济南府已经落入革命者手中。而受命前往汉口的“帝国军队”也拒绝与他们的同胞作战。

抵达大连后——现在是日本的一个港口——我们便被聚集在一起作“医学检查”。在日本港口有过一些类似的经历后，脑海里隐约地将亚洲将来的霸权与用穗带镶缀的军装和“医学检查”联系起来。当发现我们没有危害后，我们被允许在码头上岸。在大连，我们没有得到关于革命的任何消息。也许是因为大连本身只不过是一个中转站而已，一个经由中国从沙俄到日本的中转站。

---

① 1879 年 8 月 14 日，巴黎人民攻克了象征封建专制统治的堡垒巴士底狱，并且在巴士底升起了一面红、白、蓝三色旗。——译者注

② 又译为《天佑国王》，这首歌曾被大部分英联邦成员及英国属土用作国歌。当英王性别为女性时，国歌又名为《天佑女王》(God Save the Queen)。——译者注

11月初，无数的中国人从北京涌进天津。这时，谣言四起。但在这种充满不确定和焦虑的层层疑云背后，关于一个重要人物，即袁世凯的消息若隐若现。“他在武昌”，“他在石家庄”，“他从未离开过家”，“他已经在北京被谋杀了”。看到人们努力预测这个人的动向，真是令人感到悲哀。

直隶总督是个守旧派，他的衙门在天津①。由于天津是北京的门户，因此据说他已经把棺材抬到衙门，准备坚持到底。南方认为，天津的外国人对革命者能否最终获胜表示怀疑，同时对清政府则表示了一定程度的同情。

旅行者被告知试图前往首都是无益的，有消息说那里的外国人已经被召集到各自的公使馆或卫理公会院落，而且这些地方人满为患，人们被迫离开北京，或经天津南下上海，或去日本，或前往任何安全的地方。在这种情况下，消息真假难辨，我们暂且不去理会，只需注意下天津车站售票处的一个简单事实——前往北京的车票在正常销售。

在火车驶往北京的途中，可以看到很多汽车从旁经过，车上都有“军用”的标志。最后，北京城城门塔楼和天坛映入我们的眼帘。火车穿过外城城墙的一个开口，驶过成片的农田，又穿过一个内城墙，到达终点站。我们在北京了。我们会发现什么呢？谣言，只有谣言。从表面上看，北京仍一如往常般平静。

在沿海各处的这些经历使我们普遍产生了怀疑。本来预料极有可能会发生可怕的灾难，但随之而来的只是平静地宣布拥护共和，以及保证保护外国人的安全，因此，这就使我们产生了这样一种感觉，即一切都不会出岔子。在潜意识里，我们可能会因在北戴河游弋的炮艇、北京的彻底转变和在中国沿海停靠的各国巡洋舰而感到心安。如果从某个地方传来可怕的谣言，并且由于长期没有被澄清而变得更加令人不安，那就让我们相信自己的感觉，让它帮助我们消除恐惧，相信不会有任何灾难降临，相信我们就生活在一个最美好的世界里，一切都会朝最好的方向发展。

---

① 直隶总督署设在保定。这里的衙门应指直隶总督天津行馆。——译者注

◎ 第三十一章　北京的气氛

尽管各类报纸都对革命的后果作了耸人听闻的描述，但是北京仍然不温不火。使馆区却异常忙碌，旅馆里挤满了中国的富人，他们觉得在这里要比在家里安全得多。许多满族王公贝勒都已经跑到天津外国租界的旅馆。

那些天里，北京四处弥漫着令人沮丧的气氛，人们很难安下心做任何事情。就像有颗地雷随时可能被引爆，人们怎能专心做单调的日常工作。学校开始关门，因为发现已经不可能让学生专心于学业了。例如，有一个学生因被当成激进的革命宣传者而被砍了头，于是学校立即关门了。这样，虽然大多数学生首先急忙赶回家，并且一般都回到乡村的家中，但那些反复跑来跑去以探听消息，寻求刺激，寻找精力宣泄出口的学生数量仍在进一步增加。到处都是记者和潜在的报道者，老人则重复着 1900 年外国使馆被围攻的故事。值钱的东西都被带进了使馆区，藏在地下室以及朋友的家中，或者四处散落在走廊上。医生忙着组建和训练红十字人员，各个使馆的卫兵也在努力工作。

这个时候，没有一个人开小差。

此时，皇宫里又是什么情况？摄政王会辞职吗？皇太后会不会成为第二个慈禧？她是有这个野心，但是她有充足的能力吗？庆亲王看起来想竭力表现出不畏惧的态度，至少不愿意接受南方的条件。那桐则只急于保住自己所聚敛的财富。

临时组建的资政院充斥着喋喋不休的争论，并且弥漫着一种徒劳无益的感觉。大多数讨论仅仅是作为“议程”进行的。那些被任命为议员的满族王公贝勒们一字排开在前排议员席上就坐——这种安排实际上就是巴黎众议院的翻版——既令人畏惧又令人心烦意乱。面对激烈的诘难，各个政府机构的代表给出模棱两可的答复，他们似乎对自己所代表的机构到底要做什么知之甚少。

现在，传来一条重要消息，袁世凯阁下真的要返回北京了。这个消息太令人振奋，以致显得有点不真实。他回避政府的召唤已经很长时间了，而现在政府要求他去执行的这项任务是如此的费力不讨好，不过他还是快要来了。原本有一大群人赶到车站来看他进入北京，但是由于军队的存在，聚集的人群出于谨慎考虑而有所减少。袁世凯的专列晚点了，非同寻常的防范措施都已经到位。一些有耐性的人仍在车站等着，而其他人则是先回家然后晚点再来。大约黄昏的时候，一些外国人聚集在被他们称为“莫理循大街”的十字路口——莫理循博士是《泰晤士报》的通讯记者，他的家就在这里。不久，士兵跑上街开始清理道路。接着，来了一队队形不整的骑兵，突然，这些骑兵向着街道两边的人群粗暴地挥舞起手中的长矛。有个人向后退了一步，以免被长矛戳着眼睛，同时他听到一位老者窃笑的声音，“他们对他已经算是够客气了”。他听了这话很生气，但仍然用专注的目光搜寻着那位伟大的人物，却只看见一辆紧闭车门的马车在那群“粗暴骑手”的簇拥下扬长而去。这就是人们看到袁世凯阁下进入北京时的情景。

穿越溪流

对北京的洗劫

但是北京城里却是另外一番景象。人们如释重负，发出长长的叹息声。逃难的人陆陆续续地返回城里。无论如何，紧张时期已经暂时结束了。旅馆再次有了歇口气的时间，人们拿走藏在使馆区里值钱的东西，本地商人怀着少有的兴奋开门营业。正是在这样的紧要时刻，袁世凯终于来了。

◎第三十二章　来自太原府的消息

10月底，满人在太原府的统治结束了。革命者的计划布置得很周密，没有意外发生。攻击按时开始，革命者没有遇到任何抵抗。革命者的考虑很周全，他们还任命了将来的官员，对外国人也发出了适当的提醒，并派出一队卫兵保护他们的安全。

在革命爆发前的几周里，时常有陌生人出现在这里。其中，令人记忆犹新的是，一个中国人从“南下”的途中来到这里。他脸色阴郁，嘴里嘟嘟囔囔地咒骂着，分发着钢琴调音师的名片。现在，沿着铁路，装有钢琴的箱子来到了太原府。中国有些地方也能看到这种印着“德国哈罗德厂”字样的钢琴箱子，但人们总是怀疑里面装的东西不是钢琴，而是武器。但是太原府这里的钢琴箱子装的的确就是钢琴。拥有钢琴是让人骄傲的，但之后的保养却也让人烦恼。能找到的最近的调音师在天津，那么如何让钢琴保持音律准确呢？因此广州的钢琴调音师受到热烈欢迎。当钢琴的主人坐下来试图再次沉醉于演奏出准确的音律时——就像他们所希望的那样，却感到非常沮丧。此前钢琴仅仅是音律不准。现在，哎呀，则是钢琴无法演奏出任何曲调。后来，当假冒的调音师恬不知耻地以山西共和政府的一名高级官员的身份抛头露面时，事情才真相大白。

经过各种形式的伪装，利用很多办法，革命的领导者们得以涌入山西省。他们在这里宣传革命思想，鼓舞群众燃起希望，争取军事力量，筹措经费。最终，起义的时刻来临了。这一天的后半夜，在人们的耳边响起像密集燃放鞭炮一样的声音。那些冲进院子，或爬上屋顶观看的人，可以清楚地听到毛瑟枪子弹发出的清晰的“砰砰”声和“呼呼”声。革命者贴出了一个简明易懂的告示，宣称多年令人厌烦的秘密活动终于换来了可以公开的活动，汉人的子孙与他们的满族统治者势不两立。

后来革命队伍里出现了混乱和不当的行为。但是，最初的几小时和几天里，行动的步调一致、政策的清晰明确以及令行禁止得到了充分展示。一旦成功，他们之间的凝聚力就衰弱了。利己主义，缺乏互信，行动迟缓，这些几乎毁灭了他们的事业，并永久地损害了他们的声誉。但是，在极度的危机当中，在共和政府诞生的阵痛中，他们却把握住了时机。

革命者从汉城对满城发起了进攻，但是那些隔得很远的城门并没有遭受攻击，这为那些想从城市的破坏中逃离出来的人提供了机会。巡抚衙门遭到了猛攻，巡抚和他的儿子被杀。尽管他没有伤害过人，但是他代表的却是令人憎恶的外族统治。对我们而言，这件事，以及革命带来的许多恐怖事件似乎是没有必要的。但对汉人而言，这体现了一种政治需要。它不仅宣告了旧王朝的崩溃，同时使得参加起义的军队义无反顾地投身新的征程。

接着，抢掠开始了。革命军将领在平息了满人的抵抗后就从城里撤军了。不是很清楚采取这样的行动是基于策略的考虑，还是因为害怕，抑或出于故意毁坏满人财产的念头，但其结果是可悲的。城里抢掠成风，陷入了无政府状态。士兵带了头之后，其他人也紧随其后。很快，士兵拟订了一个关于抢掠程序的新计划。他们先让其他人打头阵，而当这些人满载抢掠物从满城城门出现时，士兵们就会对其进行严厉指责，并且还随心所欲地挑选劫掠物。于是，持续、稳定地出现了两种队伍：一是进城搜寻抢劫的，另一是出来并吞劫掠物的。这些人抛弃了先前恪守美德的习惯，完全被轻易获取意外横财的念头俘获。还可能看到，年长而又风度翩翩的绅士也费劲地背负着精致的橱柜、昂贵的花瓶和成堆的丝绸及皮毛。桌子、椅子和厨房用具被乱糟糟地拖了出来。士兵总是挑选那些容易脱手的东西。大学堂的大门就在一条从满人居住区延伸而来的大街上。因为这所大学堂的主要工作人员都是外国人，所以革命者在这里安排了一组护卫队。由于被剥夺了实际参与劫掠的机会，这些卫兵就通过阻挡抢劫者的办法获利。首先，他们每人平静地挑选了一把椅子，以便能舒适地履行守护的责任。之后，他们开始从抢来的东西里面挑选喜欢的东西。他们冷静地把抢来的东西存放在一位大学教授的门房里。

这些中国人并没有因为这种抢劫行为而烦恼。一个有远见的英国人曾提醒过他们，但是他们对此置之不理。他指出，一旦抢劫获得允许，这些抢劫者就不会停下来去区分哪些是满人的财物，哪些是汉人的财物。但是跟狂热的抢劫热情相比，采取预防措施的建议显得毫无吸引力。他们为什么不能让自己的人自由行动，充分利用他们的贪婪达到羞辱满人的目的呢？如果这样做了，他们就会重拾威信，而抢夺者也会安静地解散。但是，他们很快就醒悟过来了。和汉城里的银号、当铺、仓库以及店铺里的财富相比，从满城抢来的东西简直是微不足道。当局对此无能为力，他们所能赖以恢复秩序的那些人本身便在混乱中充当了先锋。他们已经尝到了抢掠的喜悦，很容易就能获取财富。苦力们一小时抢到的东西要比他们劳作一年所得到的还要多。于是，抢掠全面开始了。最坏的抢夺者是巡警。坦率地说，这些巡警的长官——作为旧统治集团的一员已被迫逃命——告诉其下属说，发财的机会来了。他要为自己雪耻，但矛头不是指向敌人，而是指向无辜的市民。

士兵和巡警闯入一家又一家银号，把又长又窄的箱子拖出来，箱子里面装着50两的马蹄银（约6到7英镑）。箱子被猛砸在地上摔碎，抢掠者在混乱中能抢到多少马蹄银，他们就拿走多少。往往唯一能限制他们抢掠的就是重量。

抢掠者肆意地纵火。主要街道几乎成为一片废墟：丝绸和皮毛被丢弃在尘土中，瓷器被打得粉碎，到处是肆意破坏的景象。电线杆被烧毁，电线纠结成团堆积在路边。在一个拱廊市场里，里面全是商铺，在这里可以买到外国人生活所需的用具和精美制品，现在也被全部焚毁。西方文明的有形财富，似乎一日之间被扫荡一空，消失在废墟中，而这些都是近年来艰难发展取得的结晶。让少数外国侨民愤怒的是，在毫无预警的情况下，他们就把最后一个火车机车从车库里拖曳出来，并载着司机去了山西铁路与京汉铁路的交会处，这使得大约50名外国人滞留在了太原府。尽管火车车厢留在原地，但没有火车头的火车是没多大用处的。

太原府的外国人聚集在三个大院子里。罗马天主教教堂和学校坐落在靠近城北门的一个大院子里。屋子里存储的粮食可食用四个月，但是如果把200多个持枪的人也考虑进去的话，对粮食的需求一定会增加。这个地区的中国天主教徒不愿意轻易卖命。剩余的外国人、传教士、大学堂的人员和商界人士则是把他们的总部安排在浸礼会的两个院落里。

对于外面的世界正在发生什么事情，人们所知甚少，甚至一无所知。在两三天的骚乱后，指挥主力军的将军返回城里，然后开始“恢复秩序”。那些四处搜寻和捡拾废墟里零星物品的人被立即砍了头，而那些纵火和参与大规模劫掠的人却没有受到任何惩罚。

险隘的娘子关将山西和直隶分隔开来。在这里，共和政府安置了一支强大的军队，而这支军队却无所事事。他们把钱财用于赌博，对于严肃的军人生活，他们已经受够了。指挥者和军官们已经造就出了一个他们无法平息的难题，他们绝望地绞着手说："他们已经无法控制，只能进行哄骗。"

由于无法得到关于娘子关以东所发生事情的可靠消息，山西大学堂的奈斯特龙教授和浸礼会的埃文斯教授两个人决定冲出去，前往京师，他们希望借此能带回一些消息。两人沿着从太原府出发的铁路线行进。尽管火车机车没有了，但在一些站点，却可以征用到手动轧道车。不管怎么样，在他们睡着的时候，路程也在渐渐缩短。有时候可以雇到驴子，其他时候用轧道车，还有一些路程就只能靠步行。终于，他们靠近了帝国军队的防线。黑暗中射来一排子弹，他们只好冲下路堤，大声叫喊他们是外国人。这就是他们向帝国军人做的自我介绍，后者让他们免费搭乘东去的军列。在火车上，他们发现了一位不幸的可怜人，他是对方阵营的人。因为火车行驶得相当快，帝国士兵认为处理俘虏的最便捷的办法就是把他扔下车，"以儆效尤"。这两个外国人开始劝说那些帝国士兵不要那么做。在火车到达终点前，他们能够暂时挽救他的性命。对于这个俘虏来说，令人恐惧的可能情况是，"对于教授的劝说，士兵们沉默不言"。但是，在中国，在当前混乱的情况下，只要他能够在士兵最初爆发敌意时得以幸免，那么以后他就会有很多逃走的机会。

军列到达了石家庄——山西铁路与京汉铁路的交会口，他们发现这里一片混乱。所有的民政事务都要服从于军事需要，而中国军队此时几乎要学习与交通运输线相关的所有事情，至少在战时服役期间是这样。因此，现在不是求助的好时机。而事实上，明智的做法就是要想当然地认为会得到帮助。"时时刻刻都要大胆"是他们的座右铭，他们按照这种方式行事，并最终抵达北京。这样，人们对太原府到底发生了什么这一争论不休的问题有了更加清楚的了解。

◎第三十三章 准备

这两位教授把有关太原府的消息带到了北京。它的内在价值是重大的，这意味着可以通过真实渠道了解很多关于这场革命在一个省份的进展情况，而这些情况暂时无法通过一般的通信渠道获得，北京外国人当中原本对这场革命的微弱同情因此而得到强化。太原府的外国人对革命成功表现出了强烈的渴望，这使人不禁又想起了上海外国人见到大清龙旗在各种新式共和国旗帜前坠地时的喜悦。

此前北京有传言称，在太原府成千上万的满族人被杀死了。现在从那两个外国人口中得知，总共加起来只有不到 25 个满人失去生命，这说明之前很长时间里在北京当地散播的传言是不可信的。

关于内地外国人的处境，来自太原府的人的讲述产生了两个结果：第一是它让人们更加相信，由于革命党明确地把保护外国人作为总的政策，所以那里的外国人不会有危险；第二是为打通跟内陆省份的联系带来希望。不管怎样，人们对内地外国人的处境更有信心了，于是他们开始安心等待进一步的消息。

消息终于来了。就在从太原府来的人返程的那一天傍晚，有快件抵达北京——这封信前文已经引用过。[①] 信上不但提到了到此前所知道的可怕情形，而且还讲到幸存者令人惧怕的、不确定的命运。

在省城西安府有50多名外国人，包括了美国人、欧洲人和日本人。在西安以北一天路程远的三原地区，可能有12名以上外国人。再向北9天路程远的地方是延安府，那里群山环绕，没有路，只有骡子可以通行，在这里有1个英国人和他的妻子及小孩。再往北走5天的路程就是绥德州[②]，这里有2个英国男人、1个英国女人和2个小孩子；在绥德州这个荒凉且秩序混乱的地方，外国人只定居过1年，政府统治力量也一直不强，现在则已陷入无政府状态。西北方向，一连串的传教点一直向上延伸到甘肃。陕西就像是个存水弯，其出口在潼关——河南、陕西和山西三省在这里交汇。潼关已经被革命军、帝国军队和匪徒三股势力反复攻占、洗劫和焚烧过。潼关以东，从河南方向而来的主干道被杀人越货的匪徒控制，这些人只崇尚武力。在这儿，袁世凯的命令要发挥作用只能依赖军队，但是后者所起的作用不大。西安南面，一条经常使用的骡道越过山梁，直通汉江的一条小支流，但是由于政府的窘况，江上匪徒自由横行。北面控制在哥老会的手中，这意味着任何企图穿越黄河进入陕西的尝试都充满了极大的危险。西面，在甘肃，局势要安定得多；但是政权最脆弱，尤其是在其东南面靠近陕西省边境的地方，感觉最为明显。而且，进入甘肃意味着离铁路线更远，事情会变得更糟。

那么，在陕西，外国人到底怎么样了？在义和团运动那一年，外国妇女连续数日四处躲藏：藏身庄稼地和山洞里，身无分文，没有食物。辛亥革命之初，很多地方的外国人发现由于当地银号被抢或被破坏，自己突然

---

① 见第3页（原书）。——原注

② 见司慕德著《身陷中国革命》。——原注

一无所有了。无论从哪个角度考虑，人们都非常渴望知道陕西的情况怎么样了，因为已经几周没有收到电报和信件了，同时也希望能把钱带进去，那里也许极其需要。但是，最担心的还是那些留在那里的妇女和孩子可能面临危险。他们已经得知白锦荣学校里外国人的可怕遭遇，同时对中国人的性格和中国暴民亦有所了解，知道悲惨命运可能很容易就降落到其他人身上。因此，他们不可能静坐在北京干等。

剩下的事就是如何使有关机构运转起来。现在是星期日，时间已经很晚了。在那些艰难日子里，公使馆的日常工作很难开展，因此很可能拒绝立即采取行动处理这些问题。但是，从天津发来的电报上说："……设法找些人前往西安府……"他们求助的言辞简明而恳切，无法延误，因此，我们穿过马路来到公使馆。

没有什么好担心的。陛下的代表①一听到我们的陈述当即深表关切并给予亲切的关怀。在这样的时刻，我们所遇上的不是政府拘泥于形式的俗套，而是浓浓的人情味，还有致力于弄清并解决问题的心意。这对我们而言，意义格外重大。现在一位英国臣民希望记录下他谦卑的感激之情，在1911—1912年间焦虑不安的日子里，驻华公使通过实际行动转达了英王乔治对他的臣民的关心。

现在所面临的问题是如何保证隔绝在陕西的外国人得到足够的援助。在当时情况下，派遣外国官方武装力量显然是不恰当的。另外，只要能找到其他方式，那么指派公使馆官员前往也不太明智。这样，只能求助于平民志愿者了。但是，当时北京本地就有可能出现各种麻烦，要寻找这样的志愿者是很不容易的。经过反复斟酌，终于慎重决定让一个人试着前往西安，一路上他可能会找不到帮手，但是他们指示他去跟太原府的外国人商量，并尽可能地遵从他们的意见行事。选择太原府这条路线是出于两个因

---

① 朱尔典爵士。——原注

素的考虑：(1) 在当时非正常情况下，经由太原府是最可行的一条路线，既安全，也更快捷。而经由河南府却不具可行性，因为那里有匪徒和所谓的士兵。(2) 更重要的是，通过太原府这条路线可以很快到达绥德州和延安府，有几个外国人被哥老会困在那里。

资金问题也是个难题。陕西没有美元，只有以盎司为单位称量的银锭和既笨重又不方便携带的成串铜钱。带着大量银子，需要苦力搬运，这将招致危险。中国人似乎对银子有着明显而且特殊的感觉。他只要拿起袋子，一般就能说出里面装的是不是银锭。那么一个人分带多少银子才能不被觉察呢？另外，一个人又能携带多少呢？当300两银子被分装进一个人的各种口袋后，此人只能勉强可以在街道上漫步，并且还要因那些口袋内的东西而倍感不安。要完成这么一项任务，40英镑是不够的，正如我们所见：雇佣牲畜的价钱会升高，因为它们的主人害怕；即使正常时期，旅行也是在内地花费最大的项目之一。另外，还有可能要大方地支付小费：贿赂守卫和安抚“护卫”。尽管如此，对于那些一无所有的人来说，三百两银子已经是很大一笔财富了，而且一个人最多也只能随身携带这么重的银子了。

普通的通行证出了满人控制区就没什么用处，但我们却得到一张几乎能让我们自由通行长江以北所有省份的通行证。这张通行证拥有通过帝国军队防线的完全通行权，这是从外务部获得的，很大程度上得到了袁世凯儿子的帮助。在那些艰难的日子里，他替他父亲分担了大量工作。

携带的行李有一块毛毯和一支牙刷，此外就没有什么其他的东西了。我们的想法是如果不能找到苦力，那只好自己背着行李。由于装满了银锭，我们所能承载的重量已经达到了极限。

与北京最热心的群体即在京外国侨民道别后，前往内地的准备工作一切就绪了。

◎第三十四章　在石家庄

在石家庄发生了悲剧——残忍的、野蛮的悲剧。帝国政府在石家庄的军队由一位姓吴的将军①指挥。石家庄地理位置非常重要，因为山西铁路与重要的京汉铁路在这里交会。石家庄的西面是太原府，在那里一位姓阎的将军②宣布山西拥护共和，他控制了从直隶到山西的险要关隘娘子关，并指挥军队朝京汉铁路推进。如果吴将军真心支持共和——大家对他的总体印象也是如此，那么他就会与阎将军联合，将山西作为基地，牢牢控制两条铁路。然后，这两个人就会直接向北京开进。同时，他们也能够在任何时候破坏通往南方的铁路桥，割断北京政府与其在汉口的军队的联系。

如果这一切已经发生了的话，那么几乎毫无疑问，持续数月的内战和乏味的休战可能已经避免。清廷可能已经逃走，留下袁世凯自由地进行交涉和达成协议。清廷一旦逃走，各种阴谋将不复存在，“脸面”问题、

---

① 即吴禄贞。——译者注

② 即阎锡山。——译者注

年轻的满族王公贵族乖戾的捣乱行为以及蒙古头领笨拙的好战行为也会随之消失；而现在，来自大清方面的所有这些因素，都阻碍着袁世凯努力实现和解的步伐。

事情已经发展到这样一步。一天下午，几个来自世界各地的人员正在石家庄一家英美烟草公司的一个房间里百无聊赖地坐着。英美烟草公司的商业活动已经停止，仓库已被吴将军和他的随员征作司令部。从铁路办公室来的一位法国火车司机和矿山的代理人时不时地谈论着一些陈旧的新闻。火车联轨站的工作人员，因要应对事务的不确定性而备感疲倦，已蹲伏在火炉边打盹了。这时有事情发生了。一位身着将军随员军服的人沿着走廊急匆匆地快速冲进来。他是吴将军的军事秘书，他猛冲进房门进入毗连的房间，一边狂奔一边整理着腰带和服装。他充满恐惧，被吓得形同泥雕。一两分钟后，这位优秀的军事秘书消失了，一位邋里邋遢的中国苦力逃离房间，他跳下楼梯，越过铁路站台，冲进开阔的田野。房间里的其他人站起身来，朝这个人刚才离开的地方，也就是将军的房间跑去。吴将军躺在一片血污里，已经被谋杀了，身边躺着一些已经死去或奄奄一息的军官。

此事的直接凶手是一些满族士兵，他们担心自己的长官会加入革命者一边。但是，很快就有流言说，凶手只不过是被别人雇佣的暴徒，是由北京的幕后主使人操纵的。如果是这样的话，那个人得费多少周折？这样做的目的又是什么呢？彼此之间的憎恨和猜疑被点燃。这种毫无意义的野蛮暴行，再加之进攻汉口的行动，这些在革命者中引发了新的、更加难以平息的愤怒。杀害吴将军对满族王朝来说根本没有意义，这如同枪决昂吉安公爵对拿破仑王朝的统治没有用一样。而且，如果暂时借用人们对富歇的嘲讽，那么这不仅是犯罪——更是一个弥天大错。对满人来说，这件事情只能带给他们耻辱，让他们在谈判中失去了优势。

此事在当地引发的直接结果是很奇怪的。面对悲剧，中国人首先想到的是逃跑，这不是出自对此类血腥事件的固有恐惧——他还没有神经脆弱到此等地步——而只是担心被牵连进去而已。中国人对犯人的调查范围非常广泛。所以，在此事件中，尽管谋杀案的凶手很难指望会有人包庇他，落网是早晚的事，但其他人仍然出于害怕被调查的内在恐惧选择了逃跑。也许是担心被控以背叛罪，将军的下属军官和贴身侍从也都逃跑了。军队发现自己没有了军官就撤退了。革命党阵营的军队也撤退了，由于某些未知的原因，又或许是害怕这是一个阴谋。在冬日的阳光下，石家庄车站为一片恐怖阴霾所笼罩，四处是废弃的营地和空荡的铁轨线。一段时间之后，革命党阵营的军队鼓起勇气回来了。他们夺取了一些火车机车和车厢，利用这些他们把防线撤退至娘子关，满足于守卫他们新生的山西共和政府。革命运动既有的弱点现在仍然存在着，即各省各自为战。他们没有认真考虑过控制京汉铁路，然后赶紧结束汉口正在进行的战斗。因此，帝国政府的军队仍能自由地从北京输送过来，南方的战斗依然在延续着。管他呢！既然已经拿下一个省，那我们就撤退吧。

吴将军的继任者已经被任命，帝国政府又一次控制了石家庄。

在当时情形下，北京的人力车夫很少会拉看起来很普通的人去车站。而一个穿着宽松外套，携带着300两银子的人看上去也许不会有什么异常，但他一定会为苦于寻找一辆人力车而倍感沮丧。

火车上有几个外国人，他们是美国和加拿大传教士，要乘车前往原直隶省省会保定府。一路上，他们兴高采烈地达成共识，对当前工作与未来的计划也表现出了十足的热情，这一切似乎让旅程缩短了。天津每天都期望着被称为“布洛姆团队”的北美瑞挪会传教士的到来。他们是从山西西南部的传教点逃出来的，当地旧政权的地方官意识到无法保护他们，就帮助他们逃到河南府。他们小心翼翼地逃出山西，进入河南。就在几乎能看到河南府，并到达相对安全的地方的时候，他们被一群人围困在一家小客栈。这些人被他们当成士兵，其实只不过是一群有组织的匪徒而已。当时河南是中国劫匪横行的省份。他们遭到抢劫，布洛姆夫人受伤。本来有机会在保定碰到这伙人，并从他们那里得到可靠的消息和建议，但是在向南去的火车离开前，向北去的火车不允许进入车站。一个在站台上的美国人答应，如果有任何对帮助陕西的外国人有用的新消息，就给石家庄发电报。当我们的车驶出车站的时候，从南面来的车进站了，在站台上可以看到一位穿着中国服饰、身材高挑、相貌英俊的挪威人。他们试图越过铁路传递某种信息，但是声音完全被火车加速时车轮发出的隆隆声淹没了。尽管听不清具体内容，但它仿佛像黑夜中轮船驶过时发出汽笛声那样让听者感到安慰。

暮色褪去，迎来夜晚。火车沉闷地向南行驶，车厢里没有灯光。火车车厢基本都被性情难测的士兵占用了。在其中一节车厢里，有一个孤零零的男子，他壮着胆子，怀抱着银两，一直到火车抵达石家庄车站。

在石家庄有一个人，他是被我们含糊地称为“缔造帝国”思想的体现者。他会表面向你保证，他之所以在那里，仅仅是因为这样意味着“一个舒适的职位”。事实上，他之所以去那里是因为英国人向外拓展的愿望，以及英国人的天赋。这些推动他离开自己的家——他的家位于帝国的边缘地区。他渴望能抓住机会在更多具有可塑性的种族身上打上他自己的烙印。他可能会告诉你，他伟大的梦想就是“回家”，这里的“家”指的不是他在殖民地的出生地，而是指英格兰。要去那里闻一闻皮卡迪利大街的沥青味，再一次尽情地倾听音乐和笑声，去享受伦敦的生活乐趣，去亨利镇和伦敦大板球场参观游览。总而言之，就是“去采集生活的玫瑰”。但事实上，他的“玫瑰”是由这样一些东西构成的：塑造人的情怀，使环境屈从于他的意志，轻笑着在危险中脱身，很好地完成他的职责，以“做游戏”的心态赌上自己的生命和安全。

我朝这个人走去。尽管中国士兵毁坏了电报，却允许从太原府到石家庄的电话正常工作。要问他们的动机何在，也就是试图寻找中国人心理是如何运作的一个解释——对于这个话题我们敬而远之。未毁坏的电话为这个英国人与太原府的同胞联系提供了一线机会。只要了解一下某些中国铁路话务员是如何任性而又傲慢，就知道这个机会是多么渺茫了。这些话务员多半在一些趾高气扬的外国人手里吃过亏，现在他们在自己的岗位上终于找到了报复的机会——当然这是另外一个话题了。

跟这位殖民地同胞打交道很困难，他要接待很多访客。在这种时候盛情款待成了奢望，当我敲门的时候里面传来绝望的咆哮声："谁?""我。"我站在门口回答道，满怀内疚。但是那个疲倦的、本应把我撵走的人不但让我进去了，而且还帮我排忧解难。因为两封电报已经先我到达，正在他那等我去看。第一封电报是保定府的那个美国人答应发来的，内容虽然不是很令人鼓舞，但还算简明扼要。电报写道："布洛姆建议不要去。"第二封是对此前发往河南府询问西安外国人情况的电报的回复："截至十一月九日，在福音村的浸礼会教友很安全。经由同州、大庆关、运城、河南府的路线仍然可行；派去信使邵涤源，建议他们离开。"这封电报是从北京重新转发过来的。英国同胞立即着手帮助我这个素未谋面的人，而我这事还确实是一个无端生出来的麻烦。我们立即草拟了一个电文，并把它送到电报局。该电文称："从河南府给邵涤源传递信息，我会从太原府出发前往救援。"很快，我们就上床休息了，但是没有睡着。半小时后，我们被一群士兵叫起来。所有的电报都被翻译给帝国将军，我们正常的电文引起了他们的怀疑。令佣人沮丧的是，我们被带到了恰好暂时设于电报局内的司令部。佣人深知被带到一个中国将军面前将会有什么样的后果。到那里后，我们用法语对电报的内容和意图作了解释。我的法语是我在英国学校里学的，说起来不怎么流利和自然，但是我的同伴的法语却很流利，他是从在中国铁路上工作的法国工程师及他们的书信中学得的。我们解释说，"邵涤源"是一个传教士的名字，不是一个地名，通过解释，将军才放松警惕。最后，我们把引起他们猜疑的词语"like wise"换成"the same"，把介词"to"放到“邵涤源”前面，然后再将电文送给将军作最后的检查。① 在等待的一个小时里，我们那位“帝国的儿子”则与那些疑心重重、纪律散漫且傲慢无礼的士兵玩耍着。他一会儿在这里开个玩笑，一会儿在那里提出一个狡猾的问题，但自始至终都维持着自己的尊严，保持着神志清醒，眼睛也时刻保持着警惕。那些待在沉闷、刻板的房间里的士兵也因此乐得逍遥。最后，电报的发送得到允准，北京来的命令使我们获得了可以穿越帝国防线的书面通行证。我们步履蹒跚地返回到放下心来的佣人那里，然后像老佩皮斯会说的那样，“上床休息”。

① 为了区别用词，这里特意保留了个别英文单词。——译者注

◎ 第三十五章 穿越火线

清晨我们起床前往火车站。我的同胞要去矿井给那些维持机泵运转的工人付薪水。像购买车票这样的正式手续就省掉了，我们直接爬上车厢，就挤坐到了赶往前线的士兵中间。然后，便是令人烦恼的拖延。一切似乎都陷入混乱，火车要不要走尚不确定。最后，这支部队的将军骑着机动轨道车走了；接着，伴随着阵阵嘎吱声和刺耳的尖叫声，军列开动起来，我们坐在火车上慢慢地，非常缓慢地向西移动着。

我的同伴与围绕在我们周围的士兵闲谈，脚下就放着成袋的美元，还有伸手可及的毛瑟枪。当火车刚刚驶出车站的时候，在令人窒息的氛围中，顺着车厢通道走来一个人。这个人的衣着和举止残留着清朝官僚的痕迹，以前显然是在衙门里做事的。但如今他已经失去了必要的生活保障。那些日子里这样的人何其之多啊！他们唯一擅长的工作，就是在钩心斗角的衙门里当官。一旦离开这种岗位，就意味着他们要沦落为苦力中的一员，或者过寄人篱下的漂泊生活。但是，他们又缺乏勇气去维护清廷当局的权威，而后者正是衙门得以维持的根本。这些天里，他们整日坐立难安，有时忙着奉承讨好，有时却又恃强凌弱；他们也惧怕这些他们本应对其实施管理的士兵。

当这个人从我们旁边经过时，同伴眼神里的戏谑、蔑视和怜悯告诉我，他已经认出这个人。只见这人穿着一件破旧的制服，走起路来有点大摇大摆，但又给人感觉鬼鬼祟祟，好像有什么企图似的。当我的同伴上次看到这个人时，他正穿着苦力衣服卖力干活。他就是那个谋杀案发生后，立刻从奄奄一息的吴将军身边逃走了事的人。他的耳朵里仍然回响着吴姓长官临死前抽噎的呻吟声。恐惧让他难受，害怕令他发狂。

大约 11 点的时候，我们到达五里铺，这里是帝国军队的前哨基地。在这里，我们设法雇到驴子来驮运装银子的袋子和其他物品，然后沿着铁路，向西稳步前进。这样走了几英里后，我们发现了一辆轧道车，拖延了一会，也费了些口舌，我们最终找来了些苦力来推着它前行。这样，我们、行李及那些轮班休息的苦力都挤上了轧道车。轧道车顺着斜坡冲下去的时候，华北冬天里凛冽而又干燥的空气从我们身边呼啸而过，上坡的时候，冷风又暂时平息下来。那时候的感觉真是五味杂陈。设想一下，如果在我们沿下坡冲下去的时候，碰巧在拐弯处开来一辆火车，结果会是怎样！然而，革命者多半已经派人侦察过这里了，我们顾不得那么多，必须马上走。

在南河头（Nanhotou），我和同伴分手了。他手拿毛瑟枪殿后，其他人背着美元走在前面，这一小队人朝矿井艰难而坚毅地走去。

现在，带着我那点可怜的行李，坐在这四面透风的轧道车上，真有点前路茫茫的感觉。看着周围景色，心头产生特别的凄凉感，渴望两军之间这片荒凉的地区能够平静。这里的人都已逃走，在田野里活动的动物急匆匆穿越铁路时似乎也显得格外谨慎。

最后苦力们停下来，不愿意再往西走。他们不想碰上任何方面的士兵。再向西去，遇到的可就不是一般的士兵了，而是革命军。我没能劝住他们，也没能说明我的意图。但是，我紧绷地坐在那里。轧道车是我唯一的住所。

一旦下了车，我就成了“一个不受欢迎的没有住所的外国人”，苦力们就会对我置之不理。我坚持说：“带上我，或者找人帮我拿袋子。”尽管无奈，但他们还是勉强同意了。最后，一位个头很矮，但很结实的小伙子成了我的救星。他在苦力们的劝说和担忧中接受了这项工作。这个人不可能仅仅是个搬运工，我看着这个年轻人下着判断。带着他作随从，在遇上爱管闲事的前哨站时，会让我显得更体面。苦力们拿到报酬，立即离开了；我和新的搬运工稍后继续向西而去。很快，我发现，如果要走得快一些，我也必须加入到搬运行列。后来的事实证明这是一次徒步旅行。我们越接近革命军阵线，我的搬运工就越惊恐。请原谅我对这位纯真青年的劝诱吧！最终，我们来到一座横跨深谷的长桥。左边，桥的对面，矗立着一座高塔，上面迎风飘扬一面白色的旗帜，那是拥护共和的标志。在高塔的最顶层，可以看到有士兵在活动。让我的小向导更加紧张的是，在桥的另一头还站着两名士兵。我哄骗他说，任何一方军营一定会给予“洋鬼子”（外国人）热烈欢迎。尽管我确信他会安全，但让这个年轻人因此深受困扰也让我隐隐觉得十分残忍。但是，解雇他的前提是我必须能找到一位可以替代的新人来一起实施原定的前进计划——如果我能找到新向导或搬运工的话。

这两个士兵表现得非常友好，他们让我的随从放心，至少他们尽量这么做，但是小伙子已经紧张到极限。因此，路过的一位赶驴人被叫来为我服务。让我感到惭愧的是，我认同了士兵“劝”他的方式，并没有当场表示反对。这样，那个小伙子拿到薪水后便很快机灵地溜走了。然后继续西进！抵达井陉站后，我和行李又被扔下了，这一次是要在这等火车。（根据交战双方的安排，可能会有专列经过这里，但这种可能性不是很大，因此我并没有专门在北京等待这趟车。）

唉，车站真是脏！不久前，这条线还被法国人管理得整洁有序，如今到处可见懈怠的迹象。这是怎样的一群人啊！不久前还是苦力，现在成了士兵：没有纪律，缺乏训练，不讲个人卫生，性情暂时还算可以，但随时都可能变得乖戾多疑。火车到来之前，我不得不尽力逗他们开心，让他们维持好脾气，让他们以为帝国政府那边来的外国人造访该地是理所当然的事。

在井陉，有一位工作很认真的军官。这位军官在保定府的官立军事学堂受过训练，熟悉德国人的操作知识，主张约束纪律。但是，他能发挥的作用很小。他没有合适的下属，与他一起的军官没有几个具有指挥才智和向其手下灌输纪律时所必需的高尚品质。而那些士兵就更加不用说了！是随意从黄包车苦力和城市"渣滓"中招募的，他们受随意轻许的高报酬的诱惑加入军队。在接受基本训练，甚至学会如何操作手中的武器之前，他们就被派发现代来复枪和过量的弹药。送到医院里的大部分伤员都是由于他们不小心走火而伤到自己的手，或者被同伴射到后腿。

至于纪律问题，帝国军队也好不了多少，如果说有的话。几个月后，袁世凯的军队抢掠了北京城，下面的事情发生了。

革命爆发的当晚，有一位急于回家的英国人从哈德门①大街转进一条狭窄的、向东去的巷道。在巷子的尽头有一个士兵挡住了路。由于被挡住了路，这个英国人哀求说他想快点回家吃饭。"是吗？吃饭不重要！"士兵高着嗓门回答说。"啊，对你来说也许不重要——玄学家们请注意了——但是对我来说不是。"事情就这样继续下去。英国人意识到惹上麻烦了，现在他只想着怎样让它快点过去。过了一会，有位军官趾高气扬地走过来，托挂在后面的剑发出叮当声。看到那两个人在争论，他问道："怎么了？"那个士兵，非常镇静地把一只手搭在他的肩上，答复说："这件事，我自己能摆平。"军官的自大傲慢消失了，就像空气从被扎破的轮胎漏掉一样。军官没有说一句话，转身走了，剑仍旧在他身后拖着。这个场景让人不由得想起

① 即崇文门。元代起俗称哈达门，后音传为哈德门、海岱门，其中哈德门的名称因有哈德门香烟助势而流传甚广。

了那个古老的比喻即夹着尾巴的狗。这就是单个士兵和军官之间的关系，在第三者面前，这是最“丢脸”的事情。

再回到井陉。最后，果真来了一列火车。黄昏时分，坐在没有灯的车厢里，我们继续西进。7 点时，我们抵达了革命军占据的要塞——娘子关。革命军只要认真设防，这里就会是一个很难攻克的地方，但是他们什么也没有做。很多可以俯瞰娘子关，并钳制敌人的制高点都没有被占据。那些能够和愿意给出有用建议的人受到冷落；由于指挥官们眼界狭窄，他们所能学到的东西也就更少了。

山谷里燃起了营火，远处的叫喊声，近处的大叫声，偶尔的军号声，还有执行任务的两人小分队拖着脚步四处走动的声音（其实他们应该踏步走的），这些声音不时地打破夜晚的宁静。月亮爬上山脊，山谷笼罩在一片朦胧的、像面纱一样的白色中。这一切让人产生一种怪异而又挥之不去的虚幻感。

我转过身，朝工程师的食堂走去。

◎第三十六章 磋商

食堂里的景象极其奇怪。房间中央摆着一张用支架支撑的桌子，周围坐着不同国籍的人：英国人、美国人、法国人，还有中国人。四处凌乱地堆放着各种备用品、毯子、马鞍、枪支、左轮手枪、弹药、羊皮、瓶子、文具和床上用品。大家的着装保持着自己的风貌。其中有一个人的着装在这方面表现得尤为明显。他从上至下都是外国人的风格。此人头上带着时髦的土耳其毡帽——那是在君士坦丁堡停留时找到的——身穿白色毛衣和高尔夫裤，脚穿混色毛纱袜子和鞣皮靴子。他完全是人群中最显眼的一个，事实上也是唯一的一个。美国人穿衬衫，英国人穿马裤。我是最寒酸的一个人。

让我感到欣慰的是我找到了一个中间人，苏柯仁先生，此前我曾在西安见过他。他是那种认为自己的祖国缺乏充分发展空间的人，他发自内心地渴求广阔的发展空间和自由的发展路径。他的血液中流淌着博物学家的才赋。他的祖辈在英国当过植物学家或博物学家，时间大约可以追溯至寡妇斯卡隆①时代。那时，

① 寡妇斯卡隆即曼特侬夫人，法王路易十四的情妇，对后者有着比较大的影响力。——译者注

由于复苏中的王室良知受到很大压力，南特敕令被废除了。胡格诺教徒被迫逃亡，从而给英格兰带来许多具有优秀血统和头脑的法国人。① 但是，由于在本国发展的空间有限，而年轻人也不太能安于现状，于是苏柯仁先是在加拿大过了一段时间的游牧生活，之后就到中国和蒙古找到了发展的机会。1911 年秋他为史密森博物馆搜集珍藏，并已经为即将在蒙古进行的长途探险准备了所需的物资和弹药。他来到娘子关原本是要为从太原府前往蒙古探险的人做安排的，但是他的计划被爆发的战争打断了。

大伙在吃饭，其间有的人在商谈计划，有的人则显得困惑茫然。一个热衷于调解的美国年轻人不久前见过太原府的领导人。他受托给北京的某个人捎去口信。他原本以为能带回让人欣慰的确切信息，或者从北京上层社会那得到明确的建议。不幸的是，他没能得到这样的消息或建议，但他却做了一件很出色的事情，就是从北京带来了一辆专列。他和专列在娘子关待了一晚上。于是，他就向我们倾诉他的困境。一离开太原府，就有一位热情的革命者陪伴着他。但是一到达帝国政府防线的时候，这个人就不幸地被帝国阵营的人逮捕了；尽管他是从革命阵营那来送信的，但还是立即被杀害了。那么，没有带回期望的非正式会谈，也没有带回信使同伴，这个想成为调解者的美国人的命运又会如何呢？他身边的一位同胞也感到茫然。如果要与北京达成和解的话，可能需要太原府的新“政权”作出让步；但是从长远来看，他们有资格成为正式的谈判方吗？至于“红色土耳其毡帽”，在介绍时被称为——呃——啊——“新政权”的先生——很明显他对这个称呼已经感到厌烦了。对于一个已经完全沦为战争工厂的国家而言，急需和平来疗伤。他或许认为山西革命这艘船正在下沉，而他却不愿意和它一起沉没。无论如何，他已经为这艘船的起航尽力了。法国人的脸

① 南特敕令是 1598 年法国国王亨利四世签署颁布的，该敕令承认国内胡格诺教徒的信仰自由，并规定其在法律上享有公民权利。1685 年法王路易十四颁布法令废止南特敕令，导致数年内大量新教徒逃往英格兰、普鲁士、荷兰和美洲等地。——译者注

上时不时露出苦恼的表情，他们对于财产显然注定要消失感到惋惜，并向大家请教在这样恶劣环境下如何处理家产的建议。同伴中的大部分人，难以听懂这位说话流利的法国人的请求，认为他“拿可怜的乞丐开玩笑”，也不能为他提供任何建议，便转而关注大家正在议论的一个新问题。这是关于陕西的问题。他们已经谈论过“撤出陕西”，现在要谈论“进入陕西”。从陕西来的消息让他们感到震惊和恐惧。对习惯了在铁路附近生活的人来说，陕西似乎是一个非常遥远的地方；一旦进去，什么时候才能再出来呢？这里有与妻子和家人分离的问题，也有工作问题需要考虑，还有冒险离开的时间会持续多久呢？最后商定出一个大致的计划。美国人将返回天津，“红色土耳其毡帽”将与他们同行，他试图依靠美国人的陪伴和自己身上外国人服饰的掩饰以外国人的身份穿过敌人的防线——可以期待，这就是他逃脱的方式。丹佛·琼斯先生抓紧赶往天津，去说服那些他认为可能的人加入他。一个英国人赶紧去天津，然后马上返回来，另一个则留在这里安排从太原府来的人前往沿海。而我，则是继续前往太原府。

解决这个问题后，我们继续考虑如何安排住宿。在一间也是唯一一间卧室里，“红色土耳其毡帽”和其他三个人享用行军床这一奢侈品，我们另两个人待在原地，用晚餐桌当床。对其中一人而言，“上床睡觉”仅仅是裹上一件外套，躺在一块木板上，盖上一块小毛毯和一张借来的羊皮而已。另一个人睡的桌子宽大些，他躺在那里发出舒服的叹息声。他还有一床“铺盖”。也许某一天有人会写一本关于中国“铺盖”的书，帮助我们充分了解它的精妙之处。不过，当前，且让我们用类比的老方法来描述它：睡觉的人裹在铺盖里，就如同包在面包里面的香肠卷一样。

炉火渐渐熄灭，寒气悄悄袭来，皎洁的月光洒满整个房间。即将入睡的人试图掖紧盖在身上的小毛毯。里面房间响起音乐声，临近房屋传来阵阵嘟囔声，不久，就是一片寂静。

早晨的时候，床又恢复了餐桌的功能。很快，我们就分开了，磋商暂时告一段落。

◎ 第三十七章　等待的一周

东去的列车首先出发了，赵先生和三个同伴上了火车。一番真诚的提醒后，我们忧心忡忡地看着他离开了。他很可能会遭受此前信使那样的命运，但他仍冷静面对这一危险。在英国，除了课堂知识，他还学到很多其他东西，在这个关键时刻，这些知识给他很大帮助。在太原府，通过帮助外国人他已明显地表露出了诚挚的谢意。在那里，他因脱离革命事业而广受批评。但是，他的事例证明了受过西式教育的改革者所处的困境。革命一旦开始，他们就发现自己不是在与敌人战斗，而是同自己一方严重的惰性作斗争。如果他们中有人因为绝望而放弃斗争，那么我们作出这样的评判就要谨慎了。所以，当赵先生淡出本书的故事时，我脱帽向他致意。

在西去的列车上，我发现自己和姚将军坐在同一节车厢里。他看起来不甚友善，甚至要自己会讲法语的秘书来检查我的车票或旅行许可证。我的车票和旅行许可证都没有问题。这个可怜的家伙焦虑得发狂，他不得不返回太原府，就连为属下支付饷银的钱都没有。他扭动着身子，愤怒地皱起眉头，并且还发出“哎呀，哎呀”这种中国人惯常表达苦恼的刺耳尖叫来宣泄烦恼。一会儿，翻译不再纠缠我们，将军也要睡觉休息了。我给他一个临时凑合的枕头和一块毛毯，尽量让他睡得舒服点。他告诉我，近来一直没有好好休息过，前一天晚上被令人头痛的会议和大量细节讨论占用。很快，他就打起瞌睡。在暗杀、恐慌和突然袭击充斥的日子里，能和外国人单独在一起，他感到很宽心。他想当然地认为，我有着精良的装备。

在头一天，我们经过的一些地方还比较荒凉，但之后我们发现各个车站似乎变得异常忙碌起来。午后不久，我们遇到从太原府方向驶来的火车。火车看上去很怪异，上面挤满逃难的人。车仅仅停留了几分钟，利用这段时间我们询问情况，并试图作出计划，然后又出发了。

将军醒来，我们把食物汇集到一起，但无论是品质还是数量，都不怎么样。在榆次站，让他感到莫名欣慰的是，钱被带上火车，他急需的军饷立即得到解决。

抵达太原府后，我就去山西大学堂会见奈斯特龙教授。在1901年跟随总教习敦崇礼率先在大学堂工作的众人当中，奈斯特龙是唯一留下来的一位。听他讲述当初遇到的困难，让人进一步感受到敦崇礼曾经的艰苦奋斗。还有几位没有撤离的外国人，他们都是传教士。但是，到11月27日，也就是星期一，除了奈斯特龙和我，只剩费尔伯恩一家和罗尔德先生了。费尔伯恩夫人（葆拉·梅尔医生）的妇产医院住着几位可怜的满族妇女，一想到在这苦难的时刻离开她们和其他人，她就心痛。在这座荒凉的城市里，费尔伯恩夫人默默展示的坚强勇气和姐妹情怀，犹如上帝的恩赐一样珍贵。她是一个极受欢迎的人，每当她走在大街上，中国妇女就会走上前来，紧抓住她的手不放。

太原府基本上已成为废墟。大学堂废弃的庭院一片寂静，让人倍感凄凉。外国人居住区的房屋不久前还修整得很好，且富有生气，但是现在却显得十分荒凉。医院里空荡的长走廊“静寂得让人不敢说话”，只有空荡的足音在走廊里回荡。半西式的公园及其里面的湖泊和餐馆看上去毫无生气，破烂不堪。主要街道以前曾是物资充盈的商铺和银号云集的地方，现在却成了一片长长的、被烧焦的废墟。毫无经验的士兵背着连发来复枪，大摇大摆地走在大街上，偶尔还可以看到有人不合时宜地穿着有毛皮衬里的丝质长袍。北边矗立着的是谘议局华丽的圆屋顶，而再往北，尽管还在城墙内，却是一片空旷地，高大的罗马天主教教堂就建在那里。天主教徒们储备了可供抵御四个月围困的必需品，如果所有教徒都聚集在一起，还能组织几百人的来复枪队伍。万一城市遭到士兵的进一步抢掠，罗马天主教院落就是唯一能够抵抗的坚固堡垒。意大利主教马西曾得到英国浸礼会医生的诊治，他对此心怀感激，因此乐意对任何可能陷入危险的新教徒提供热情的帮助，不论他是外国人还是中国人。

等待的日子是多么让人焦虑和烦躁啊！他们说，要想在陕西发挥作用，就必须事先筹集一定数量的人员、牲畜、物资和弹药。但是，一想到那边随时可能发生的情况，我就心潮澎湃，恨不得立刻动身前往，才不管补给的物资是否充足，只觉得对绥德州、延安府和西安府的救援哪怕是迟到一天都嫌太晚。然而，关于何时出发的争论是如此激烈，以至于确切的日期迟迟定不下来。

天气一天天变冷，公园里的湖水已结了很厚的冰，人都可以在上面滑冰，山区里会是怎样的寒冷情形呢？我怀着凄凉的心情四处走动，希望能找到羊皮或皮毛。可是，似乎所有像样的东西都被洗劫一空了。就剩下的商店来看，大商店都不敢把任何值钱的货品摆出来销售，即使他们有这样的东西。因为任何名义上的“销售”背后都带有明显的强迫性。最后，我出高价买到一张脏兮兮的，散发着恶臭气味的羊皮，结果立即遭到同伴们的谴责。

最后人员和武器都到了。黄昏后，火车进站，此时城门早已关闭。从火车站到城门守卫室的电话仍然可用。这个角落没有发生交火。因此，同伴们离开火车站前，我们就在城内得到消息。但是，那天士兵出城去附近的城镇抢掠补给，现在才返回来，这样很多士兵被堵在了城门外。城门守卫对同伙也缺乏信任，在弄清他们的人数和意图前还不愿意打开门。我们最初通过现代化线路，也即电话线进行交谈，之后转变为皮拉摩斯和提斯柏①之间那样更原始的交流方式：通过城门板上宽大的裂缝，我们对着刚从火车站来到城门口的人的一只眼睛或一缕胡须说话。在我们设法让守卫相信外面确实是外国人之后，他们才派人前去衙门取钥匙。我们忐忑不安地等着，直到城门最终被打开一条18英寸左右的缝隙，我的朋友，一个接着一个，从门缝里挤进来。城门有点像隧道，两旁站立着衣衫褴褛的人，昏暗的灯笼散落的阴影摇曳在他们身上。端枪的守卫紧扣着扳机，但显得很不牢靠。即便是最轻微的骚动，不管是出于惊慌，还是因为手指的颤抖，都有可能引发一阵齐射。

我们从城门沿着主路前往居住的地方，沿途的客栈看上去已经荒废，街道笼罩在一片昏暗之中。这是一个非常令人沮丧的欢迎场景，但是至少一周的等待终于到头了。

---

① 皮拉摩斯与提斯柏是古希腊神话中的巴比伦情侣，两家是邻居，但是父母阻止他们相见。两人便借助房屋墙上的裂缝传递柔情蜜意，最终因为误会双双自杀。——译者注

第二部分　进入陕西

◎第三十八章　出发

星期天晚上我们从各自的住所搬到了队长住的地方，以便准备明天一早出发。

除了前面已经提到的苏柯仁先生、奈斯特龙教授、丹佛·琼斯先生和费尔伯恩先生外，我们的队伍里还有在太原府基督教青年会里工作的埃文斯，从保定府来的两位教授，即保定大学堂的郎德华先生和保定师范学堂的摩根·帕尔默先生，另外还有曾任职于山西大学堂的一位教授的儿子沃林顿先生。

要立刻给八个男人安排住宿确实让女主人感到苦恼；不过另外一个男人的住宿安排则是比较容易。这个人在起居室的地板上找了个最空旷的位置，砰地放下铺盖，然后就重重地躺了下去。瞧，就这样了！显然，我们九人当中有一人符合乔治·艾略特对天才的定义：他有忍受痛苦的无限能力。当我躺在设计最不科学的床上准备睡觉时，我听到他还在滔滔不绝地讲有关铺床的技巧："我的意思是首先这样安排我自己的床铺，这样你们后面的再铺床就好弄了。"当然，这是十分值得称赞的。但不幸的是，由于我们是通过类似罐装沙丁鱼的办法来安排床位，这就意味着只有当倒数第二个人躺进去的时候，最后一个人才能小心翼翼地躺下来休息。对于这种颇为夸张的床位安排方法，那个不幸被安排在最后的人低声抱怨说："唉，不要安排得太长，都接近11个人了。"

新的一天在清晨中开始，就如同所有的第一天出发的早晨那样，总叫人充满了美丽的幻想。不过，这种幻想很快便被救援队员们手忙脚乱的场景打破了。军需官和厨师费劲地整理着箱子和篮子；枪手发现来复枪需要更换新枪带；会计在小气地给大家分发零钱；还有人在蹩脚地摆弄剪刀和针，一边"痛苦和烦闷地紧锁着眉头"，一边却开着玩笑说"你可真是照顾别人的天使啊！"同时，骡子也出了点问题。此前，队长从一位承包商那里挑选了几头体格健壮的骡子和可靠的骡夫。但是，现在承包商希望按照"先来先走"的原则出租骡子。一般来说，骡队在抵达行程终点时，会进到一个客栈，然后在这里等待新的雇主。任何想雇骡子的人知道，他必须到这样的客栈才能找到它们。当骡夫随身携带的钱很快用光后，客栈老板就会临时提供骡夫和骡子的开支，直到新的雇佣合同签订为止。这样，当客人雇佣骡子时，必须事先支付一部分定金，不是给骡夫自己，而是给客栈老板，以抵先前的开支。剩余要支付的钱一般分装在两到三个袋子里，分路段支付。这些钱袋放在客人的行囊中，但是骡夫必须亲眼看到他们把袋子放进行李箱或手提包中，这样他们可以确信这位客人是有支付能力的。显然，客栈老板希望第一批进入他客栈的骡子最先离开，以免他临时照料骡夫和骡子的开支大量增加。如果最晚抵达客栈的骡子先走，他的惯例就会被打破，而他潜在的坏账也会随之增加。但是，固执地坚守这种运作方式就意味着有时只好把最老弱的骡子强行交给那些需要长途旅行的客人使用。

目前情况下，客栈老板为坚持“先来先走”的原则——此前他已与队长达成特别约定的事实只会给他带来麻烦——已经预先采取措施，他挑选了一些骡子单独关在一个院子里，希望我们能从他提议的那些骨瘦如柴的牲畜中挑选我们所需要的。然后，我们那高贵的队长变得义愤填膺了。哦，上帝保佑！他劝告老板要遵守协议。至于他究竟对那老板做了什么在此无可奉告，因为在这个问题上，“让大臣在议会面前提供更多的细节是很不‘方便’的”。我只能说，之后客栈老板就像一句汉语所形容的那样，变得“听话了”。而我们要的牲畜马上就会到来。

行囊最终打点好了。我带着渴望的心情偷偷地扫了一眼那些不能携带的帆布床，由于过于奢侈和笨重，我们坚决把它们排除在外。军需官想要一盏防风灯和一些煤油，但是没有成功。天要黑了，他还得忍受着严寒和大风，借助摇曳不定的烛光，独自在客栈院子里四处搜寻，希望能找到合适的储物箱，四处是从罐中散落的奶块，还有不在原来位置的糖块。

我们终于出发了，缓慢地穿过城镇。为了与后面的人保持联系，我们排成一条线，这成了最近时间以来的一道奇异风景。我们把队伍分成前锋和后卫，驮骡夹在中间。我们的会计充满警惕地盯着那头驮着结实银箱的骡子和旁边那个看起来兴高采烈的家伙——骡夫。后来的事实证明，他其实是个不错的人，只是这一点在当时是无从知晓的。浸礼会的罗尔德先生陪着我们一起出城。他骑着自行车，穿着朴素的服装，让我们仍能感受到文明的气息。而我们则穿着虽然暖和但却怪异的外套，未免相形见绌。出城门后不久，我们照了一张相，然后与罗尔德先生告别，他骑车返回城里，继续他孤独却勇敢的工作，而我们则朝着陕西方向走去。

终于，我们要“进入”陕西了。

◎ 第三十九章　阔步前进

出太原府向西南，道路逐渐与南北走向的连绵山丘汇合。太原府以南几英里远的地方，可以看到罗马天主教堂在洞儿沟的驻地。1900 年，传教士在此英勇坚守，击退了义和团团民的进攻。它依偎在山脚下，整洁的田园环绕着美丽的建筑，一切都显得那么祥和。太阳慢慢下山的时候，我们到达晋祠，一个有着著名寺庙的村庄。名字的意思是晋朝的寺庙，“晋”仍然是山西省的书面称谓。我和另外一个人前往庙堂。在庙堂较低的地面上矗立着四尊铁人铸像，这是了不起的工艺品。然后就是长长的一段台阶，直通里面的地面和岩石砌成的庙堂。我们沿着低矮、狭窄的巷道，拐进拐出，最后来到主持的卧室。1900 年，这座庙宇是义和团狂热分子的一个总部，而毫无疑问，老主持曾为拳民念诵咒语，向外国人施加诅咒。但是，已经过去多年了，诅咒的魔力也已消退。在我们所乐于称之为中国“进步”的进程中，并没有发生什么奇迹。而佛祖乔达摩①也没有表露出对拳民们的格外眷顾。

① 释迦牟尼俗姓。——译者注

在这种情况下，他们的怒气也消除了。因而这个目光混浊的可怜老头对我们很友好。当我们提到奈斯特龙教授——一个他熟悉的冒险家——的时候，他的眼睛甚至为之一亮。寺庙的房间昏暗污脏，僧人的脸上无精打采，冷若冰霜。整个寺庙笼罩在沉寂当中，他们教义中根深蒂固的悲观主义渗透着每个角落。

离开寺庙，我们有种如释重负的感觉。接着，我们循着原来的足迹返回客栈。这里是高效工作的场面：枪手喘着粗气擦着枪管（他们擦枪管实际用的是杆子，偶尔会发出喘粗气的声音）；军需官已经很认真地开始工作了；会计在记录沿途的开支；队长在高谈阔论“早晨天一亮就起床”的好处和必要性；书记员最初的几天里精力非常充沛，正在兴奋地快速记录着所见所闻；从远处角落传来使用肥皂和毛巾时发出的嘶嘶溅水声，这标志着文明已经渗入到这个荒无人烟的地方。啊，我的天啊！在最初那些勇敢的日子里，大家用起了睡衣、睡裤，洗脸盆也放在外面使用，而不只是在箱子里，在这里还能听到梳头的声音，一些特别讲究的人甚至还刮起了胡须！

第二天早上证实了队长事先告诫的必要性，但我们并没有天一亮就起床行动。何时离开的客栈，我们没有记录，但是应该比预期的时间晚。

也就是在这一天的中午，我们停下来吃了一顿真正的午餐，这在我们到达西安前是第一次，也是最后一次。由此带来的惩罚是，我们不得不在黑暗中急赶了一个半小时才找到一家可怜的小客栈。客栈位于路边的一个小村庄，在这里我们尽可能挤作一团以度过夜晚。

第二天，我们没有按时吃午饭，而是在路边的货摊上买到什么就吃什么。能吃到中国饭，我们感到很高兴。队里的美国人给它起了一个绰号，叫“半熟的面条”。这位美国朋友四处搜寻，想找到“一些有营养的食物”，但是除了偶尔可以找到鸡蛋外，其他的什么也找不到。队长、军需官和会计也不再讲究吃相，他们正坐在满是污垢的桌子边，狼吞虎咽地吃着糟糕的食物。会计一边吃，一边嘟囔："不管怎么样，我得保持精力充沛。"豆腐、面条、小米粥、落花生、油馍、苦茶，所有这一切都是进网的鱼。

"他微笑着张大嘴巴，

欢迎所有小鱼进来。"

下午时分，我们看到了汾州府的佛塔，它有13层高，是华北最好的宝塔之一。我们及时赶到这座城市，来到一处高雅气派的客栈，此前我在中国还没有见过这样的客栈。那天晚上，我们和美国公理会的派伊先生待在一起。其他外国人遵从他们使馆的命令，已经前往沿海。派伊先生留下来尽力照看物品。在这里，我们舒舒服服地洗了一个长时间的、奢侈的澡。几个喜欢享受的人就睡在了差会那里，剩下的人则返回客栈。第二天早晨，我们再集合，朝西而去。

◎第四十章 夜晚骑行

出汾州府往西，平原逐渐变窄。沿着平原进入山谷，上面可以行驶马车的黄土路逐渐让位给石头路。渐渐地，我们发现自己的脚下已经不再是大路，而是某条既宽又浅的河流的河床。华北地区有很多这样的河流，它们有时呈现为汹涌的激流，有时则是一片片布满石头的不毛之地，只有潺潺的溪水从中缓缓流过。这就给了当地耕种者一个借口，似乎水土流失跟他们无关。山谷逐渐变窄，两侧的崖壁更加陡峭。山鹑尽情地鸣叫；野鸡也从山谷两旁跃起。打猎的枪声在山谷中回荡，发出吵闹的声响。路变得更加陡峭起来。骡子一步一步稳稳当当地向上爬；矮种马则连爬带滑地在后面跟着。盛野味的袋子变得沉重起来——很大程度上我们不得不依靠打野味解决肚皮问题。真希望我们能有时间和燃料来好好享用袋中的野味！

前方的山路隐匿在山谷边一处峭壁之中。峭壁上面离地大约四英尺高的地方有一排突起的岩石块，约莫两三英寸宽。那上头能看到不少石头。石头的间距和位置说明它们是有人特意放上去的。经过打听，才知道这些石头是赶路的人从河床上捡来的。他们把石头放在那上面是为了提醒他们信奉的各路神灵：他们正在旅途之中，他们没有忘记神，神当然也就乐意来保佑他们。

爬了几小时后，我们在一个拐角处发现了一个土屋，里面有热腾腾的小米粥卖。请注意随后的追赶。我们这些饥寒交迫骑马守卫骡队的人，获取食物的唯一机会就是急匆匆地要一碗冒着热气的小米粥。但是，骡子在行进，我们这些护卫者在后面磨蹭能行吗？骡子继续迈着令人发狂的步伐，脖子上的铃铛发出刺耳的声音，背上驮的货物来回摇摆，并且脸上还挂着淡漠的神态。相对于骆驼那让人难以忍受的傲慢而言，骡子只是表现得比较冷淡。我们一边吞咽食物，一边看着他们沿着上坡道行进。随后，我们赶忙跨上马，跟在他们后边攀爬着追赶，这不利于我们消化刚刚吞下的食物，对我们的胃也是一种伤害。不久，走在队伍前面和后面的年龄稍大的马累了，就放慢了脚步。骡子丝毫不知疲倦，仍兴奋地前进。虽然在骑手看来骡子的速度很慢，但是如果让骡子在前面不停歇地行进，马要尽量追赶它们，就会因体力耗尽而累垮。骡子从不停歇地劳作，而马则是陪伴性的动物，因为它有自己恰到好处的弱点，有时断时续的时候。状态不稳定的野兔——这种状态跟人类有得一比——该是多么憎恶乌龟的完美、冷血和一本正经啊！

寒风刺骨，路越来越难走，最后只有溪流中一条石头小径可以通行，小径两边都结着冰。可怜的马儿走在上面，一步三滑，跌跌绊绊。其中有一匹喂养着用来参加比赛，而不是用来做山地活的马，重重地摔倒了两三次。有一次，它把骑在上面的人压在了身下，骑马人爬起来，庆幸的是除了一条腿擦伤淤青外，其他没有大碍。由于耽搁，我们落在了后面，因为尽管骡子很容易通过，但是马却需要人在前头牵着，劝导和抚慰。只有这些猫一样的当地矮种马才会碰到这样的路。最后，当人都难以站稳的时候，马惊恐地哼哼着向后退缩，然后就跪下伏在地上，这也就不足为奇了。再努力一次后，路愈加陡峭，突然没了路，一大块完整的冰横挡在面前。约翰·理德①提到的有名的水滑道再一次出现，只不过已经结冰了。我们只好面对事实：我们走错了路，只能悲哀地去寻找正确的道。过了一会，我们发现一条小道，直通上山，然后又向下通向河床。显然，骡子和跟随它们的九个人是沿着这条道先走了。我等一个落在后面的人，另外有两个人慢慢地走在前面，与我们和前面的大队保持联系。离最近的落脚点还有几英里，天就慢慢变黑了。此时，队长和猎犬折回来找我们，因为天越来越黑，小道可能会越来越难走。马匹受到了惊吓，骑手当中至少有一位是强颜欢笑的。之后，四人小组的一位骑手因马精疲力竭而无法再走，他落在了后面，并与其他三个人的距离越拉越远。尽管既“喂……喂……”地喊叫又大声吹口哨，但他不久仍偏离了路，一条沟壑把他与其他三人隔开。在漆黑的峡谷，即使人站在几码之外，也很难被发现。队长沿着我们走过的路返回去，一边走一边不时地喊几声。另有一个人跟在队长后面，保持一定距离，以便能通过声音与他和留在原地的第三个人保持联系。最后，第四个人循着“喂……喂……”的召唤声，从他曾经迷过路的崖边棚屋群——匆忙中他一度以为可以在这里过夜——下来，终于再次回到河床。有一段时间，我们或牵着马，或骑着走几步。但是夜晚已经降临，天气寒冷，我们又落在其他人后面一大段距离。现在该是采取英勇措施的时候了，这事由队长来做。他跨上一匹最无气力的马，驱使它小跑起来，以这样的步速，领着我们沿着河床行进。鹅卵石上覆盖着一层薄薄的、光滑的冰，非常危险。恐怖的大卵石在黑暗中突兀而起，随时都有可能制造破坏。这本应当是一次非常不愉快的经历，但它实际上充满着快乐。因为在这里，不管怎样鲁莽行事都不会有人来管。索性我们就紧握着缰绳，心安理得、堂而皇之地快速行进。

---

① 英国著名小说《洛娜·杜恩：埃克斯默的爱情传奇》中的男主人公。——译者注

有多么悲伤、疯狂和糟糕，

就有多么惬意和美妙！

尽管很多时候是万分危险，但我们仍尽可能让马持续前进。我们走了一英里又一英里。后来，月亮爬上山脊，柔和的月光笼罩着河谷，我们的心充满感激之意。这时，河谷的两边不再像一座恐怖的监狱，而是显露出灰暗的山峰原貌。月光照射下，它们那浓重的、深蓝色的阴影斑驳陆离地投在河床上。走了一会儿，河谷豁然开阔起来，我们正朝一小块平原走去。最后，一个村庄，只是一个小村子，从阴影中浮现出来。我们沿着村子寻找客栈和我们的队伍，但是，走到头我们也没有发现什么。我们把村子里的杂货铺店主喊醒，从他那里仅仅得知我们的人已经朝西边三英里远的地方去了。没有办法，我们只好坚持着，继续追赶。若是在平日，三英里也就是一步之遥。但今天，这三英里却是“经历长途跋涉之后的最后几英里”时，那就不是一回事了。最后，他们在一个叫“吴城”的村庄停下来。在这里有两张大炕供我们睡觉，炕下面有煤火在加热。当吉米被我们推来搡去赶下炕后，空间才刚好够我们用。我们竟忽略了吉米这么久，这应该受到责备，在那些日子里，它是一个不能忽视的角色。它有自己的表达方式，以引起他人注意。当它把被射落的鸟儿叼到你面前，是想告诉你它是“一个快乐的好猎犬”。若它浑身是土待在你床上，或者羊皮上（事实上，它相当喜欢羊皮），它就是“一只令人讨厌的动物”，或者说“这个动物令人讨厌”，随便你怎么形容都行。在平时它只不过是一只“狗”。

今天的颠簸结束了，明天的事明天再说，至少晚上我们有床睡。此外还有能让人身体暖和、恢复体力，并让人镇定和提神的东西；简单地说，就是茶水。这不是那种颜色淡黄、喝起来无关痛痒的中国茶，而是口感醇厚、颜色偏暖的锡兰茶。它没有让人讨厌的所谓“对神经有好处”的虚假宣传。在陕西，它被称为“旅行者的乐趣”。

之后就是休息。我几乎要厌恶一个原本温和、无私的同伴，因为他说我的床位安排会让他无床可睡。他的要求真让人有点烦，要知道如果他一动，其他人也都必须跟着动。最后，我们总算安顿下来了，相互之间挤得很紧；装银子的箱子就放在会计的脚下，砖炕的热量从下面烘烤着我们。躺在砖炕上真是令人高兴！在困意潮涌、意识迷离之际，先前那些脚底打滑、奋力攀爬的画面，以及艰难下坡的痛苦场景浮现在眼前。然后便是一阵突如其来的狂喜，因为忽然意识到上述种种不快仅仅存在于记忆和想象中，而肉体上的“我”无论如何不是停留在过去——周围是呼啸的狂风，脚下是危险的冰块——而是在这里。这里让人感觉到的全是可靠、舒适、温暖和安全。就这样，关于夜晚骑行的画面逐渐消散，甚至从记忆中消失，代之而起的是睡眠和遗忘。

◎第四十一章　前往黄河

第二天清晨，我们早早离开吴城前往永宁。快中午时，我们从一座高山旁经过，看到山顶落着一只鹰。拿起 0.303 英寸口径的温彻斯特步枪，没有瞄准，凭着对距离的完美感觉，对着鹰的头部就把它打了下来。这是制作金雕的上好标本。早早到达永宁后，我们趁着天还没黑去搜寻保暖的鞋袜。在一个二手服装市场，我们设法找到了一些保暖的衣服，然后一个乐呵呵的巡警离开岗位带着我们转到一个毛毡制造商那里。我们和毛毡商商定，他晚上要制造出适合“ocean ghost children”（洋鬼子）大脚尺寸的毡袜。副军需官坚持认为“鬼”的意思是“无形的幽灵”，而不是“魔鬼”；无论如何，“ocean ghost children”要比旧式称谓“foreign devils”好听多了。① 但是，哎，人的计划总有不如意的地方。第二天一早，制造商就赶了过来，毡袜是够长，但宽度却是一般中国人的脚的宽度。他量了我们的脚有多长，却没有注意有多宽，结果他使用的是普通尺寸。这可真是有点呆板。

---

① 为了区别用词，这里特意保留了个别英文单词。——译者注

永宁到处是破败的景象，这是由饥荒还是水灾造成的，对此我们无从查明。街道上铺着鹅卵石，钉着脚掌的牲畜很讨厌在这上面行走，那些脚下肉垫很厚、体型庞大的骆驼同样不喜欢。我们一大早就出了城镇，沿着同样的鹅卵石街道继续行进，沿街两旁搭建着样子古怪的房子。这有点像处于高处的魁北克老城区，只是古雅变成了丑陋，映入眼帘的尽是泥墙。沿西郊外蜿蜒的路往下走，我们又走到了一条河床小道上。河上有一座又长又窄的小桥，其实是把18英寸宽的木板相连，由搁凳支撑建成的。一队骆驼正朝桥对面走来，一旦让前头的骆驼上了桥，对三分钟就能过桥的我们来说，那就意味着长时间的恼人等待。因为一长队骆驼是件让人畏惧的事。每头骆驼的鼻子上都穿着一根杆子，杆子上缠绕一根长长的绳子，把十几头骆驼连在一起。这样，一个赶骆驼的人就可以掌管①十几头骆驼。第二队领头的骆驼紧跟着第一队排尾的骆驼。大约有十几队这样的骆驼队伍。是的，你可以驱赶一头中国骆驼快点走，不准它再“闲庭信步”，而必须快步小跑起来，但这样对骑骆驼的人来说是很痛苦的，也会给骆驼驮的货物带来灾难。而且，如果一头急跑的骆驼走岔了路，所有其他的骆驼都会跟着走岔。

队长策马全速冲上桥，使劲打着手势，叫我们快点过去。于是，我们抢先过了桥，让那些咆哮的骆驼慢慢折腾去吧。

第八天傍晚的时候，我们抵达薛村。翌日，我们继续在山区里穿行，沿途景观壮丽，峭壁陡立。今天我们没有幸运地碰到鹰。而随行的小贩、马夫和仆人们又在呆板地讲述着某个已故名人的生前事迹。对于那些在中国旅行的人来说，这种情景再熟悉不过了。这其实是亚洲人祭奠先祖的一种特殊的方式。眼光掠过一个又深又宽的沟壑，突然发现对面有一对看起来恐怖、阴鸷的大鸟。这对鸟一动不动，起初还以为是雕刻在石头上的。

① 原文如此。——译者注

一般的人需要借助望远镜才能看清楚真相。它们是秃鹫一类的大鸟，静静地待在那里，邪恶、阴沉地俯瞰着山谷。伴随一记远射，我们心里暗暗在想，至少有一只被击中了吧，结果连两只鸟的毛都没碰到。飞溅的泥土快要落到它们脚边时，这些黑色的食腐动物才慢慢地舒展开翅膀，笨重、僵硬地飞起来，它们还在空中盘旋一两圈，似乎在蔑视我们，然后悠闲地飞越远处的山脊向北而去，最终从我们的视野里消失。

沿着山路，我们一会儿上，一会儿下地行进，一边是高峻的崖壁，另一边是万丈深渊。最后，我们翻越山顶，望见山下远处一条宽阔的河流闪耀着粼粼波光向西流去。接着，就是一段很长的下坡路，美丽的风景展现在马蹄的下方。最后，我们来到河滩边，顺着河走，终于找到了摆渡的船只。

我对穿越黄河的旧式通道有所了解。一旦登上船，两旁的浮冰顺流而下，刺骨的寒风会从冬衣缝口乘隙而入，谁也不知道这条道要走多久。因此，我催促不情愿的同伴尽量去买下那些看起来有点倒胃口的热米粥和蒸菜。于是，卖这些食品的商贩一顿忙乎。我们又利用这段空隙卸下马鞍和骡子驮载的行囊，因为等一下就要“轻言细语地”劝说这些牲畜登船了。船上一块搭板也没有，我们只好拉着马和骡子，用力催赶着，靠近船时，要它们跳上去，或者爬上去。体格大的牲畜则是被拉着尾巴拽上船的。最后我们都登上了船，船上非常混乱，四处是箱子、寝具、马辔、马鞍、人员和牲畜。重载的船穿过漂浮的冰块，冰块撞击船舷，发出咔哧咔哧的声音；接着，船驶进水流，快速顺流而下。没怎么感觉到船动，但是河岸、可怜的小棚屋和食品小贩却从我们身边嗖嗖而过，让人感到昏眩。还未等我们反应过来，河岸已经远去，岸上的人也变得模糊不清了。船工奋力滑动既当舵又作桨的东西，同时，有节奏地喊着号子“吆——哎，吼——哦”。牲畜在船上不安分地挪动着腿，我们尽力躲避开。至于热乎乎的山药和其他食物，我们先是用来暖手，然后才吃下去。

在途中

靠近山西一侧的黄河岸边（正在上船）

今天，我们进展得很顺利，很快就通过了黄河。安好马鞍，装好行囊，我们准备出发了。19 头牲畜，18 个人，还有行李。要支付给船工多少钱呢？会计最初估摸着给了他很少的一点，但是船工要求他“再大方一点”，因为他的“兄弟们”都很穷，都是吃苦的人。而且他们还和善地表示自己又不会贪多。这样会计又按照通常的收费加付一些钱给他。之后，已经骑上马出发的会计又返回来，给船工加了一些小费，船工们开心地笑了。全部花费不到 18 便士。按照西方的标准来衡量的话，这个数目少得可怜。只是因为我们本身所带的钱不多，但今后要做的事情和要花钱的地方却不少，所以会计才没有给船工们更多的、远远超过普通标准的钱。我们真诚地希望，不论哪个党派在中国的政治斗争中胜出，将来都有时间和意愿来改善一下轮渡系统。就它对船工、乘客和牲畜带来的苦难而言，真是罄竹难书。这条壮丽的黄河——它的淤沙和不确定性，它的可怕、乖戾和不可靠——对航行者而言用处不大，给耕种者也带来了太多的伤痛。什么时候才会出现一个可靠的政府来给黄河架设桥梁，并对它进行保护？谁又能够找到治理中国这条“哀伤之河”的方法呢？

◎ 第四十二章　我们是如何进到绥德州的

现在我们终于进入陕西境内了，这里完全是敌对区。我们第一次知道这一点是在离开黄河几百码远的地方，那里有一个所谓的海关站。现在的压榨者几天前驱逐了前任，他们送来请帖，约我们陪他们一起喝茶。我们明白，他们是想要我们承认他们的权威和合法性。我们拒绝与他们发生任何关系。由于我们看起来不太好对付，所以他们也没有强迫我们接受邀请。

在这革命一潭死水的地方我们能有什么发现？谁在当权呢？满族人，革命党，哥老会，还是毫不掩饰的雇佣军？只有一个办法能弄清事情真相，那就是亲自去寻找。

我们一直往上爬，最后，绕过一座小山，一副壮美的景象即呈现在眼前，山顶白雪覆盖，连绵有数英里长。我们似乎到了世界屋脊。看不到黄河，也分不出山西和陕西两省的边界。站在这个高高的、静谧而又纯净的地方，看不出平原的模样，也分辨不出平原和高山的界限。

路上见不到行人，我们走在这个奇妙的、洁白无瑕的世界里，没有受到什么干扰。那天晚上我们到达呼延，第二天朝绥德州进发。我们会在那里遇到什么呢？在路上，我们已经目睹了令人恐惧的哥老会的活动迹象，这个秘密会社在政府统治力量衰弱的时候，已经威胁着这一地区人民的生活。这里的店铺都已关门，甚至路边的村庄和集镇都普遍呈现出荒废的样子。绥德州会是什么样子呢？银号，库存丰盈的店铺，还有那些充满诱惑的东西都在哪里呢？在离城 20 英里远的地方，我们遇到一伙行人，他们说那里的外国人已准备第二天离城。我们来得正是时候。内心深处，我们真诚地感谢上帝的安排。我们派出三名先遣队员赶在大队抵达前先去做安排。靠近绥德城的时候，许多人告诉我们城里的外国人正打算离开。很明显，他们和他们的工作众人皆知，而且他们的行动已成为局势进展如何的一个征兆。

我们终于看到绥德城了。该城建在山上，山傍河拔地而起，河从山脚流过。我们直奔最近的城门，却被告知只有城南门还开放。在那儿，民众阴沉着脸站在城墙的制高点，焦虑地盯着前来入城的行人，防备着潜在敌人。进城的人必须绕很远的路，再爬上一条狭窄的隘道，在这里只需驻守一小队坚定的士兵就能抵御敌人的进攻。靠近东南城墙时，我们发现城垛上飘扬着陌生的旗帜。上面的守卫者是哥老会，还是其他人呢？灯笼挂在高高的杆子上，为夜晚值班的守卫照明，到处弥漫着一种混乱、野蛮的气氛。转过最后一个拐角，城南门出现在眼前。一群可怜的民众簇拥在城门外，他们装备着旧式滑膛枪、新铸造的粗糙的刀剑、连枷、棍棒以及任何他们能找到的东西。这些人在警惕地值守着，防备土匪来袭。“外国人”，有人喊了一声，但话音里没有明显的敌意。我们希望能平静地不费力地进到城里。但是，随着我们逐渐靠近，他们变得警觉起来，狂野地喊叫着冲进城内，哐当一声关上了门。

绥德州的城门及城门守卫

城门两侧各挂着一个土匪的首级，首级旁边都张贴着公告。

城门入口的两边悬挂着狰狞的人头，它们靠头发拴在城墙的钉子上。这一下子让人感到恐怖而恶心、肮脏、血腥。还有最重要的是，感觉这个帝国，或者说共和国的边远地区几乎没有希望。谁会派军队进驻这些山中要塞？谁会坚决对付这些匪徒，并给这个国家带来和平？

但是，我们现在没有时间去恐惧和沮丧？我们还有事情需要立即去做，那就是让城门打开。通过城门上的大间隙，我们和守城的人协商，向他们说明我们的和平意图，并出示我们的有效证件，最后他们被说服了。城门摇摇摆摆地向后打开一个足够大的缝隙，以便人和马能通过。城门通道两边排列着该城的民兵，这些人都装备着陈旧的武器。我们说服一个人作向导。这人领着我们穿过令人不快的城市，赶往教会院落。我们在前面走，人群紧紧地尾随而行。转过最后一个拐角，沿着狭长的小巷向上走，穿过教会院落的进门通道，最后我们涌入一个花园。以前这个花园面积虽小，但很漂亮——就背井离乡者而言，这是营造家庭的可怜努力；不过现在却是一番凄凉、荒废的景象。在这里我们见到一位外国人，既然他不是武明道先生，那他一定是科默福德先生。凭借天马行空的联想，历史上著名的问候语涌上心头："我想，你就是利文斯顿医生吧。"① 然后传来急促的应答声，我的老朋友武明道走了出来，很高兴看到他脸上显露出宽慰和感激的表情。此刻，所有坚强忍耐的长篇故事，无数个夜晚的极度恐慌和白天焦虑不已的徘徊，都被他浓缩成了一句生动的问候语，他嘟囔着："感谢上帝，你们终于来了！感谢上帝，你们终于来了！"

① 利文斯顿是英国著名的探险家、传教士、非洲探险的最伟大人物之一。1870 年，《纽约先驱报》记者亨利·斯坦利受命前往非洲腹地寻找据悉已经失踪的利文斯顿。1871 年，斯坦利等人费尽艰辛终于找到了利文斯顿，见面时斯坦利的问候语"我想，你就是利文斯顿医生吧?"一时家喻户晓。——译者注

◎ 第四十三章　绥德州的政情

人们普遍相信陕北地区的民众热衷于抢劫，就像康沃尔沿海地区的民众对掠夺遇难船只和走私感兴趣那样。当然，陕北人也干些耕种和贩盐的工作，只不过他们的生活主要是被相互争斗和抢劫所占据，同时又因其与哥老会有那么点关系而掺杂了政治色彩。这大概就是人们印象中陕北人的生存方式。在从北京到广州的中国东部各地老百姓心中，陕西北部就是一个地处蛮荒且盗匪猖獗的渊薮；而陕西南部，尽管有其辉煌的历史，现在又是革命之区，但也好不到哪里去。

乍看之下，人们可能会同意这样的观点。尤其对那些在1911年底初次来到绥德州的人而言，唯一的评价似乎也不过如此。但是，经过一番考虑和探究之后，他们可能会修改这样的结论。首先，康沃尔沿海那些抢劫遇难船只的人是从外界掠夺财富，而陕北人的抢劫却只是在内部进行。因为从抢劫者的角度来看，来陕北旅行的外地人寥寥无几。于是，我们不得不问，这些当地人到底要抢劫谁？是互相抢夺吗？难道他们像那个著名城镇的居民一样，一半人依靠帮另一半人洗衣服来维持生存吗？引用欧几里得的话说："这是荒谬的。"我们不主张对这个地区进行全盘否定和诋毁的另外一个原因，就是在正常时期，绥德州的商贸活动还是比较稳定，并且规模庞大（商人通常把货物装进容量巨大而且护卫良好的车队）。有这样一个商贸中心存在，就意味着大量工作勤恳而又正派的民众能够通过耕种和饲养牲畜来赚取购买生活用品所需的资金。

尽管绥德州的南、西、东三面都是荒芜的小山，北面却有一片平原，这里有一些繁荣的村庄。但靠近鄂尔多斯沙漠的地方就是这个平原的边界了。由此可见中国这块难以进入的地方与外部世界之间是多么隔绝。从省城西安府到绥德州需要十四天的行程，从那里来的消息传递得很慢，沿途还不断被添油加醋，等到达绥德州的时候已经走样了。而榆林府离这里有两天的路程，它从西北方向扼守着绥德州。从这个方向传来的消息也是以各种奇怪的谣言形式存在的——它们来自那些从俄国出发，然后越过蒙古沙漠的骆驼队。

最容易走的一边是东面，朝黄河方向。

11 月 14 日，有位信差从延安府前来。该府位于绥德州南面五天路程远的地方。他带来一封信，信中描述了那里的混乱状况和有关西安府所发生的事情的传闻。

就在这时候，突然又出现了一个新情况。这就是学生的返乡。即使在绥德州，也有一些家境比较宽裕和有抱负的家庭会把孩子送到西安府的新式学堂读书。通常，这些年轻人在年底回家，他们被认为是具有现代知识的人，会受到尊重和推崇。不过，他们现在回家的模样，却意味着毁灭与灾难，表明旧秩序已经荡然无存。因为这些时代的骄子们是迈着蹒跚的步履回到家的，身上带伤，饥肠辘辘，甚至是赤身露体。在这次革命的酝酿过程中，新式学堂的学生们做了大量工作。革命爆发后，一些学生即刻适应了新形势和变化了的环境。但是，也有一些人却无法把握机会并获得职位，因为他们做不到厚颜无耻和狡诈奸佞，而后者往往又是成功攫取权力的前提。而且，他们并没有真正领会爱国主义的内涵，因而没有足够的精神动力以支撑他们渡过难关。这些年轻人在先前的秩序中失去了立身之处，但又无法在新秩序中找到自己的立足点，因而只能与那些可怜的难民一起，被毁灭的洪流迅猛卷走。绝望之余，他们就如同一般中国人和登山者所做的那样，径直奔家而去。当前形势下，这么做意味着要遭受摇身变为“勇士”的土匪们的折磨，意味着在困难的环境里进行艰难的旅行；但是，眼下他们已经失去了判断力，只是出于本能，转而向北而去。在距离西安府北部一两天路程的地方，那些仍然留着发辫的人被抓了，原来他们被那里的哥老会当成了敌人。他们抗议，但是对方置之不理，他们要求学生的特权，却换来嘲弄。很显然，中国已经发生了变化。在那里，学者曾经有崇高的地位，崇尚学问和礼仪的风气曾十分盛行，但是现在好战的精神十分猖獗，其统治方式极其粗暴。这些学生被抢、被打，甚至被剥光衣服，一路上受尽了路人的嘲笑。在进入绥德州前，他们已经设法乞讨到一些粗劣的麻袋布裹在身上。带着这种装扮，他们一瘸一拐地进了城。他们的可怜境况，加上他们对事件经历的辛酸讲述，让人们知道了西安府发生的令人毛骨悚然的屠杀和暴行。

从西安府前往绥德州的道路已经完全处于哥老会的控制之下，他们在路上随意拦截人。他们还闯进了沿途几个城镇：宜君、北同官和其他一些地方。绥德州因此陷入一片恐慌，家家户户惊慌失措。

很明显，绥德州不能指望从南面得到援助；东面除了荒山、黄河，就是一个当前可能对绥德州持敌意的省份；北部和西部被榆林府守军控制，他们什么事情都可能做得出来。绥德州无法从外部得到支援，只能依靠自己。当人们审视所掌握的资源时，他们发现自己面对的是上层厚颜无耻的贪污腐化和下层民众的麻木不仁，这也使得外国人对中国的未来感到悲观。不过，中国也有一类人具有无私的爱国精神，他们为了国家可以坚决放弃自己谋取私利的要求和机会。这种人为数不多但却清晰可见，他们也预示着中国的未来还是有希望的。孙中山博士就是最著名的例子，他让出临时大总统职位，以便袁世凯阁下能更好地维持国家的稳定。不幸的是，绥德州没有这样爱国的变革者（reformer）。其实，城里的军事指挥官统率着100名装备精良的士兵。为了维持这支队伍，他还向老百姓征收赋税。在这个节骨眼上，这100名装备好而又训练有素的士兵对绥德州来说至关重要，因为它能形成一个核心，有能力把人们凝聚在它的周围。在这危急关头，那些官员侍从、下层民众和衙门差役等，其实都可以成为征召的对象。然而，并没有这样一支队伍挺身而出；那些本应守卫城池的人的口袋里有的只是不义之财。这就是“压榨”。

留在城里的还有知州、士绅和民众。知州是一位友好和善的人，一位中国式的哈姆雷特，他感觉很倒霉，在这无望的颠倒混乱的时代，他要肩负起在这个地区重整乾坤的责任。但他唯一的对策只是眼泪，以及威胁自杀。他有两次试图自行了断，但是他的部下、同事以及城里的士绅都紧紧地盯着他。他们坚定地认为：当局应该有一个形式上的长官，这样随之而来的责任就有人承担。按照习惯和法律，他这位身着官服的人就应该接受随后的责任追究。于是，他们的一个阴谋就是让官服穿在当前这个人身上。可想而知，其他每一个可能的继任者都坚决反对这官服降临到自己身上。

士绅发现知州毫无用处（除了作替罪羊），而军队长官又只会骗人，于是他们便开始采取主动。汉语中一般所称的“士绅”包括退休官员、与官员关系密切的人、学者、富裕商人和地主等，大体而言，就是指在这个国家中有一定分量的人——这是辉格党曾用过的一个很好的说法。这些士绅雇人在晚上看守城墙。陌生人不允许进入城里，除非他能找到城里人作担保。不幸的是，士绅之间的团结只维持了一两天。三天后，他们就变得混乱不堪了，统一行动让位于彼此怀疑，接踵而来的就是行动的瘫痪。

城里还有普通民众。尽管群龙无首、无知和恐慌，但在这危急关头他们却证明自己并非无用。他们组建了一支民兵，就连60多岁身体虚弱的老头和年仅16岁的男孩都参加进来。而且，他们还想方设法弄到了棍棒、大刀和破剑。拿着这些武器，他们各自在街道上巡逻，或者轮流守卫城墙和城门。可怕的哥老会成员已经潜伏在城里，人们担心他们会乘机勾结外面的同伙拿下这座城池。

这种状态持续了一周。西安府有没有政府还不确定，这个政府采取什么样的政策、发布什么样的命令都还只是猜测。11月10日，从西安的胜利者那里发来一通布告，这给绥德城带来片刻安宁。但是，不法分子很快就认识到布告是一回事，它能否执行则是另一回事。没有军队的话，新政府的法令根本无法实施。而所有可用的部队都在陕西南部忙于战斗，至少几周，或许几个月内，都无法腾出手到北部来监督法令的实施。怎么才能阻止绥德城内的不法分子恣意行事呢？城里的穷人尽可能聚集在一起，以求互保。但在周边的乡村，匪徒肆虐，几乎每天都传出可悲的消息：有的乡民服毒自杀，有的背井离乡，四处漂泊，并常常惨死在山里。

11月22日，大约有数千榆林府士兵发生哗变。这里的人特别憎恨一位年龄大的警官，他们控告他恣意勒索。在冲突中，这名官员似乎进行了勇敢的还击。他爬进一座阁楼或塔楼，在射杀了几名攻击者之后才被撂倒。然后，他们抓住他，把他拖到一个用来给马轧草料的器具前。这些人被愤怒和胜利冲晕了头，最终报复性地把他横放在这个器具里面，像轧稻草一样把他杀害了。

12月10日，绥德州出现了一伙谋叛者，他们对银子和权力贪婪至极，并试图夺取政权。他们全副武装，强行闯入衙门内，强迫知州交出官印。这样一来，绥德城变得比以前更加混乱。城门打开后，妇女和孩子都逃往乡村、洞穴和山区去寻找可能避难的处所。

12月10日，哥老会蓄谋已久的进攻开始了。攻击持续了整整一个晚上，绥德州的男人们为保护自己的家园和妇孺而战。尽管没有得到地方官和军队的支援，城里的士绅也只是半信半疑地给予了少许帮助，但绥德州的男性平民们却一直奋战到底。那个令人畏惧的会党越过四川边界，一路席卷而来——哪怕是省城里更先进的革命党也要对其退让三分，还要容忍它的一些非分要求——却在这里遭到了公然抵抗。由于无法得到任何政府的迅速驰援，而自己的家园就要被摧毁，所以绥德城的民众们毫不屈服，进行了坚决反抗，并至少是止住了混乱的状况。

激烈的进攻持续了整整一晚。但在第二天早晨，进攻者撤退了。不过，他们的撤退并非协商一致的行动，完全就是仓皇而逃。愤怒的民众们抓住这一点，发起了反击。他们打开城门，追歼那些士气低落的敌人，一共杀死 18 人，活捉 5 人。与汉口或北京的战果相比，这个数字是非常小的。但是我们现在讲的是绥德州这个小地方，而且这次持续时间很短的小事件所产生的心理影响是巨大的：它让人们放下心来，它也表明哥老会不是不可战胜的。仅仅在一天以前，哥老会就已经来过。他们装扮成士兵，还被人们当作政府的公务人员。然后他们卸下所有伪装，突袭衙门，索要 10000 两银子（1250 英镑），并要求承认他们的头领为该城的行政长官。我们不清楚当时他们为什么没能利用好已有的优势，但当时发生的情况是这样的：他们在城里留下了 3 个人。夜幕降临后，这些人准备在城南门开火，赶走那里的守卫。如果成功，就打开城门迎接他们的大部队。但他们高估了现代快枪的火力，以为可以轻易对付那些装备低劣而又缺乏训练的志愿守城者。他们的阴谋失败了，绥德州暂时得救了。

◎ 第四十四章　听天由命的人质

现在，我们把关注的目光从城里的政治情况转向个人层面的苦难经历。相较该省其他地方的情形而言，那些身处绥德州的英国人所遭遇的困难具有典型性，因此我们要对他们的经历以及他们在动乱中采取的行动详加叙述。其实，不论什么地方，只要有外国人生活而又与外界断绝联系，就会产生同样的问题。只不过在绥德州，也许是因为它长期与西方世界隔绝，再加上中国新近发生的运动使各地的形势大有变化，才使得外国人在这里的遭遇更加严峻。

在1910年之前，偶尔有外国人造访这个地区。有些探险家、博物学家，[①] 有时还有巡回布道的新教传教士经过这里。一两位意大利神父曾在这个地方待过几年。实际上，天主教的传教活动已经在这里持续了好几代人的时间，只不过他们的工作主要是在以天主教为主体的村子展开，因此没能使当地老百姓对他们这些外国人的出现习以为常。他们仍然被视为异端，或者是不祥之人。直到1910年，这里还没有外国人家

① 参见克拉克、苏柯仁著《穿越陕甘》。——原注

庭定居，没有外国人公开生活，也就没能打破当地民众对外国人的偏见以及他们的愚昧无知。然而，极度落后的哥老会却在这里拥有大批追随者。考虑到以上情形，我们就不难理解居住在那里的一位英国人所做出的论断。他写道："作为一个极端排外的中心，绥德州臭名昭著已经很久了。"

前文提过，外部世界的传闻有时是以严重扭曲的形式从榆林府传入绥德州。1911 年初，一条异乎寻常的坏消息传来。这条消息源自既可恨又可怕的俄国人，从库伦经蒙古大漠，并越过那神秘的白色世界经鄂尔多斯沙漠传来陕北。消息说俄国人正准备入侵中国，他们将取道离绥德州西北方向两天路程的榆林府进入陕西。对于我们来说，这样荒谬的传闻根本不值一提，但对那些排外心理严重的中国人来说可就没这么容易了。不去核查这种传言的真实性，对于中国人自身来说不公平，对于将来我们改善和他们的关系也没有好处。这些传言虽然扭曲变形，但却反映出中国人排外行动的症结所在。因为只有通过这种扭曲的形式，中国人才能为其排外行动找到某些理由，以避免外交上的纠纷，并逃过历史学家的如实记录。

在绥德州民众的观念里，当前来自北方的灾难威胁似乎与允许英国人居住在他们境内这一事实有关。是谁允许他们来的呢？他们在城内的代理人和担保人是谁？搜一搜，找出这些人来。只要俄国人一出现，这些人就得死。即使在第一波对外国人的怒潮过去后，市民们仍然满腹狐疑。是谁让庄稼歉收，牲口死亡？城里不是有外国人吗？即便这些外国人遵纪守法、举止得当、穿着体面，那又如何？即便他们说话诚实、做事公正，那又怎样？难道他们不是陌生人吗？没错，他们给病人看病，教小孩读书，乐善好施，并向那些生活在他们当中的人宣讲美好的未来，使其鼓起生活的勇气。但是，如果他们的出现冒犯了那看不见却又威力巨大的"风水"，那又该当如何呢？要知道，这"风水"可是能主导人的运气、健康和生育的力量。哥老会从前的口号不是把外国人和那些可恶的满人列在一起，并当成恶魔要驱赶出去吗？当意识到何等严重的灾难即将降临到他们身上，而他们中间却还生活着外国人，想一想这会带来怎样的感受吧！这不是单纯的谣言，这里可是一座即将毁灭的城市：悲惨而又紧迫，即使是最弱智的人也能感觉得到。此前，有一些外国人与这里的民众关系融洽，但现在他们彼此不再拜访，走在街道上，也相互视而不见。

与此同时，绥德州的外国人正从南方的同伴那里获取一些消息，这帮助他们了解这个不幸的省份所受灾难的严重程度。11 月 6 日，从绥德州以南约 10 天路程远的中部县递来一封信。这封信是荣安居医生写好并在西安府封起来的。此前绥德州的外国人就听说过西安府南郊的谋杀案，现在他们通过这封信又了解到唐纳德·史密斯夫妇可能也被谋杀了。这个从可靠渠道传来的消息，使部分绥德州的外国人丧失了希望。他们只能得出这样的结论：陕西的运动现在已经明确地转向排外。尽管认识到这一点，但是他们仍像往常一样生活，从不把内心的想法讲出来。只是当他们走在城镇的街道上、城墙上以及公共场合时，要比以往更加小心。在这样行走时，他们会表现出一副快乐的样子，对市民阴沉的面容与怀疑的目光视而不见。他们彼此之间则会营造出更多的欢乐气氛，并对彼此的感受更加敏锐和体贴。在这一小群外国人中间，没有哪一个像那位英国妇女一样勇敢和睿智。这位妇女有两个小孩需要照顾，她雇佣的当地帮工整日担惊受怕，而她又看不到任何能从外界获得帮助的征兆。但是，执着于内心的信念和慈爱，她用心整理家务，尽量让其他人感觉到舒适。她就是这样，通过制造出纯粹的家庭氛围，以摆脱绝望和恐慌的阴影。

他们需要鼓起全部的勇气。想往南去，却无法雇到骡夫。与此同时，身边的帮工又都在吵着离开。这些人是从西安府带过来的，说是不想在这个陌生的地方卖命，在这里他们属于被怀疑、被厌恶的对象。

外国人居住区并没有配备武器，但城里的人以为这些外国人一定武装得很好，所以，日复一日，这个地方并未遭到攻击。在这个时候，官方文告没什么价值。在缺乏强制实施手段的情况下，人们很少尊重和服从那些官方文告。那位外国人，连同他那听天由命的人质——两个小孩子和他勇敢的妻子——在那些日子里只得忍受各种毫无预兆的欺凌，如被抢、被骗和被毁约。

11 月 9 日，几周前随荣安居医生及其夫人离开绥德州的骡夫回来了。他带回消息说荣安居医生一家在中部县附近遭遇抢劫，之后他们逃往山里去了。

12 月 3 日，一个当地人信使从太原府来到这里。他带来的信中说，英国公使建议，只要道路能通，外国人就应离开此地前往沿海。信里还说，有两三个外国人正在努力赶来帮助他们。后来他们费了很大的劲说服一些骡夫去尝试向南通往西安府的道路，但没有人愿意尝试东边去往太原府的路，他们要是知道这才是最安全的路线就好了。出发的日期定在 12 月 8 日。此前一天，一些哥老会成员进入城内，部分人如前一章所述的那样前往衙门，其他人则奔向外国人居住区，并在那里的四周来回走动。这些人在商量计划的时候，被大门附近一个房间里的人听到了。据说他们是想等哥老会的大队人马一进城，马上就进攻外国人居住的教会院落，这些人还说“外国人有很多银子，我们进去后不能留下一个活口”。

到 8 日的时候，要想离开已经不可能了，出发的日期重新定在 12 日。到 12 月 10 日，他们已经放弃了从外部获得帮助的希望，但还是用轻快的口气说：“一定是发生了什么事（比如战斗、抢劫，等等），阻止了祈仰德来到这里。”

12 月 11 日，他们带着沉重的心情作最后准备，心里也非常清楚他们将要走的道路劫匪成群。对他们来说，这可真是黎明前最黑暗的时刻：那天下午 4 点钟的时候，作为救援先遣队的 3 名外国人来到了这里。

◎ 第四十五章　撤离绥德州

12 月 12 日一整天，我们都在忙着维护和修理各种器具、洗澡、洗衣服、采购马匹和寻找食物。最后一项可不是件容易的事，因为那个时候要想买到食品已经越发困难了。那天有传言说在城市另一端有半头猪在出售，但结果证明这只不过是又一个让人寄托希望、讨人喜欢的谎话而已。能买到一打鸡蛋就是一个令人喜悦的收获了。幸好我们这些新进城的人带了很多打来的野味。现在我们需要增加一名护卫，需要储备好物资，另外恐怕还得再雇一头驮骡。

教会的院子里呈现出一派欢乐和喧嚣的场景。当地帮工终于长舒了一口气。但有一个人例外。这个人很卑鄙，他咆哮着威胁说要给他一大笔钱，否则他就煽动当地居民来对付他的雇主。这样的人很危险，我们都想教训他一下。我们告诉他，他不能随同大部队前往西安，既然他想自行其是，那么就一条道走到底吧。倒是被他冒犯和侮辱的雇主出面替他求情，这才让他摆脱了被留在绥德州或是单独旅行的厄运。

前一天的晚上，一听说我们已经进城，几个信差便极其秘密地从衙门赶来。在确定不会被偷听后，他们才开始谈正事。原来，绥德州的地方官恳求我们保护他，并带他一同前往西安。此前他已经三番两次试图自杀，而我们这一小股从东边赶来而又携带武器的外国人又使他燃起了一线希望。但我们用明白无误且很正式的口吻回复信差说：我们不能带他走。信差们垂头丧气地带着我们的答复回去了。于是，我们通过其他渠道让他们的上司明白：外面的公共道路，即便不再是“皇帝的马路”，至少在理论上它还是“人民的”。言下之意，如果他以平民的身份碰巧与我们同行，我们就不能对他说不；只不过在我们抵达休息点，寻找住处的时候，不一定会关照他。

对一名中国官员来说，这个暗示再清楚不过了，于是他赶紧行动起来，为上路准备一些必需物品。但是，唉，这只是美好的希望！他的每一步行动都被人家盯梢，他的意图也被泄露了。于是，大批士绅聚集到衙门，毫不掩饰地告诉他：他们不会允许他离开。尽管他不被信任，没有权力，但他仍旧是这个地方名义上的最高长官，还有一些号召力，也是一个必要的替罪羊。因此，他必须待在他的位置上。

这位可怜的绅士心烦意乱，他怀着光宗耀祖的期望，考取功名，玩弄阴谋诡计，也找了关系，最重要的是还花了钱，这才得到绥德知州的位子。然而，他那具有讽刺意味的命运对于他目前的荒诞处境却连一个怜悯的微笑都舍不得给！通过研读古典名篇而获得的学术上的成就感，对于他这个在绥德州政治风暴的强风中冻得瑟瑟发抖的人来说，却也只能提供一丁点可怜的温暖。然而这就是他的全部。对于过去的错误和现在的不公，他没有义愤填膺的怒火；重建的中国看起来阳光普照，但也没能辐射出慷慨的热量，有的只是令人恐惧的担忧和绝望的悲伤。或许亲情还在，但此时他与家人两地相隔。大约十几天后，他的妻子和女儿将从西安前来绥德州与他团聚。但她们在路上遭到袭击，随从们不是被杀、逃散，就是被制服。

不幸的母女被掳走。虽然她们完全能猜到她们将要面临怎样悲惨的命运，但却没有机会通过自杀来保全自己。还算仁慈的是，这位忧伤的丈夫和父亲此时并不知道以后将要发生的事情。否则，那一天凄凉地待在绥德州衙门的他，不会是意志消沉，而是撕心裂肺。

我们是在13日起程的，但不是早晨7点，而是下午1点。原本答应6点就赶来的骡子没有出现。直到上午，我们定的骡子才有一拨没一拨地被赶过来。原来骡夫害怕骡子被没收充公，不敢把它们留在城里过夜，故把它们都赶到3英里或更远的乡村去了。但我们这里一切都打包好了，火也熄灭了，就等着出发。所以在等待骡子的几个小时里，我们非常恼火，徒劳地派人四处寻找，甚至搜遍了衙门的马厩。

耽搁期间，那位英国母亲和孩子只能安顿在骡轿里面的垫子上，也只有这个地方还能够遮风取暖。而骡子、骡夫、客栈老板以及农夫们，则乱作一团，情形凄惨。终于，难题解决了。因为我们突然看到一群骡子，其中一个骡夫正在卸鞍。我们不清楚他们是怎么到那里的，当然这跟我们也没多大关系。那骡夫说这些骡子并不是我们先前预定的。可我们管不了那么多，接下来就是一阵激烈的争吵。结果这些骡子被我们征用了。那骡夫还算识相，乖乖地同意跟我们走。我们总算起程了，就像往常一样，对于谁应驮载更重货物的争执组成了不和谐的序曲。队伍在街道上慢慢蜿蜒而行，3顶骡轿，13名骑手，20只骡子，其中一些载货不多的骡子上还坐着人，其他骡子则满载而行，队员们簇拥在前后，叫喊着，打着各种手势。后来我们通过南门出城，那上面还挂着可怕的战利品①。然后我们沿着城郊零落的街道前行，并爬上城门对面的小山。那时，绥德州的民众纷纷从城墙上的垛口、城门以及塔楼上目送我们离开。感觉我们回到了中世纪。

---

① 即上文提到的匪徒的人头。——译者注

起初约摸1英里的路程，有几个城里的民兵随同“保护”。其中一位民兵是个面相温和的矮胖子，他拿着把短兵器，有点像刀又有点像剑，身边跟着的是个16岁的勇武少年。我们对他们的装备实在不敢恭维，但那件难以形容的武器却在最近的战斗中杀了不止一个人。这个矮胖子，看上去有点像缩小版的福斯塔夫①。他说起了一位近来居住在城里的医务传教士，那位传教士的努力工作及献身精神打动了他。言谈间，他憧憬着绥德州将来能拥有让人自豪的教会医院。

这些“卫士”原本可以陪我们走得更远，甚至一直送到西安，直到他们提出了一个奇怪的问题：“回来的时候如果没有你们，那谁来保护我们呢？”

从绥德州撤离

① 莎士比亚作品中的喜剧人物。——译者注

北京英国使馆入口处

站在山顶，我们转身回望这座城市，很想知道它在不久的将来会发生什么事情。哥老会暂时被击退了，但这座城市能一次又一次地抵挡住他们的进攻吗？所有的荣耀都要给那些勇敢而又朴实的人，给那些真正的民主主义者。在这波涛汹涌的乱潮中，他们并不懂得政治的潜流，而只是为自己的家园而战，为秩序和体面而战，留下那些装腔作势的人和浑水摸鱼的人高喊革命的口号。

我们刚走到大路上，各种奇奇怪怪的人就出现了。他们不知道是从哪里冒出来的，一个个把自己夹在队伍中间。这里一个人骑着头虚弱又驮满东西的驴子；那里一个人跨在一匹矮种马上，那马看来是见证过主人的光辉岁月；还有驮骡，尽管经受着长期的奴役，但它那倔强的性格始终不改；也有徒步行走的人，肩上扛着行李和包袱。他们都是从这座摇摇欲坠的城市里逃出来的。他们知道在我们的队伍里会比较安全，因而都想抓住这个向南逃亡的好机会。后来，我们发现这些人挤进来之后，整个队伍过于零散，现有的11个人根本照顾不过来，于是我们坚决清除掉那些中途插进来的人。随后这些人又紧紧地跟在我们最后一个队员的后面。但过不了几小时，他们又混了进来，我们只好重新清理一遍。这样的一支队伍可真是反常而又少见！那些驮马和驮骡在前进时做不到步调一致；驴子也不行，无论是跟马还是跟骡子，都不能同步。关于轿子的情况需要专门的一章来介绍。太原府的骡子身体强壮，性情温顺，照料得也好，除了外国人骑的马以外，它们的能力胜过其他任何牲畜。当然，在我们的旅途中最可靠的还是这些马。它们载着骑手们跑上跑下，维护秩序，指挥队伍，鼓舞士气。有时候它们把路堵住，迫使最前面的牲畜停下来，等那些掉队者赶上，这就使我们的队伍看起来不总是处于脱节状态。有时它们又载着骑手跑到后面，催促落在最后的牲畜快点走，这通常是由骑手亲自替那个人驱赶牲畜才得以完成。看来只在队伍前面和后面安排护卫的老办法得调整一下。每顶轿子都要派专人照料，而那些做后卫工作的人，也要采取更积极的措施才行。至于他们究竟怎样说服一个没精打采的赶驴人加快速度，我们就不去细说了。反正他们总得想出办法来。他们也确实做到了，有时靠严词催促，有时是甜言蜜语，也有的时候要用棍棒鞭打。

在半天时间里，这支散乱而笨拙的队伍要行进18英里才能到达一处足够容纳这么大一群人的客栈。我们是下午1点钟启程的，而那一天的白昼已经接近一年当中最短的时候。前方的道路突然没入一个山谷，中间出现了一条结冰的河，两边是高耸而又阴暗的峭壁。一连好几天，我们都在这样令人沮丧的景观中穿行，几乎看不到变化。下午4点左右，在我们右边的峭壁上，可以看到一些农民正在忙着加固一处要塞。他们的方法很简单，就是把要塞周边已经松散的黄土刨下来，任其坠下30多英尺高的峭壁。而这座峭壁与下面的谷底几乎成垂直角度。一有危险的征兆，农民们就会在峭壁上方的窑洞或高墙围绕的院子里集合。而他们在各处有利位置都派驻了侦察员，警惕着陌生人的接近。

当我们的两名骑手听到上面传来隆隆的轰鸣声时，他们几乎位于那座简陋要塞的正下方。加固要塞的人没有考虑下面会不会有人经过，就把一大块泥土刨了下来。这个大土块下坠时卷起下面陡坡上松散的泥土，结果酿成一次小型的山体滑坡。骑手们不知道这个大土块会落在哪里，而他们所在的地方又过于狭窄，没办法策马掉头。他们所能做的只有一件事，就是用尽全力抽打马匹。幸运的是那两匹马精神头很足，被鞭打后奋力向前跃起，然后在狭窄的山谷里狂奔。他们刚一离开这个地方，大土块就砸了下来，跟随在后面的骑手们幸好及时勒住了缰绳。

夜幕降临了。尽管付出了很大努力，我们的队伍还是变得很散乱。在这山谷的底部，没什么光亮照射进来，头顶的星星在深蓝色的天幕上闪烁着，它们似乎很愿意从峭壁的边缘窥视下面的深谷，我们这支疲惫而又渺小的队伍就在这里面蹒跚而行。岩石路上那些浅窝，在中午耀眼的阳光下明明是一个个水坑，现在却都变成了危险的冰块。走在上面，即便是骡子也要小心翼翼，还不时需要骡夫的帮助。在这种情况下，我们尽力采取各种可能的防范措施，慢慢地往前挪了两个小时。最后，我们无意中看到了一群以客栈为主的建筑物，它们修建在斜坡上，想来是为了防范因春天雪水融化而导致的河水上涨。原来，这个建筑群是由两三家客栈以及它们的附属建筑组成的。当我们的轿子通过客栈那座低矮的门楼时费了很大的劲。四五个手脚麻利的男人，有的拉，有的推，有的托举，有的掌握轿子的平衡，其间伴随着人们声嘶力竭的叫喊声，而那轿子在往里挤的时候也不断与门楼发生碰撞和摩擦。当我们集合在客栈院子里的时候，又冷又饿，还很疲倦，可是我们发现有一顶轿子不见了。负责照料这顶轿子的人几乎是我们这支队伍中最年轻的一位，最近才从哈佛大学来到中国，他开始接触这个国家及其语言也就两三个月而已。我们的会计转回身去找，他一路连跑带爬，四处叫喊；他太心急了，以至于没有去想他这样高调会不会被坏人盯上；回来后他严厉谴责了自己。庆幸的是，在这里人们几乎不可能迷路，因为就只有一条主路可走。不止一次我们似乎听到微弱的铃铛声从远处的黑暗中传来，但每一次都证明那不过是幻觉。真正打破寂静的，只是一些鸟儿发出的轻微响动。走失的轿子里面没有乘客，而是装着贵重物品和银两。难道是发生了背叛？还是因为遭到攻击以致年轻的护卫已遇不测？终于，微弱但却真实的铃铛声从山谷里传来，越来越响，越来越清晰，最后那顶轿子摇摇晃晃地从黑暗中出现了，骡子、骡夫、马和骑手都已是筋疲力尽——那头可怜的殿后的骡子，背上驮着的重物东摇西摆，要靠疲倦的骡夫不断地用肩膀顶着帮忙才得以坚持下来。

原来，在客栈以北 3 英里处，四五个武装分子突然从黑暗中闪出来，他们向我们的人问话，多半是企图勒索财物。但借着灯笼闪烁的光线，他们赫然看见一位年轻的美国人，不说话，也不回答问题，正一本正经地拿着把 6 发式左轮手枪，警惕地注视着他们。这些人倒吸了一口凉气，转身消失在黑暗里。

到达客栈后，我们发现人员和行李需要适当地整顿一下，而我们也都期盼着能有一顿晚餐。但对军需官和厨师来说，这可都是十分劳累的工作。因为我们是在天黑到达，寝具、箱子以及骡子驮载的货物杂乱无章地散落在客栈院子里。在四处寻找所需物品的时候，必须睁大了眼睛，以免被牲畜踢上一蹄子。

想象一下吧，这样一个客栈，即使在光景最好的时候也显得寒酸，现在却塞进这么大一群人，还有一位带着两个小孩的英国妇女，其中一个小孩才出生 12 周。在离开绥德州前的一段时间里，这位妇女每天都过得很紧张。尽管长时间蜷缩在狭窄的轿子里，又冷又饿，还疲惫不堪，甚至还被人从轿子里摔到地上，但今天晚上，她并没有抱怨，反而是对男人们为她提供这样棘手的服务报之以温言鼓励和真诚感激。而我们也不大惊小怪。如果她从哪个人的被套或是什么意想不到的地方找到一块干净的布，并把它铺在桌面上，我们只会微笑着称赞：而如果那块布弄脏了，我们也不会皱一下眉头。最重要的是，“把屋子整理好”并不会伤害到我们的感情。同时她也是一位睿智而优雅的女士，她能克制住帮其他人整理的冲动——尽管这都是些粗鲁的单身汉和暂别妻子的男人。

第二天早晨，与客栈老板结账的时间到了。“住宿”费用是有弹性的，老板温和地放弃了出价的权利，让我们的会计决定支付的数额。会计立即给出一个不合理的小数目，老板看来是被刺痛了，于是讨价还价的游戏正式开始。其间，我们也要老板凭良心办事。当双方就最终数目达成一致后，银子——除非是有成串的现钱——必须用秤来称，而为了用多少碎银子来补足必需的数额，又耗去了很多时间和精力。有时候，内心的愤怒是需要宣泄的。应该承认，在讨价还价的过程中，会计对那个老板是摆了点脸色的。但是，会计坚持认为，我们 9 人当中的那位艺术家的画作［第 243 页(原书)］，尽管是想表现这个讨价还价的场景，但它显然不太厚道，对会计本人的名誉也是一种损害，当然就是不真实的。

今天我们出发时，只用了 2 顶轿子而不是昨天的 3 顶。但是，我们可以来谈一下有关骡轿的全部问题。

会计与旅馆老板讨价还价

◎ 第四十六章　骡轿的使用

总的来说，骡轿是一种令人厌恶的东西。但不能说它是一种异常事物，尽管在诸多贬义词当中有人愿意使用这个词；因为异常通常是指背离常规，而骡轿从来就不是遵循常规的产物，因而也就无所谓背离。

恐怕也有那种对骡轿十分着迷的乘客，说是坐在里面会很舒服，就像有人会在误导之下，愿意为一支瑞士海军、一片芝加哥丛林或者是为威斯敏斯特大教堂的修复而战。但是，不管它怎样异于常规，我们还是来谈一下这种轿子，因为它在当地是一种人尽皆知的事物。

两根笨重而又粗糙的长杆，加上几根能起一些固定作用的横档，就构成了骡轿的基础部分。在这上面缠上绳索，铺上席子，就形成了中国人喜欢称之为“窝”的东西，可怜的乘客就坐在里面“休息”。上面还会搭上几条弯曲的木棍，也铺上席子，这就是轿顶了。随后，两头不幸的牲畜被拉过来，两个粗糙的木制驮鞍则被安置在它们的背上。

等乘客把自己塞进轿窝以后，骡夫和近边的帮手就把轿子抬起来。接下来就是把骡子赶到轿杆末端的下方，然后把杆子压到骡背上的驮鞍里。此前骡子就领略过其中的滋味，因此激烈地反抗。这个时候，为了迫使它就范，中国内地人也都熟悉的一些马戏手段就派上用场了。

在计算租用骡轿的费用时，这一地区的中国人采用一种奇特的方式，就是把驮轿的 2 头骡子按照 3 头计算。这大概是因为交易双方都默认这样一种观点，即 2 头骡子的确难以承受这样一副重担。奇怪的是，骡夫却只计 1 个人，尽管有时候他至少需要 6 个大人和 1 个男孩来帮忙。为了让骡轿顺利前进，他不光要哄好前面的骡子，还要不时责骂后面的骡子；有时他得用自己的肩膀使劲顶着轿杆；而当后面那头可怜的骡子因承受不住轿子的重量往下跌倒时，他就得抓住它的尾巴往上拽；当前面的骡子快要踩到悬崖边上时，他又必须勒住它的头往里拉；如果前面出现挡路的大石头，他就要拖着整套装置往前挪，以帮助后面的骡子越过障碍，因为它几乎看不见前面的路。最重要的是，如果轿子侧翻，倒霉的乘客被甩出来，他必须赶紧扶起来，然后重新装配好骡轿，以继续前进。

骡轿在静止时无法保持稳定，它只能靠骡子在行进过程中找到平衡。只要没有被放下来或者因为发生事故而被甩出去，那么乘客就得忍受一种悬空的状态。他被高高地抬起，轿窝因头重脚轻而左右摇摆，与此同时还得经受那种令人恶心的前后晃动。在轿子里面，你无法端坐，不能躺着，甚至无法给婴儿喂奶。在这里，生命变成了一连串的否定，有时还叫人崩溃。这骡轿并不是沿着直线往前走，而是左摇右晃地蹒跚而行。有一句不太礼貌的忠告是这样说的："如果不能直着走，那就横着走吧。"这句话用来形容骡轿仍嫌平淡。想让骡轿端正而体面地前进，那么前后两头骡子就得具备相同的高度、力量和速度；它们应该是一种钢铁和蒸汽的组合，而不是血与肉的结合体。

有一副骡轿，它后面那头骡子只比驴子稍微大一点。背上是摇晃的重担，脚底是打滑的冰道，它打了好几个趔趄。但最糟糕的情况还是发生在入夜以后。在一片宽阔的河面上，有座脆弱的桥梁：其实就是几块狭窄的木板，上面铺着些树枝和泥土，下面是几个支架撑着。在即将通过这座桥的时候，前面的骡子一脚踩空，它挣扎着要收回脚但却失败了，还带倒了后面的小骡子，那小骡子毫无反抗力，于是整副骡轿就从桥上跌落到冰面。在跌落过程中，轿窝里的妇女和孩子被甩了出来，可怜的女士没能抱住孩子。小家伙不到 3 个月大，一直躺在冰面上，直到一个救援的人跌跌撞撞地来到她身边。

轿子被扶起来，母亲和孩子又坐了回去，因为那是唯一能给她们带来温暖的地方。接着就是长时间的等待，直到从另外一副骡轿上换来一头更强壮的骡子。然后这副跌倒的骡轿跟它那可怜的、被甩出去的乘客又重新上路了。另一顶轿子满载着银两、贵重物品和其他行李；由于被换走了一头强壮的骡子，它的负担就更重了。它就是前文提到的那顶由美国小伙子负责保护的轿子。因为后面那头换来的小骡子已经是筋疲力尽，因此这支小分队远远落在了后面。第二天早晨，这顶轿子就被拆散成各种零部件，而骡子则使用普通的驮鞍来驮运行李，这样走起来就容易多了。

另外两顶轿子必须一直使用到西安：其中一顶坐着奶妈和一个两岁半的孩子，另一顶坐着那位母亲和她的宝宝。这位女士早晨 7 点就得坐进这顶轿子，直到下午五六点钟我们停下来过夜时才下轿——中途不能下来，除非是发生事故而被抛出去。她只能待在这座摇摇晃晃而又危机四伏的“监狱”里；道路的一边是峭壁，另一边是悬崖；她看着骡子慢慢走下表面结冰的斜坡，看着马儿从面前经过，但她不敢挪动一下位置，生怕她的宝宝会掉出来。尽管如此，她却从不抱怨：在不方便说话时，她会安静从容地待着，一旦条件许可，她就微笑着给人们鼓劲。教会团体也许会为他们中的某些男人感到自豪，但他们背后的妻子同样值得尊敬。熟悉查尔默斯的读者会对这个新几内亚人的英雄事迹深表钦佩；但是，如果了解到那两个女人的顽强坚持和英勇无畏，了解到她们都曾先后与死神擦肩而过，那么这个人就会认识到他的耐心是多么有限，他的忍受能力、他的忠诚以及他的信仰是多么渺小。

◎ 第四十七章　延安府：谈谈中国的农民

日复一日我们向南行进，不断在群山中穿进穿出，有时是沿着结冰的河流往前走，有时则要跨过它们。周遭的世界很安静，人们似乎都睡着了。只有在遇到野生动物的时候，才会有一些激动，并让人恢复一点自信。

12 月 17 日，星期天，延安府已在眼前。哥老会的旗帜飘扬在城墙上，向这个备受威胁而又颓废沮丧的地方炫耀着他们的胜利。

再靠近一些，我们发现那些旗帜似乎是表明这个地方仍有生气的唯一标志，至于对外人的防范和抵御，那就更谈不上了。城门是洞开的，门里门外都没看到一个人。城门内侧 50 码远的地方有一个空荡荡的岗哨亭和一座废弃的卫兵室。近边是个茶馆，里面有一两个闲人，猛地看见来了全副武装的外国人，他们才警觉起来。继续往前走，我们不得不打听教会院落的位置，这样就耽搁了一下，并引来了一些无精打采的人跟着看热闹。这里的人看起来既不兴奋，又不激动，也不会像绥德州民众那样表现出自我救赎的质朴勇气。

这里的地方政府曾经自命不凡，它在名义上统治着从东南端到西北端远达 14 天路程的地区，但这个政府早已衰败。回望这座城市模糊而又遥远的岁月，你能瞥见它过去曾经拥有的辉煌。然而，作为这种辉煌的表现和标志的城市活力早已泯灭。如今在这里占据支配地位的是停滞不前和腐化堕落，以及一小批没有伟大灵魂却又以这座城市辉煌历史的继承者自居的人。延安府所在的陕西省在这场伟大革命中起过先驱作用，也曾是革命同盟的领导者。但直到“共和国”迎来降生的阵痛，延安府都只是顶着过去荣誉的空壳而无所作为，只留下无尽的叹息和遗憾。现在，延安府正面临它最后的耻辱，丑角占据着舞台，卑劣的强盗成了城市的主宰。这些强盗毫无哥老会的威猛与刚强，只是玷污了这个组织的名誉。

延安府在最近这场动乱中的表现在其他著作中已经有所描述，[①] 因此，除了一些与我们的使命直接相关的情形，其他的就没有必要在这里多讲了。

我们来到教会院落。过去，这儿全是生机与活力，充满着憧憬和希望。但如今，这里也只剩下空空如也的房子和一片寂静。传教士和他的妻子以及孩子已经在前一天的早上离开延安府。但他们身上并没有足够的盘缠前往西安府，而他们所雇请的轿夫和挑夫成分复杂，并不可靠。尽管有三四个所谓的民兵随同保护，但他们所要穿越的却是一片混乱地区的中心地带，相对而言他们的人数少得可怜。传教士一家因为资金缺乏而离开延安府，但却不敢想象前面会有什么在等着他们。本地一位足智多谋的福音传道士找到一个勇敢的农民。这个农民愿意立刻开始赶路，整个傍晚和晚上都不停歇，直到追上逃亡的传教士一家，告诉他们不要再继续冒险前进。在目前这个罪恶横行的地区，很多人为了迅速致富而诉诸无耻欺诈，但这位农民却不辞辛劳，不顾危险，愉快地承担起这项任务。他绝不会劫夺财物，也不要听别人的赞扬；他并非出于敬慕某个人，也不知道什么是公共责任。

---

① 见司慕德著：《身陷中国革命》。——原注

他只有一个朴素的愿望，那就是多赚点钱，以便更多地照顾他的家庭，更好地经营他那块土地。在西安府，曾有一个满人冒着生命危险从城墙上吊下来，逃往农村地区；他的敌人到处都是，随时都有被抓的可能。后来他遇到一位农民，便哭喊着哀求他的怜悯："救救我，救救我！"显然，他属于这个农民所憎恨的种族：这位农民很容易就能召集到一群汉人前来对付这个逃亡者。但是相反，他却带领这个满人沿着小路，离开这座正在发生暴动的城市，离开这个地区，昼夜兼程，一直护送他进入临近安全的省份，从而使他远离那些日子里陕西的野蛮与残暴。这个满人一无所有，他的家园已成废墟，那位农民搭救他，并不指望获得报酬，而仅仅是出于自己的同情心。这样的例子还有很多。在城市里，疯狂的杀戮扭曲着人们的生活，但在外面的乡村，在那些农民身上，我们仍然可以找到通情达理和任劳任怨的品格。至少在陕西省的南部地区，那些逃往乡村的避难者一路上不会受到骚扰，有时还能得到真正的人道主义对待。匪徒还是有的——在一些乡村，厚颜无耻的地方恶霸或者是那些醉心仕途的人也许会煽动村民制造暴乱，特别是当这些人滥用自己在哥老会中的职权的时候。但是普通农民却保持着清醒头脑，他们克勤克俭，谨守自己的本分，对那些不幸的求助者也能张开双臂。只要真正了解和接近这个伟大的阶级——他们是这个民族的脊梁——我们就会知道那种悲观看待中国未来的立场是错误的。这个国家的政客也许腐化堕落，但是它的农民与世界其他地方的农民一样是刚健有力的。他们节俭、宽容，也称得上诚实；他们深深眷恋自己的家园，也能把这种感情升华为对国家的热爱；他们珍爱妇女的名誉，具有朴素的欲望和简单的需求；就是这样一些人，在他们中间蕴藏着一个真正伟大民族的元素。然而，岸边泛起的浮渣却上升到中国这口炽热的政治大锅的顶层，扭曲了他们的形象，也让西方世界在匆忙之中对中国人的本质属性产生了错误的认识。他们被寄生官僚压榨，得不到公正的司法对待；而传统的陈规陋俗又束缚着他们的手脚，这是因为中国那种有害的教育方式已使经典著作的教育意义丧失殆尽。他们眼中看不到开阔的世界，耳朵听不到神的声音。尽管如此，中国的农民依然立场坚定，忠于生活，忠于自己。但与此同时，黎明已经破晓，他们可以期待司法的公正与平等，可以期待年轻人更丰富的生活，可以期待对妇女更好的照顾。无论如何，世界已经向他们敞开，他们将享用树上的果实，将冲破以往的闭塞，从而进入一个更宽广的世界。在这个世界里，各不相同而又错综复杂的民族利益彼此冲突，相互碰撞。但在他们出发之前，在那柄闪亮的、不可回撤之剑将他们永远与陈旧的宗族生活，与几个世纪平静而又与世隔绝的岁月割裂之前，在他们的童年时代即将走向终点之际，也让他们听听在花园里散步的上帝的声音吧。让他们借此获得一些所需的知识，以帮助他们消除盲目的自满，带给他们对未来的希望，并为他们指明前进的道路。同时也要让他们知道，他们所面对的并非只有严厉的斗争，更有伟大的命运与光明的希望。

◎第四十八章　去甘泉：谈谈中国的统治者

我们希望此前派出的信使能够劝阻传教士一行人不要继续往前走。但这需要随信给他们带去一些实质性的东西，否则那些挑夫很可能会拒绝在路上停留一天。假如能给他们可信的保证，就是说一支全副武装的外国人即将前来，那他们就会乐意停下来等。但这些人已经因为恐惧而意志消沉，传教士如果仅凭说辞，很可能会跟他们起冲突。还在延安府的时候，这些人就声称，不论外国人来不来，他们都要走。现在传教士仅凭空头承诺和口头劝说，免不了会受他们摆布。然而目前尚在延安府的救援队没办法强行军，也不能指望随队的任何一匹马能够一天赶两天的路，因为它们已经艰难地走了十五天山路。除非让它们不顾一切才有可能做到这一点，但是在它们前面还有将近一个月的路程要走。

于是，我们派了三个人赶往当地最高官员的衙门，找到当时的在位者。那个人几天前还是个磨坊主，没有受过教育，可能也没多大声望。但他是哥老会的一个头目，为人精明，又有阅历，这使他在权力斗争中能够排挤掉那些单纯的革命理论家和学生，尽管这些人都是绅士。

这个时候他已经十分警觉，在各个城门口都派驻了守卫，还把市议会召集起来以便商讨最新出现的情况，他认为这是最好的办法。

借着灯笼微弱的光线，我们穿过一些空荡荡的院子和门厅，最后在一个清冷而简陋的房间停下来，地方官就在那里处理公务。与这么一个人周旋真是件可悲的事，谁知道这间陋室的阴暗角落里以及这个人的内心深处此刻正藏着什么对付我们的阴谋。尽管如此，他却是这个地方行政权力的代表，我们还指望从他那里获得马匹及其中继的帮助，以便能够追上那个已经向南行进了两天的英国家庭。最后他答应给我们提供两匹马，指派一位骑马的向导，并要往南二十英里远的甘泉当局给我们提供替换马匹。

天刚破晓，我们的两个人就在跺脚大骂衙门的背信弃义，狂躁地搜寻衙门承诺的马。八点钟的时候，来了两匹身体状况令人惊愕的老马以及一个向导，这个向导让他的马走在我们的后面，并紧紧抓住缰绳，生怕我们抢走似的。一路上的情形这里就不讲了，总之无论是马还是鞍，无论是行进的步伐还是道路，都令人深恶痛绝。十一点钟我们抵达甘泉。

这里的衙门口只有一个笨拙的小伙子。问了一两句，我们就知道再跟他啰唆只会浪费时间和精力。于是我们骑马进了大门，穿过一个又一个荒废的院子，最后看到一个孤零零的老仆人。没时间跟他寒暄，我们急切地告诉他我们想面见地方官本人。过了一会儿，来了位上了点年纪的绅士，他就是甘泉的行政长官。

他可谓身逢乱世。平日里在衙门周边晃荡的那些游手好闲之辈此时已成群离开，去做更有利可图的事情或者寻找更安全的所在。现在他们或许正在某个地方挥舞着旗帜。衙门里只剩下一位贴身仆人和一个苦力。马厩里只能找到两匹瘦弱的老马，它们的脊背如果裸露着不盖东西，会让人觉得恶心。那段时间，行政长官如果因公出行需要坐骑，就得去租借驴子。他向我们讲述了他的故事。当西安府发生的事情传到这座小城以后，城里的头面人物——士绅与商铺老板——吵着来见他。匪徒已经在整个地区蜂拥而起，控制了各条道路，随时都有可能武装劫掠这座城市。任何一个可供藏身的地方都留给了妇女：离枯井口很深的井墙上凿出的小室、远离主干道的洞穴、劫匪不感兴趣的村庄等。除此之外，他们什么都做不了。这位地方官建议他们关闭店门，静待局势的发展。这里不可能进行系统性防御，因为城墙已成废墟，没有守军，也没有枪支。但是，至少这里的地方官还保持着镇静，既有胆识又有尊严。“让我们肩并肩站在一起，保持镇定，结成防线”，他提议道，“眼泪和哭泣没有用，逃跑只会更方便外面的匪徒，我们团结在一起还有希望震慑他们，甚至如果他们攻进城，我们也许还能做点什么。至少还有官府在这里代表着这座城市，你们要知道，无论遇到什么危险，你们的地方官都会与你们同呼吸，共命运。”这就是这座城市的父母官对他的子民给予忠告的要点，直白而有点渲染过度。他明白，对于民众来说，丧失头脑——在比喻意义上——就是真的失去它们的前奏。

在那长达几个星期的艰难日子里，他促使民众保持冷静，从而拯救了这个小地方。

他是一位旧式的儒学绅士。在当下这“共和”年代，当某人去新政府拜访完或办完事，他就会怀念起以前在旧衙门感受到的良好教养和谦恭有礼。旧式的矜持与节制没有了，但它的替代物却至今未见。新政府里的人不懂礼貌，办事拖沓，很难让人感到舒适。在这里，替代以前那些懒散官僚的，是一群同样寡廉鲜耻的人，但却没人敢压着他们表现得像旧式官员那样礼貌待人。共和宣言的声音仍然回荡在空中，有关新中国的梦想的片断也还是人们新鲜的记忆，但是在新统治者的身边我们却找不到品行端正、做事认真的人。这真的令人失望。

这些都意味着革新者没有足够多的人才以供分配。在沿海各省，人们有理由期待大量具有公益精神的人可以充任公职：这些人受过教育，处事有经验，工作认真而又专注。但是那些地处中国内陆的，更加落后的省份却并非如此。在旧政权统治下，地方官员由中央直接任命，而且一般是从其他省份的一大批候补官员中选任的。虽然他们都有各自的缺点和局限，但至少他们有良好的教养，知晓政府机构的运作。但在目前的新秩序中，每条铰链都转动得很艰难，每个螺栓都有故障，而每个轮子都发出令人惊恐的啸叫。

即使共和政府能从上海、广州或北京的精英圈子和一些“雅各宾俱乐部”① 中选拔到足够的优秀人才，但是在西北省份，困难仍然会存在。因为这里每个省都对其他省充满着戒备，它们因狭隘的地方意识而妄自尊大，因自给自足而夸夸其谈。在那里，只有“我们自己省”的人才能成为领导者。“中国人的中国”这个口号在这里已经蜕变为“陕西人的陕西”。若不是涉及的问题极其严重而且前景悲观，那么结局或许会是喜剧。但现在，需要的人来不了，重要的职位只能被那些暴发户、乡巴佬和寄生虫占据。这种状况会得到及时的自我纠正，实际上目前已经在这么做了，因为有一些高层或接近高层的精明人士，鉴于形势的紧迫，并遵从事物本身的逻辑，已经指派一些人来这个地区担任领导。尽管这些人是从外省来的，或许还未得到人们的承认，但是他们受过教育，经验充足，富有公益精神。

甘泉的行政长官写了一封信，委托我们交给他曾经任职的河南府以及北京的子民。在那个动乱时刻，这很有可能是他所能传递出的最后消息。衙门里那两匹老马，我们只挑选了一匹，并给它装上马鞍。然后我们在从延安府骑来的三匹马中选了一匹最精神的，作为我们继续赶路的坐骑。

因为更换马匹，我们一直拖延到下午两点才出发，这时白昼已经很短了。与这样的动物一起赶路真是一件累人的活。最后四英里路程我们是徒步跋涉完成的。这真是一段枯燥乏味的旅程：一个人在前，另一个殿后，中间是两匹马。走在前面的马，也就是刚从甘泉换来的那匹，被我们哄着

① 法国大革命中著名政治团体。——译者注

往前走；对于后面那匹，我们只能不停地鞭打，这头可怜的畜牲实在是需要吃上马料并且到马棚休息了。

时间和空间只不过是思维的方式，这个说法太对了。在那个时候，我们已经感觉不到时间。我们只知道反反复复地抬起一只脚，放下另一只脚；同时机械性地叫喊着，拽拉着，抽打着；那时也感觉不到空间，无所谓远近也无所谓距离，只是周而复始地运动，而不管前进了多少。当时的情景在记忆中留下的是一个令人困惑而又虚幻的世界，在那里面旅行已经告一段落；那时脑海中还出现了一个虚拟的场景，那里从来没有黑夜，没有坚冰，也没有荒野。但是，这样的记忆和场景不是真实的。它们是虚幻的，直到一缕光线闪烁在山谷中，紧接着就看到一些房子的朦胧身影，然后就是一扇客栈的门。当沉重的大门在我们面前缓缓打开，当微弱的光亮照见了草料堆和饮马槽，康德和疲倦就一起消失了。对马来说，这意味着休息和食物；对人而言，不仅是这些，它还意味着目标的达成，意味着友情：

君有阳光道，笔直一线通；
我有小天地，心系情爱中。①

从我们追上司慕德先生以及他的妻子和孩子，一直到全体人员抵达西安府，司慕德已经在他的书②中对这期间发生的故事进行了描写，这里就没必要重述了。12 月 27 日，救援队全体人员抵达陕西省会西安府。

---

① 引文作者为英国诗人罗伯特·布朗宁，译文依据吕志鲁：《英语爱情名诗选译》，武汉出版社 2003 年版，第 161 页。——译者注

② 《身陷中国革命》。——原注

第三部分　撤离陕西

◎第四十九章　旅行队

谋事在人，成事在天。在北京和太原府，我们只想到如何制订计划，帮助那些身陷兵荒马乱的男男女女脱离险境。我们以为因战乱而导致的各种危险是我们要去克服的主要困难，也是这些人迅速而安全撤离的唯一障碍。但是我们没有想过其他一些因素也会阻碍人们撤离。然而，一旦了解到那些不愿撤离的人们所具有的耐心和勇气，我们也觉得他们确实应该这么做。利他主义、理想情怀以及奉献精神促使他们来到这里，在这危难关头，这些精神力量又一次发挥作用。但必须指出，尽管在某些场合下，因受当地特殊情势所驱使，某些人不能拂袖而去，然而就大多数人而言，逃往沿海地区也是一种负责任的表现。

日后担任陕西政府非正式顾问的那个人①此时尚

① 即邵涤源。——译者注

未对新领导层产生后来那种支配力和影响力。尽管如此，陕西的新领导者已经开始就一些问题向他咨询了。虽然这个时候他对新政府的影响力究竟有多大还难以确知，但这种影响力是在不断增长的，这使他不愿意离开西安府。就他而言，离开这么一种庞杂而又高度组织化的工作绝非易事。在他看来，无论这个政府有多完善，但如果在几个月时间里没有内地布道会的代表来指引，那它也会面临很大的困难。就如同很久以前的米利都，当导师兼朋友即将乘船离去时，那些长者们仍然聚在一起悲伤流泪。①

对于那些医务传教士来说，问题相对简单。他们有患者需要照顾，因此还不能够离开。这个时候他们已经在跟革命军的红十字会一起工作了。我们担心撤离的路上会有伤员或其他意外情况而需要医疗救助，因此恳求他们中的一个跟我们走，他就是这样才不情愿地离开了陕西。

西安府医院里的伤员

① 这是《圣经》中描述的保罗在米利都布道后即将离开时的场景。——译者注

除此之外，绝大多数人必须离开。美国政府的命令非常明确。英国政府只是让它的侨民自行决定是否离开，因为它担心撤离途中所面临的危险也许比留在陕西还要大。最终确定下来的外国人撤离名单包括 26 个成年人、6 名儿童，再加上从太原府赶来的 9 名救援队男性成员，一共是 41 人。

至于撤离的路线，我们决定先往东去潼关，到那里再讨论下一步行动，看是渡过黄河进入山西南部，还是尾随革命军前往河南并借势穿越清军防线。

至于交通工具，只能是找到什么就用什么。如果可能的话，我们希望全部使用同一种交通工具，这样就能保证整个队伍以统一的步调行进。从西安府到河南府之间的道路非常难走，有人提出请求，希望能为部分女士提供轿子。但是，这里偏偏缺少一种交通工具，那就是骡轿！而现在雇人的价钱已经涨得非常高了，因为马车夫、轿夫和骡夫都不敢让自己及其牲畜去这样的路上冒险。数小时乃至数天的时间就这样浪费在与这些人以及他们的客栈老板兼债权人的讨价还价之中。

最后我们准备就绪，组成了一个包括大车、驮骡和轿椅在内的旅行队。我们还费了很大力气从革命军将领那里借来了步枪，使得救援队伍的男性成员都配上了武器，从而增强了潜在的战斗力。

我们的队伍穿过东关，进入空旷的原野。只见轿夫们气喘吁吁，步履急促，嘶哑着嗓子诅咒那些挡住他们去路或迫使他们绕弯子的人；驮骡行动迟缓，步态僵硬，背上的行李摇摇晃晃，笼头上的金属片闪闪发光，骡夫们吆喝着、拖拉着、咒骂着驱使它们前进；而当笨重的大车驶过时，只听见皮鞭啪啪作响，赶车人大喊大叫；队伍里的马儿则上蹿下跳，四处奔跑。还有许多额外的追随者！这当然不是对陕西共和的恭维。这些中国人是因为待在这里担惊受怕，而宁愿去往陈腐又专制的帝国政府那边。教师和学生，商人和衙役，甚至是一些为了安全起见装扮成士兵的妇女，都挤在我们的队伍里，使之不断膨胀。其中一个最悲惨的追随者是后来在陕州遇到的。他是一位年老的广东人，掌管着一个电报局——他不是操作员，而是经理。他的方言我们很难懂，但他那口洋泾浜英语充当了我们之间的媒介。老人说在他眼中，我们"都跟神一样"。我们就是他的救星。在这之前他已经准备赴死了。他对陕西的看法跟沿海地区那些普通中国人是一样的。现在这支特别的陕西军队——大部分是哥老会成员，还有一些是前土匪头子王天纵的喽啰——控制着陕州，他认为他的死期就要到了。他"所有东西都被抢了"，因此在人面前哀叹自己的命运。那天深夜，他坐起来与一个能用洋泾浜英语自由交谈的英国人长聊。当仆人离开，门窗关好，窗帘放下后，这位老先生拿掉一些墙板和砖块，里面就是他"全部的家当"，是总值300两的银锭。此前，他已经拿出足够多的银两交给那些兵匪，以使他们相信他已经身无分文。假如他把银两统统藏起来的话，那他可能连一文都剩不下，甚至会被枪毙。正是因为他交出了一部分钱财，这才保住了性命。现在又碰到这样的机会，能随同我们离开这个他再也不想看一眼的省份。他那"全部的家当"如今就成了他离开此地的盘缠。

从西安府出发的第一天，队伍中有三辆大车一度由一个新手负责照看。后来这支小分队脱离大部队，走上一条小路，并且很快就碰上一个"泥坑"——这是在中国道路上旅行的噩梦。后来他们解下其中两辆大车骡子上的轭具，让它们与另外一头骡子一起用力，才把第三辆车——就是陷进淤泥的那辆——给拉出来。但由于这次拖延，它们远远落在了旅行队后面。当他们最后被人发现时，正缓慢行驶在去往临潼的路上。是救援队的一个人一边追赶一边向村民们打听才找到他们的。然后对他们进行了警告和劝勉，他们就咧着嘴笑。直到那天深夜，这三辆迟到的大车才找到并获准进入临潼的西门。但当他们隆隆地驶上城里狭窄而又凹凸不平的街道时，才发现他们还得从南门出城，前往附近的硫黄温泉，因为我们的大部队是在这里的客栈过夜。

那些习惯于在中国旅行的人，知道行程中需要哪些东西，只要有十分钟的时间，他们就能从那些看似不起眼的路边摊弄到浓浓的肉汤或菜汤。但是，我们这支旅行队是以行军般的节奏前进，这首先就给他们出了难题。我看到队伍里有两名可怜的妇女，她们让大车停下来，以便在路边购买一些冒着热气的豆浆。天气非常寒冷，相对于没经验的人来说，她们很清楚那些看起来苍白而又泛着点粉色的东西多么有价值。以前她们在乡村四处游走传播福音时，吃的就是当地人的简朴食物。突然间，她们意识到因为自己停下来购物，而导致后面一长串大车都不得不停下来等。她们很内疚，其中一个人迅速从大车里面取出一个锡杯，把豆浆倒进去，然后从车上下来，迈开步子跟上已经重新启动的大车快速前进，手里则小心翼翼地举着那杯豆浆，直到其温度凉到可以喝为止。之所以如此，是因为她很清楚在中国道路上行驶的大车并不能当作餐厅来用。在英国皮克地区行驶的火车，也只有在上行爬坡的时候才提供用餐服务。而在中国，大车所行驶的道路没有那么陡峭，但即便在上坡时，车子里面也不可能平稳到可以当作餐厅的程度。只有让车子完全停下来，才有可能做到这一点。甚至在这种时候，拉车的骡子也有可能会突然起步前进，如果乘客正好端着一杯满满的还很烫手的液体，那他就倒霉了。经历过这样的遭遇，他就会知道什么才是这种骡子拉的两轮大车的“尊严”。

但是，被迫停车的情况是我们不想遇到的。尽管如此，我们单调的旅行还是经常被一些意外所打断，比如说大车侧翻，骡子掀掉货物，或者是车轮陷入淤泥而迫使大家停下来帮忙，等等。我们的生活绝不乏味。驮骡子可能不得不坚持不懈地往前走，但那些拉大车的骡子则有的是手段来跟我们捣乱。但不管怎么样，所有这些我们都挺过来了。

唉！旅行的结束并非总是伴随恋人的重逢，对我们而言，经常要去面对的，却是无趣而又让人恼火的寻找客栈的问题——这需要另外一章来讲述。

◎第五十章　住宿问题

为 42 个外国人①以及超过这一数目 2 倍的中国人安排住宿是一个颇费思量的问题。在我们经过的城镇，一半客栈都被士兵占据了，而另一半则因为此前驻军的缘故遭到破坏。出发的第一晚是在临潼度过的，问题还好解决。从在渭南的第二晚起，直到抵达瑞典人在渑池的住所为止，住宿问题都比较棘手。最简单的办法莫过于实行学校那种宿舍制度：一间给男人，另一间给女人。但是最大胆的组织者恐怕也不会建议给宝宝们单独安排一间宿舍。后来发现最切实可行的方法，是找到三个客栈——哪怕是三处临时凑合的地方。然后瑞典人住一个，英国人住另一个，第三个就留给那些单身汉以及妻子不在身边的单身男人。在英国人和瑞典人中，各有四名单身女性，她们都是英国浸礼会妇女传道部的传道者。比较理想的方案，是给每个家庭分配一间房子，然后给这四位女士分配一间。但哪有这么多房间！大多数在中国旅行的西方人在住宿时都会占据客栈的上房。但现在有这么多人都要过夜，

① 原文如此。前文为 41 个外国人。——译者注

因此有一些人就只得安顿在侧边更小的房间里。在这种情况下，我们大多数人可能都想知道“那些‘仆役们’睡在哪里”。然后就意识到，最好不要深究这个问题。“总之他们有地方睡就是了”，这样一想我们就不会觉得有什么过意不去。他们是有地方睡！现在，对那些曾是这支令人难忘的旅行队的成员们来说，这已经不再是秘密。旅行队一个温和的书记员清楚地记得，当他试图从牲口棚抱走一些稻草去垫在他铺盖下面时，那个骡夫表现出怎样的愤怒。书记员很纳闷：牲口的腹部又不需要垫那么多稻草，拿一些去铺在人身子下面怎么不行呢？

在这种环境下，我们的穿着就尽量简单化了。在最后一天的晚上，我们待在河南府火车站的候车室里。一群男人就那么四散着躺在地板上。这已经算是奢侈的了，因为地板是木制的。这时候已经非常晚了。只有可怜的会计还坐在昏暗的灯光下，对着账目，数着零钞，算着队员们的“酒钱”。第二天还必须得早起。队长严厉叮嘱大家要做好起床的准备，以便能够立刻登车。（我们争取到的碰巧是一节行李车，但这已经不是什么重要问题了。）时间一到，队长发现一个人行动迟缓——确切地说，为了睡觉还特别整理了床铺的就是这个人——便命令他迅速起身。“我不会拖太久，睡觉时除了裤子我什么都没脱。”这是他的回答。“裤子！”一个人愤愤不平地哼道，“为什么要脱裤子？从临潼开始我就没脱过裤子。”

一天旅程的结束并不意味着一天工作的结束。为了给这百多号人的队伍提供住宿、谷物或馍馍，你得去恳求当地的将军们。而当他在晚饭后到住处来聊天，你就不可能拒绝招待这位恩人。在跟他谈话的时候，你会不住地打盹，还好在微弱的灯光下他可能注意不到这一点。最后，当他和随从们离开以后，你倒在那儿就睡着了。

住宿最困难的地方是庙沟。在那儿度过的两个晚上，一百二十多人挤在一间客栈里。客栈的房间就是窑洞，洞里的面积小而且窑洞的数量也不多。对那些单身汉来说，问题还算简单。他们中的一些人会负责站岗，当这些人完成任务回到房间后，另一些负责接替他们的人就会起来，从而空出一些床位，于是前面那批人就有地方睡了。但是如果所有人都来睡的话，床位就不够了。对于那些一直躺在那里的人来说，问题就出现了。因为他身边躺着的人总是在不断地变换，这会在他的意识结构里产生怎样一副混乱的情景呢？院子里能听到一些疲倦的马儿发出的轻微呼吸声以及骡子咀嚼着吃草的声音，能听见骡夫一边斥责它的牲口一边不住地抱怨，仿佛那牲口就是不听话的孩子。还能听到赶大车的人在那打鼾，因为他的骡子一时半会还不需要喂草料。时而周边的山上会传来枪声，院子里又不知哪个困坏了的小孩在抽泣。夜里会有革命军的信使前来，他们是前强盗头子王天纵派来的。有一天过了午夜，英勇神武的张伯英也亲自来访。院子里的空气中能闻到一股臭味，这是土炕燃烧时的烟雾发出来的。间或还能闻到鸦片烟那令人作呕的味道，它们来自轿夫们集中休息的棚子。在另一个地方，燃烧着的木头发出噼里啪啦的爆裂声——它原本是电线杆，不知被什么人挖来当柴烧——围着这堆火坐着一群衣冠完整、全副武装的男人，他们轻声哼着《进军佐治亚》的曲子，或是喃喃地对着天上无辜的星星念道：

从黛娜阿姨家的拼布聚会离开，他们送奈丽回家。

◎ 第五十一章　粮草供应问题

如果说住宿问题在庙沟达到了最艰难的地步，那么粮草供应则是在渑池遭遇了最严峻的形势。

在陕西南部，我们的旅程非常顺利。军队在我们前面一路挺进，没有遇到多少障碍。这一年农民的收成很好，当地人民又具有很强的复原能力，因此我们所经之地，能看到一些重新开张的小吃摊。在客栈，即使牲口棚因战争破坏而不能使用，但至少还能供应草料。街道上要想买到馍馍也并非难事。但是到了潼关，情况就不太妙了，凡是军队停驻之地，粮草消耗殆尽，留给我们后面这支旅行队的就比较少了。尽管如此，军队还是有一些给养，并且也愿意帮助我们。最开始的困难在于如何获得牲口所需的草料，幸亏张上校（不是张伯英，而是另外一个姓张的）送了一些粮食和稻草作为礼物给我们。根据经验，救援队员们知道不能等到了落脚点再去购买食物，而是在路上一旦碰到流动小摊贩，就要把他的东西全部买光，然后把它们临时装在睡袋里、羊皮袄中间或是其他什么地方，直到旅行队的大车抵达为止。在庙沟，我们正好赶在撤退的军队抵达之前，把客栈边上两家食品店里凡是可以吃的东西全部买走，虽然粮食还是不够，但至少牲口的草料是有了。但当队伍抵达观音堂的时候，所有的东西都消耗掉了。渑池是晚些时候才到达的，长长的西关街道很难走，等最后一辆大车进城时，天已经黑了。城里除了几个士兵外，看起来空空荡荡，什么都没有。我们的宿营地是在东门那边。在革命党、帝国军队及土匪的轮番征战后，城市被洗劫一空。找不到食品店，民众都逃亡了。令我们高兴的是，瑞典差会的看守人员还留在此地。甚至是帝国的军队——尽管有帐篷和给养车——也解决不了粮草问题。这里与我们曾经路过的人烟稠密的地方相比简直是另外一个世界。对于我们来说，那更是什么都没有了。旅行队里那些中国人——仆役、赶车人、骡夫，尤其是轿夫——的状况真的很可怜。牲口也已经是精疲力竭了。虽然我们像往常一样去找当地的将军，但只得到一点点大米和一些小米，没有馍馍，也没有燃料。去往宿营地还要在城里穿行两英里的距离，可天已经黑了，我们又找不到向导。在那种情况下，我们还能做什么呢？尽管身体在呐喊："睡觉，让一切都见鬼去吧！"但还是有一些事情必须要去做。接下来我们去找另外一位将军（那些日子我们遇到的将军都很有礼貌），我们为他的健康祈福，也期待他的善心能帮助我们。这位将军大声地谈笑着，他那肥胖的身材再加上贴身警卫使整个房间显得满满当当的。他答应给我们馍馍和一些草料，但却无法提供粮食。馍馍全部分配给旅行队里的中国人，而外国人一想到这里离铁路只有两天路程了，就轻率地消耗仅存的储备物资。

这个时候，天色已晚，旅行队里的孩子们仍然很饿。即使在正常情况下，要迅速为一大群人做顿饭可不是件容易的事；而在当时那种路途当中，这可能意味着要好几个小时。其中一个小孩生病了。从陕北开始的长途跋涉，一路上风餐露宿，缺乏休息，这些都是原因。小孩的妈妈便去求助一个男人，那个人仍在默默地为那个胖胖的"军队天使"祈福。

已变成第五医院的孤儿院

潼关灵宝长通道东端的关口

关口旁的防御工事及被炮击过的门楼。

“你能为约翰弄点吃的东西吗?”

“他累得不行了吧?”

“他很累又很饿。如果我能给他找点东西吃，就能让他安心去睡觉。”

“好的，我知道某某人有一罐饼干，那是赵倜（就是我们去找过的将军——真正的将军）今天作为礼物送给他的。我或许可以去偷一点给你。”

“好，如果你愿意的话!”

（道德感在这里明显打了个折扣。）

“巧克力怎么样？他吃那个吗?”

这位母亲的眼里闪烁着光芒：“他……会吃吧!”

（显然，获得食物的渴望还是受到了道德感的束缚。）

这是最后一块巧克力，是一位女士——她就是一位“装饰小姐”① ——出于同情心送给这个男人的。原来，旅行队中午落脚休息时，这个男人迟到了，结果什么都没了。拿到巧克力他高兴极了，因为这将使他有力气继续下午的行程。他本来是要在路上好好享用它的，比如说把它放在舌头上，慢慢地品尝。怀着这种可怜的念头，这个“贪嘴”的男人把巧克力收进口袋里。后来因为路途很颠簸，他就把这事给忘了。现在回想起来巧克力应该还在那儿。然后，他去偷了点饼干，并从他那个脏兮兮的口袋最里层掏出了巧克力（有点过期的样子）。接着弄了点水，并从一个瑞士牛奶罐的底部抠了些渣子和起来。那个因为生病、寒冷以及苦难而变得虚弱的小孩子，吃下了这些奇异的食物。然后，妈妈哄着他，安静地睡觉了。

第二天中午，在义昌（I Chang）一家客栈肮脏的院子里，11 个身上臭烘烘、胡子拉碴且脾气暴躁的单身汉聚集在一张摇摇晃晃的桌子跟前。上面放着三个板球那么大的，看着就叫人恶心的馍馍，另有半罐香肠和一罐

① 《装饰小姐》（*Lady of the Decoration*）是美国作家弗朗西丝·利特尔于1906 年出版的畅销书。——译者注

看相差劲的牛肉，这就是午餐食谱了。此外，还有同样令人倒胃口的茶。他们又从一个年轻小贩那里买了些细长条的红薯，然后某个人掏出来一罐果酱。现在，红薯还是热的，形状也好看，在桌上各种食物中很是打眼。我们从广告上知道果酱很有用，但是对这些一大早就骑马上路，直到日落西山才能停下来休息的人来说，抹完果酱后的冷红薯一点都提不起胃口。想到这个，伦敦午餐店里常用的一个短语涌上心头，于是有人不自觉地小声念道："请来份小量的。"

那天晚上在新安县，我们抵达了"歌珊地"① ——即使这地方没那么好，至少那间客栈是这样。因为我们又回到了旧式地方官掌管的地区，人们谦恭有礼，供应的食物也很像样。在这里，前来给我们赠送给养的人很识趣，他们知道对我们这些筋疲力尽的旅行者而言，即使他们早点回去休息，我们也会很感激的。年迈的知县也前来探访，问我们需要什么东西，然后尽其所有地提供，如牲口吃的粮草，轿夫吃的馍馍、肉、鸡、蔬菜等。噢，全都是些好东西！军需官心里乐开花了，副队长脸上也是一派悠然自得的神情，因为他的晚餐不再是中餐那种掉价的果酱抹红薯，而是可以照单点菜了。

---

① 这是《圣经》中所描述的以色列人在出埃及前居住的一个富饶肥沃的地区。——译者注

◎第五十二章　战火兵燹：从潼关到庙沟

潼关是革命军的宿营地；但这里没看见帐篷，没有战壕，军队看起来没什么体统，士兵们的秩序并不好，军事管理的效率很低。城里有很多客栈和衙门，但它们都被士兵占据着。这些士兵都是当地人，他们也就是在几个星期内一哄而起，可能的话以后还要在这个地方生活下去。他们对军需给养几乎没什么概念。如果缺乏燃料，他们就把窗户框和门卸下来烧。他们这种做法给后来者制造了困难，而如果他们自己将来某个时候再从这里经过，也会是件麻烦事，但是他们却毫不在乎。国外有一种观点，认为中国人很节俭，因为贫穷令他们精打细算，而在中国的富人中间也有很多守财奴。但是在中国人当中，却很难感受到他们对浪费现象的憎恶，而在西方，哪怕是那些比较富裕的人，也会把浪费视为一种原罪，因而对其深恶痛绝。

在潼关，看不到什么宏大战争的场面。军队里面穿制服的人很少，将领们也只是穿着普通中国人的衣服。军旗倒是很漂亮，色彩丰富而又艳丽，不过它给人的感觉更像是要举行锦标赛，而不是去进行一场严肃的战争。在这里我们也没看见多少野战炮。

关于革命军战况的一个不祥征兆，就是沿途看不到他们运送辎重的大车。只有很少的一些驮骡，背上载着子弹箱，这就是革命军的军火？另外，那些士兵们白天黑夜冒着严寒，监视着敌人，那他们的帐篷在哪里？他们的军粮呢？一路过去，我们发现士兵们待在窑洞里，而他们手中那些已经变了味的馍馍还是用骆驼从前方的陕州运过来的。

旅行队进入陕州（西门）

在陕州的所有救援者和难民

我们是在中午时分经过阌乡，傍晚抵达灵宝。灵宝的街道即便在光景最好的时候也是破破烂烂的，在当时那样的条件下更是糟糕透顶。第二天中午，我们到达陕州。在这里，从临潼一路跟随过来的“护卫队”离开了我们，考虑到我们还需要另一支护卫队随同保护，这就意味着我们要在陕州等待半天的时间。最得益于这种安排的，莫过于那些受伤的士兵，因为可以请我们的医生帮他们包扎伤口。可是他们的某些朋友却乘医生工作的时候，偷走了他放在旁边的外套，这就是我们得到的回报。

一支中国护卫队的唯一作用，就是能够让你感受到体面以及受人尊敬，但不幸的是，这些人却绝不值得你去尊敬。当他跟你在一起的时候，吃饭的胃口变得极好，而他的马也会吃掉你大把大把的粮草。当他向你索要礼物时，又变得跟艺术家一样有水平。我们眼前这些家伙就赤裸裸地跟我们讨价还价。最后，按照科布登主义①的原则，我们向他们支付了一笔费用。但这真的令人很恼火，这种所谓的“保护”不要也罢。

陕州是河南府和西安府之间防守最坚固的地方，战略位置仅次于潼关。它有着天然的地理优势。东面紧挨着长长的、难以行进的沟谷，从这边来的敌人很容易被现代化武器扫射到。而在西边，它扼守着一片宽达半英里的河床，来犯的敌人连一小块可供掩蔽的地方都找不到。如果革命军在东边观音堂外围的据点守不住而被迫后撤的话，他们自然就会考虑在陕州这里重新设防。但看起来革命军并没有为此而做一些预防性的工作。什么都没做。而陕西军队在防守西部的乾州时，先期准备工作是比较充分的，足可成为范例。

现在无法确定陕西军队到底往东进军了多远，因此有必要派人到前线去考察一下。对我们这样一支行动迟缓而又笨拙的旅行队来说，要穿过两军之间的火线可不是件简单的事，即使双方并没有真正交火也是如此。假如一支军队在撤退，而另一支军队在火速追击，那么一旦我们的大车堵塞了这狭窄沟谷的道路，妨碍了野战炮以及运送辎重的骆驼和骡子的去路，

---

① 科布登主义是一个经济理论，以英国政治家和经济学家理查德·科布登的名字命名，主要是提倡自由市场和自由贸易。——译者注

那他们根本就不会考虑那么多。为了迅速通过，士兵们会“自行其是”，而下级军官也可能不顾一切，胡乱指挥。这样一来，我们的骡子很容易丢，而轿夫们也会四散奔逃。然后，我们就会被遗弃在寒风肆虐、白雪皑皑的山里。即便艰难跋涉到最近的客栈也无济于事，因为那些客栈此前曾是兵营，现在恐怕被破坏得不像样了，对于我们这些既没有物资储备，又没有寝具的人来说，根本不能够遮风挡雨。最糟糕的是，如果我们贸然前进，我们就有可能在不知情的情况下，糊里糊涂地闯进两军交火的战场。因此，唯一可行的方案，就是设法调停两军的将领实现暂时性停火。

队长和军需官接受了这项任务。陪他们一起去的是袁世凯派来的一个特使。对我们而言，这位特使就叫作“王”，这个名字普通又好记，而且还有助于掩护他的身份。与本书作者遇见的其他为袁世凯服务的人一样，这个人也忠实于他的主人。就像另外一位独裁者，也就是科西嘉岛的那位，袁世凯阁下有能力让别人依附于他。这位姓王的人是假扮乞丐，从河南府经山西南部，再进入陕西的。他怀揣着好几封信，一封是袁世凯阁下及法国公使写给西安府附近罗马天主教主教的，另一封是袁世凯阁下写给英国浸礼会驻西安资深传教士的。数天后，另外一位信使带着英国及美国公使的信也来到这里。王比救援队晚几天到达西安，他的到来意外增强了救援队的力量，因而受到热烈欢迎。他还带来了北京公使团及袁世凯阁下的书面保证，说他们会竭尽全力，在河南那边做好准备，以迎接撤退外侨。一旦陕西的外国人进入帝国掌控地区，他还被授权采取一切可能的措施，以保障撤退外侨的安全，并尽量让他们旅途舒适。在从西安府出发的返程路上，他就成了我们的权威人士，他的话会比赵倜将军还管用，只不过他的作用要等到我们进入帝国控制区才能发挥出来。

这三个人，即队长、军需官以及特使，出发时骑上了旅行队里最快的三匹马。一小时以后，已经爬上山坡的会计，正在大车与轿椅间穿梭前进，突然，令他沮丧的事情发生了，本应在我们前头几英里远的王特使竟然出现在眼前。唉，可惜了我们的如意算盘！尽管这位特使勇敢、灵活、有献身精神，但却有一样不行，他不擅长骑马。当马儿安静缓行时，他还能够跨坐在马背上；但当它突然开始小步慢跑或急速狂奔时，他就不再是一名骑手了。队长和军需官只得把他留下来，然后自己赶往前线去了。

清晨慢慢消逝，中午也过去了，旅行队仍在继续前进。一路上不时能听到炮声，很明显东边正有战事发生。当我们经过9英里外一个可供落脚的地点时，只是投去了渴望的目光，但却没有停留。我们的目标是找到这么一个停驻点，它的食宿条件足可以接纳我们整个旅行队，同时又要离前线足够近，以便时机成熟时我们能够迅速穿越火线，而不致因为行动拖拉引起双方将领的反感。我们继续行进了18英里，抵达张茅。这里凡是没被士兵占据的客栈都很荒凉，主人早就逃走了。门、火炕、窗框都已经被破坏，任何人都可以进去。在这里，车夫们用从陕州带来的粮草喂牲口，负责后勤的人烧了热水，准备了一顿临时性的饭。但很明显这里不是能够让我们过夜的地方。从这里往东6英里是庙沟，再过去2英里就是坐落于黄河浅滩边的硖石。硖石的厘金站①是一个令中国商人悲哀的地方，这里也是臭名昭著的劫匪猖獗之地，强盗们聚集在山上，他们的亲戚就住在下面的村子里。从硖石再往东6英里是观音堂，也就是陕军的前线。

我们走的这条路现在荒无人烟，只有我们这支艰难跋涉的旅行队缓缓前行，还有一些吵吵闹闹、名不副实的家伙在我们周围上蹿下跳，他们就是所谓的“护卫队”。这时候天色渐暗，牲口们气喘吁吁、踩着岩石路面往上走；天空阴沉下来，一阵凄凉的风开始在山谷里呼啸。小孩子因为窝在大车或轿子里太久，天气又冷，不禁抽抽搭搭地哭闹起来。勇敢的妇女们顾不上自己的不适，忙着安抚小不点，同时还努力向身边的男同伴们展现出阳光的、毫无怨言的面容。男士们则必须使出自己最大的力气，因为他

① 就是海关。——原注

们肩负着促使整支队伍向前进的重任。当我们抵达庙沟时，旅行队当天的负责人收到一张队长留下的便条。上面说：“……这里没地方安排食宿（硖石），你们会看到庙沟的条件有多差。我们将继续前往观音堂，那里会好些……你们必须自行决定是待在庙沟还是直接去观音堂……”

庙沟的食宿条件差得可以。这时离天黑还有两个小时。如果我们今夜能抵达观音堂，那就意味着一方面我们很容易就能从一支军队的防区进入另一支军队的防区；但另一方面，道路状况很不好，旅行队员们已经过于疲劳，而前方传来的炮声警示我们一路上可能会遇到回撤的士兵，即便革命军进展顺利，道路畅通，但如果他们失败溃退的话，我们的队伍就会被冲散。到底前不前进，队员们有不同的意见，但大家都特别团结。最后我们转身走向了庙沟的客栈。

◎第五十三章　战火兵燹：在庙沟

与此同时，那两个骑马去前线的人在哪里呢？离开硖石后，他们便往东边的观音堂方向去了。现在看来很明显，他们正在接近两军交战的地点，或是遭遇了某方军队的溃退。他们听见大炮的轰鸣声越来越响，而且连续不断。很快他们就会看到炮弹在空中爆炸。那惊心动魄的场景实在令人震撼，他们一时间神情恍惚。但那仅仅是一瞬间而已。随后他们就发现自己已经陷入革命军士兵溃退的狂潮中。他们看到这些人或骑马或徒步，或两人一组扛着那可怜的、已无用处的抬枪，或扔掉那些阻碍自己逃跑的武器；骡夫们则使劲鞭打和吆喝着自己的牲口，或拉或拽，拼命赶着它们往后跑，这些畜生可是他们的生计。所有这些慌张失措的人都只有一个念头，那就是远离毛瑟枪子弹的“歌唱”，逃到一个没有炮弹在他们头顶呼啸的地方。

对这两个外国人来说，脑海中浮现的却是另外一幅场景。他们似乎看到一支由十几辆大车和一排轿子组成的队伍正行进在一条狭窄的道路上，上面是小山，下面是溪流。突然间，队伍被一群狂躁的乱兵淹没，这些人刚刚应召入伍，现在因为恐惧而丧失了理智和一切约束。想到这里，两个外国人意识到，如果有可能从目前的混乱中脱身，并赶在这群土匪前面，去给旅行队通风报信，那么现在就必须行动。脚下的路是西安府和河南府之间最糟糕的一段，上坡陡峭难爬，下坡险峻不能俯冲。在这种路况下，要不顾一切地往回赶的确有些草率，但也还是有一定把握的。至少他们了解自己的马，知道它们应付得来。一路上，他们时而艰难攀爬，时而在多石且冰封的斜坡上快速滑行，而当路面还算平坦时，他们就急速狂奔。最后，他们终于来到硖石附近的浅滩上。从这儿开始，道路就相对好走了。就这样，他们把第一批溃兵甩在了后面，马不停蹄，通过了那座扼守着庙沟山谷入口的桥梁。

“所有的人，”他们还没来得及停下马来就大声喊开了，“所有的人都集中到一个客栈。他们来了，他们就要到我们这边来了。”

惊愕的车夫们听到命令，连滚带爬地扑到自己的骡子旁，迅速把它们赶到大车的中间。刚刚安顿好的轿夫们正举着鸦片烟枪吞云吐雾，这时也被叫了起来。两间客栈里任何拿得动的东西都被集中到其中一间客栈，诸如马槽、切草机和刀片、稻草、长凳子之类。村里的两个副食店老板——令人惊奇的是，他们并未像那些客栈老板一样早早逃走——却在忙着把他们手里的存货全部卖掉，可同时又在接受新的订单。先前被兵匪们拉倒的电线杆也被我们拖进来，它既可以充作防御所用的障碍物，也可以当柴烧。不一会儿，120 多人、12 辆大车、7 副轿子、马、驴子、骡子，再加上“它们所有的附属物件”，都被塞进一个客栈。我们把客栈的门关上，并在门口安排了一个警卫。

我们那勇敢的护卫队此刻又在哪里呢？只有一个短语可以用来形容他们，那就是“绝尘而去”。他们的情报工作做得极好，早就把消息传到了后面。会计倒是舒心地叹了口气，至少这些家伙的赏钱可以省掉了。

客栈的门刚刚关拢，第一批撤退的士兵就出现在街道上，这些人阴沉着脸，面相凶恶，表情痛苦。他们盯着客栈看，估摸着这个村庄的住宿条件，然后开始围在客栈门口我们那个警卫的周边。一些骑马的人也停了下来。那些驮着子弹箱的骡子，先是待了一段时间以等待进一步的命令，然后就继续往西边去了。现在张将军的命令已经传来，他要求大部分撤退的士兵留在硖石过夜。我们终于松了一口气，转身进入客栈，只留下一个精明的警卫继续守在门口。如果我们不得不在庙沟待上一两天，就可以勉强在这里度过了，我们的旅行队已经全部集中在这间客栈。假如先前我们继续往东走，而不是留在这里，那么现在我们多半是身陷在硖石那边的乱石岗里，到处是惊恐万分的暴徒，而且也找不到落脚的地方。虽然战祸已经步步紧逼，正朝我们走来，但至少目前我们还有一个容身之处。

现在是行动而不是反思的时刻。然而，突如其来的危险便这样迅速得以缓解，于是一股感激之情瞬间涌上心头，感谢的话脱口而出，而根本无需等待机会。此时此刻，虽然危险尚未完全消除，我们也仍须小心应对，但是心儿却已开始忙碌，忙碌着感恩，而这心声已然超越外界的喧闹与嘈杂。这是对上帝的感恩，因为荣耀归于上帝。自古以来便是如此，今后也将代代相传。

◎第五十四章　穿越

这一天的避难问题已经解决了，但如何穿越火线却还没有着落。为此，我们派出两个人前往硖石，也就是张伯英（或叫张钫）将军的驻地。夜很黑，且因道路崎岖，马儿走起来磕磕绊绊，所以灯笼也没办法打。在硖石一栋很大的建筑里，我们找到了将军的住处。这里简直混乱不堪。整栋房子里人马不分，一些看上去很不错的卧室居然成了马厩。我们取下马鞍和缰绳，随身带着前往将军的房间。张将军就在这里，还有他的两三个随从以及臭名昭著的“土匪之王”王天纵。王天纵原本是一个强盗头子，是革命军在“招抚”这个地区的过程中加入革命队伍的。在房间的门外，围满了士兵。不一会儿，受好奇心的驱使，也可能是被后排士兵推搡着，最靠前的人竟然挤进了房间。他们好奇地听我们谈话，不住打量着我们这两个不速之客。这就是他们军纪松弛的一个典型表现，这里不过是新式军装掩饰下的旧式衙门。

将军对我们前往面见帝国军队指挥官一事并没有为难，他只是担心我们的安全。因为在那个时候，帝国军队的侦察兵时刻提防着革命军的袭击，一旦发现有人靠近就很容易发生误伤。尽管如此，偶尔还是会有“老百姓”（也就是农民）在无意之中闯进帝国军队的防线。在中国很多最意想不到的地方，你能发现这种宿命论式的满不在乎和无知无畏的勇气。

对我们来说，重要的事情就是张伯英向我们承诺在一天内不采取积极的军事行动，换句话说我们的旅行队可以利用这段时间穿越他们的防线，前往帝国军队那边。只要再劝说帝国军队的指挥官作出同样承诺，那么旅行队过界的问题就能解决了。然而，尽管我们知道革命军士兵不会向我们开火，但我们两个人能否安全抵达帝国防区以商谈停火一事却还是个未知数。

那个晚上折回庙沟没什么用，而我们只能等到黎明时分才能向东进发，因此将军热情招待我们留宿一夜。晚些时候，等士兵们离开房间，我们和两位将领单独讨论了与赵倜将军媾和的问题，我们建议他们作出一些主动表示，至少是争取举行停火谈判。张伯英便委托我们带一封信给赵倜。晚餐吃的是粗稀粥，睡觉的时候我们就和张分开了。我们两个外国人与前土匪头子王天纵同睡一张炕。我们准备躺下休息，但完全没有料到我们主人的心思，原来他是一个多面向的人。如今，他已经把自己的身份洗白，跟政府达成了和解，也获得了总统的赦免。他向总统表示，愿意为即将爆发的有关保卫蒙古的斗争效力。那时人们认为如果要把蒙古留在共和国里，必定会有一战。“你将需要那种无所畏惧、不怕挫折，又能吃苦耐劳的人”，这是他在北京撂下的掷地有声的话语。于是他得到了一项任命。他那出色的领导才能和令人称奇的精力转而在为政府服务的工作中发挥作用。我不太清楚最初他投身绿林的原因，也许是在庭审中受到了不公正的裁决，或是庄稼连年歉收，或是为了逃避法官的追捕，也可能仅仅是出于头脑发热。但他对自己落草为寇，并因此而赢得名声的事迹却相当自豪。令人诧异的是，在他取得的各种成就当中，竟然包括对基督教教义的认识。他对居住在河南的外国人怀有极大的好奇心，除了向他们了解有关外国物质技术进步的情况外，也抱着赞赏的心态倾听他们讲述基督教的真理。现在，遇到了我们这两个基督徒，他便迫不及待地要把他关于基督教的认识通通倒出来。尽管我们很快就意识到，他对教义的理解远未触及基督教的根本，但他努力把握基督教真理的诚意却是毋庸置疑的。考虑到我们所了解的他过去的所作所为，尽管他的身上仍然留存着大量未赎的罪恶，但他想要改过自新的愿望是真诚的。那天午夜我们在革命军将领的总部，与一个强盗头子谈论着基督教教义，并且还睡着他的床，盖着他的皮草被子。这件事情在那些日子里我们所经历过的所有不同寻常的事件当中，显得格外突出。

天刚亮我们就起来了。早餐是跟张伯英以及他那多才多艺的盟友一起吃的，吃的东西是一些用骆驼从陕州运来的变了味的馍馍以及稀得跟水一样的小米粥。参战的其他人吃的食物跟我们一样，并没有区分。几个月后，张伯英告诉我们，他是因为弹尽粮绝才被迫经过陕州撤退到潼关的。当我们动身时，两位领导人以及几个随从，还有一小支卫队陪我们走了有两英里路，他们也是顺便出来侦察敌情。两英里过后，在前方横越山谷的小山坡上，出现了几个移动的小点。他们可能是农民，但也可能是帝国军队的侦察兵。“如果觉得可疑就开枪”，这显然是从土匪生涯中获得的至理名言。他和另外一个人下了马，各自开了一阵枪。当他们停下来的时候，一些真正的农民围了上来。这些农民强烈指责开枪的人，说他们没有权力朝那些正派的劳动者射击。从这些农民身上可以感受到某种根深蒂固的民主主义精神，这正是中国社会一种潜在的特质，而不论其政府组织形式是君主制还是共和制。在这件事情发生的整个过程中，张伯英看起来非常不自在，但是他的反应却十分谨慎而且很有节制。这种无意义的射击对于停止敌对行动能起什么作用尚不清楚，但它对两个外国人而言，只能是浪费时间。因此在简单告别后，外国人就策马前行，留下他们继续监视对面的小山。

十点钟的时候两个外国人已经接近观音堂了。爬上一个陡峭沟谷的边沿，他们突然看到一个哨兵的头和肩膀，那个哨兵也正盯着悬崖的边沿。当看到这两个外国人后，哨兵的惊讶程度绝不亚于对方。在哨兵因慌乱而做出任何过激举动之前，他们成功地让他相信自己不仅仅穿着外国人的服装——那些日子里革命者过于追求着装上的外国化，而且真的就是外国人。然后他们用傲慢的口吻要求这个哨兵带他们去见他的长官。

但当他们走出沟谷，看到眼前的一幕时，就全是沮丧的感觉了。看起来他们所有的努力都白费了。他们看到满街都是行进中的步兵，一个连接着另一个连，还有长长的一列大炮。多么壮观的景象啊！刚才在革命军那里看到的是长矛、抬枪以及没有经过训练的乌合之众，而这里满眼都是精致的军服、进口马鞍以及高档野战炮，给人的印象，就是离开中世纪而一下子坠入二十世纪。想象一下这样一支军队与刚才我们离开的那支军队之间进行一场战斗，那简直就是荒谬。如果真的发生战斗，也只能是前者对后者的一种惩罚。只有一件事情可以阻止赵倜取得胜利，那就是他手下人的背叛。然而在目前情况下，不可能出现背叛，他的手下士气很高。士兵们都知道发生在西安的屠杀事件。他们不假思索地告诉你陕西军队不是真正的革命党，而是“土匪”，应该被彻底消灭。

以后我们可能会明白为什么强大的毅军会与唾手可得的胜利失之交臂。在山西，他们的敌人望风而逃；在陕西，情况也是如此。而且逃跑对于他们的敌人来说还是明智的，至少在野外，这些人连一个小时都坚持不了。在汉口和武昌的事变中，革命军队里除了一部分当天早些时候倒戈的正规军以外，其他人都是从人力车夫、码头拾荒者中招募而来的。毅军原本可以轻松打败这些起事者，然而战事一直拖了几个月，毅军也没有采取积极行动。当下，赵倜亲自告诉两个外国人，前一天他们所看到，并给革命军士兵带来恐惧的炮弹是故意以偏高的角度发射出去的，只是想吓唬对方。“我不想伤害这些可怜虫，”他评论说，“但他们却傲慢无礼地向我开火。”我们也是从他这里第一次知道南北停战已有安排，但是因为陕西“政府”

是由一帮强盗，而不是由革命党主导，因此被排除在外。

然而所有这些都是后来才知道的。在刚刚走出沟谷的那一刻，只觉得我们两个人来得似乎太晚了，以至于没有什么东西能阻止旅行队不被困在两支军队的激战中。像前一天那样在空中飞驰的炮弹，如果掉在庙沟的话，那就意味着可怕的灾难。那时只有一件事情必须马上去做，就是无论通过什么办法，逼迫也好，哄骗也好，吓唬也好，总之要尽快与赵倜将军直接对话。

随着大车、骡子、野战炮的前进，整条街似乎都在跟着移动。由于两人的马只有等队伍通过之后才能继续前进，因此我们分开行动。一个人负责看管马匹，另一个人徒步挤过拥堵的人群，跟在士兵向导后面，去面见赵将军。这是一个中等年纪、面色温和的男人，他专注于自己的事情，毫不做作。但我们的商谈并不顺利。这些日子，他已经使敌人疲于奔命。虽然北京方面已经明确命令他不要同敌人真正交战，但他仍打算继续执行这种行动路线。这就是“五一”那天巴黎警察的策略，“动起来，动起来，诸位先生们”，但只有他的对手被要求“动起来”，而且是往西“动”，直到河南省被肃清，直到潼关这一西行要塞牢牢控制在北京政府手里。

不过，来自北京方面的影响，正如我们猜测的那样，果真发挥作用了。在陕西外国人撤离这件事上，英国、美国和瑞典公使们并非毫无作为，袁世凯在信中的承诺也不是一纸空文。现在苏柯仁先生的陈述是很有力量的，既切中要害又不过火。而当我终于摆脱马夫的职责，从外面进来的时候，他们之间已经建立起良好的关系。与他的对手相比，赵将军做出的让步恐怕要多一些，因为现在球在他这边，而轻易放弃出球的机会并非人之本性。但他却召回了自己的人马，并决定把一切行动推迟 24 小时。我们必须在第二天中午之前抵达他的防线，超过这个时间他就不能再等了。而且我们来的时候不能由任何对方的人员陪同，而不管他们携不携带武器。一旦发现这种情况，那么赵倜就会不顾我们的危险而下令开火。

但是，敌对双方举行预备会谈的事情还没有解决。在这一点上，这位帝国指挥官的立场很强硬。他要求对方派三名将领到他的营帐来谈条件，而他将保障他们的人身安全，并允许他们自由离去。只要回想一下太平天国时期，李鸿章曾背叛他对戈登许下的诺言，杀害了前来投降的太平军“诸王”，那么张伯英拒绝将他的生命寄托在一位大清将军的人格和名誉上也就不足为奇了。

两名外国人返回硖石的路上相安无事。只看到几个侦察员向西往甘濠方向前进。到了硖石，他们告知张伯英有关帝国将军对接下来24小时的安排。当听到帝国将军就双方停战谈判所提的条件时，张伯英垂头丧气，沉默不语。然后大家互相催促着赶快行动。想想张伯英的装备与赵倜比起来是多么可怜，两个英国人就力劝他尽一切可能与对方达成妥协。“好吧，他的装备也许比我们强，”他回答说，“但我们的人士气更高。”于是这两个想成为和平使者的人返回了庙沟。晚上，王天纵来到庙沟以在这个问题寻求进一步的帮助。午夜过后，张也亲自骑马赶来，他又准备了一封信托我们捎给赵倜。他的建议是在两军的中间地带，也就是甘濠村举行会面，由双方各派三名代表，再加上本书的作者共同出席，以就停火事宜做一些安排。他的一个想法，是要保证陕西的安全，使之免受毅军的进攻。他已经为这些外国人提供了很多帮助，而他们也希望帮他实现这样一个停火协定，这既是为了他本人，也是为了整个西边的地区。他们承诺会尽最大努力，把这封信转交给赵倜，同时答应当旅行队安全通过之后，再派一个人把对方的答复带回来。几个月以后，张说在硖石等待答复的那段时间，就像是西安起事那天早晨，他等在十字路口时的情景。

夜晚过去了。明天会带来什么呢？穿越火线会是一种怎样的情景呢？能想到的事情都已经去做了。我们也已“为自己做好了安排”，其他的事就管不了那么多了。

天刚刚亮，旅行队就出发了。路况糟糕透顶，马儿走起来很困难，而对坐在大车上的旅客来说简直就是一种折磨。之前一直对我们很好的天气现在也变了，天空飘起了雪花。后来几顶轿子偏离了主干道。我们不敢冒险在前面某个地点再与他们会合。我们必须一起进入帝国军队的防线。到时候赵倜将军会派一支由专人统率的人马，负责检查并监视我们的旅行队。于是我们留在道路的最高点，冒雪等待那些迷路的轿子。在等待期间，革命军的“敢死队”从我们身旁经过。然后我们在关帝庙赶上他们并继续往前走，他们则躲在那儿的窑洞中，无聊地警戒着整条山谷。也是在这座关帝庙，我们中的一个人将把赵倜对张的新建议的答复转交给革命军方面。

我们终于离开了陕西军队。我们能顺利进入毅军的防线吗？走了一英里又一英里，仍然没有听到开火的声音，也没有看到穿军装的人。除了偶尔的一间空棚子，以及一个农民看守的路边摊外，这白色的荒野中就再没有人类生存的痕迹了。

在观音堂以西两英里或更远一点的地方，我们遇到了赵倜派来的军官及其部队。我们排成纵队从他面前缓缓通过。对于从陕西来的各色逃难者而言，这是一个令人焦虑的时刻。在经过硖石的时候，这支队伍神秘地变大了，一些人丢掉了他们所戴的革命军特有的帽子，而半洋半土的服装也换成了典型的传统长袍子。

仔细的检查结束了，我们无懈可击。士兵们负责断后，这样便把我们与革命的陕西隔绝开来，并带领我们进入帝国的河南。于是我们沿着沟谷，慢慢进入观音堂的主街。我们已经在赵倜的保护之下了。穿越火线就此完成。

◎ 第五十五章　实现和平了吗？

最后还有一件事，就是张伯英还在等待他的答复。也许他和我们都没有想到，一旦答复是否定性的话，那么传递这个消息有多难。不过我们现在已经迅速认清了这一点。赵倜否决了张伯英的新建议，并且已经准备好立即采取军事行动。24 小时的停火期限已过。他不但拒绝了张的建议，而且还不允许我们派信使去传递任何消息。另外，革命军的指挥官会一直待在硖石，直到收到他所期待的答复为止。他把希望寄托在我们的承诺上，我们却无法履行这个承诺，而且他还可能因此而遭难，一想到这些我们就无法忍受。于是我们三个人再去找赵将军，恳求他允许我们把答复带回去。现在，行动迟缓的旅行队已经穿过了防线，如果派一个人骑马赶回关帝庙是相对容易的，即使双方的敌对行动重新开始也不是什么大问题。我们花了很多时间才获得毅军方面的许可。在这个过程中，西方人对信守承诺重要性的再三强调似乎没起什么作用，对他们来说更具说服力的理由可能是：如果革命军因为外国人背约而吃亏的话，这会使得仍然留在西安府的外国人的处境更加危险。最后，赵倜给了我们一个书面答复，并催促我们快点送过去。这不需要他来说。得知誓言终究可以履行后的宽慰，以及对这个勉强给出的答复甚至可能被收回的担心，促使外国人信使沿着街道飞驰而去。碰上那些慢腾腾走上街道并好奇地询问他去向的士兵，他就欢快地高喊说他是将军的信使。当士兵们还想问他更多问题时，他已经跑远了。如果让他们拦下来的话，那些令人恼火的繁文缛节就会耽误他的差事，甚至使得他根本完不成任务。如果要做一件事情，那就快点把它做好吧。帝国军队的进攻随时都可能开始。

终于，最外层的警戒哨也被信使甩在了身后。他骑马穿过寂静的山谷，再次体会到那种孤独的感觉，以及笼罩在这片横亘于两军之间的荒原上空的宁静。这片荒原正静静地等待着两支军队踏步前进的声音。

山谷旁的山岩中有一条捷径，大车无法通行，但中国的马可以蹒跚而过。从这条捷径的西端出来，信使突然碰到几个革命军的侦察兵。他们之前待在窑洞中，但从那里无法掌控道路的情况，于是就挪到了几个像帐篷一样的东西里。当他们意识到有人靠近时，信使已经在他们中间了。他们发出一阵欢呼的叫喊声，随后就围在信使的身边，嚷嚷着问他："实现和平了吗?""一切都顺利吗?""那边的人愿意吗?"信使知道事情的真相，因此他听着这些人迫切的询问觉得格外伤感。毫无疑问，这些人中有的是土匪，其他人也多是行为粗野之辈。但在这支军队中也还是有一些单纯的小伙子，他们被高额回报的承诺所迷惑，被创造一片新天地的朦胧希望所吸引——他们受极度贫困的驱使，愿意从事任何一种职业。而一旦陷入毅军的炮火中，他们就将成为任人宰割的羔羊。他们十足轻率地选择了参军，而前两天的经历，却令他们急切地想知道和平是否已经实现。这支突然兴起的军队中无疑有许多逃兵，其他人之所以还留在队伍里可能是出于这样的考虑：如果他们离开队伍而又要继续生活下去的话就只能回家，但偷偷溜回家则意味着公开承认自己是懦夫，这个脸可是丢不起的。考虑到整个陕西省的混乱状况以及这支军队的松散组织，他们对军方给予那些脱逃者的惩罚并不怎么害怕，他们更担心的是在自己村里面丢脸。

对于他们的询问，信使只是回答说他带来了给他们指挥官的信。随后他来到约定好接受答复的庙里，张伯英的一群助手正在那儿。信使转交了信件。他知道这封信会让他们失望，因此觉得自己还是快点走掉为好。一想到正在推进中的毅军，他就有充分的理由这样去做。但是就这样离开他们似乎有点卑鄙。尽管他们大都是一些强盗，但那一刻信使觉得自己同他们共着同一份命运。他们中的一些人还是陕西革命的临时领导者。这可怜的、令人忧虑的陕西，被中国沿海地区的居民所轻视，而又对那些居住在这里的西方人具有那么大的吸引力。而他们的领导人，那个勇敢而又温文尔雅的张伯英，是他们革命的英雄，是一个有理想有抱负的人，是屹立在时代潮头的青年人的化身。在几个小时，或者是几天内，他的命运会有什么不同呢？如果他不肯放弃曾经的希望，而与他的人坚守到底，那么结果就会是另一场可怕、耻辱而又残忍的屠杀。这是中国的胜利者通常给予他的手下败将的结局，而不管这个人是怎样忍辱负重和英勇无畏。

于是信使又掉转马头回到庙里的那群人中。他们的脸现在已经耷拉下来，脚步也变得沉重了。“告诉他，告诉你们的领导人，我能做的已经做了，再多的我也无能为力，另外，”他犹豫着，小心翼翼地措辞，因为在这种心怀怜悯的时刻，要做到一点都不泄露敌对方的秘密是不容易的，“要记住，停火已经失效了，你们自己小心，噢！快点，快点，快点！”

信使离开了。外面那几个负责警戒的人因寒冷而颤抖着，雪花轻柔地落在他们帐篷的周围。他们又朝信使叫嚷开了。“恐怕和平不能够实现。”信使边走边回答。对他们来说这就足够了。在道路的拐弯处，信使又停下马来回头观望。传令兵和张伯英的助手们正从庙里离开，很快就会有通令传来，以召回其他的人员。这将是这些天以来信使最后一眼看到这支军队。然而还不是。道路在某个地方变窄了，随即切入石头山坡的中间。道路的两边潜伏着一些大胆的射手。他们正越过山谷，狙击帝国军队的侦察兵。这个场景帮助信使缓解了他那沮丧的心情。因为责骂这些人会让他觉得安慰一些。他激烈地骂开了。“他不是为了他们的利益才专门回来的吗?”他质询道。“他们接到的命令不是清楚地要求避免敌对行动吗？他们在这里向山谷那边射击太容易遭到回击了。他作为他们的朋友，却不得不提心吊胆地经过这里。他让他们自己想一想，按照中国的标准，这样做是否‘正确’。他让他们马上停止射击!”① 射手们就像学校里的大男孩一样咧大了嘴巴笑，自嘲他们被骂的窘境，但绝没有因此而生气。“就是，就是，”他们讷讷地说，“以后我们肯定不会再这样干了。”不管怎样，他们在那一会儿的确是遵守了诺言。

在中国，军队对人力的需求可以在苦力中解决，这一点已经由那些英国军官所证明，他们就成功组建了一个威海卫中国军团。但这就意味着要想办法预先克服这些列兵身上所具有的孩子气般的、只会傻笑而不知道负责任的缺点。将军的思想可能是极其正确的，而列兵本身也有着良好的意图，但在目前的中国武装力量中，要想让将军的命令迅速传达并得到贯彻执行，却还是一个很难解决的问题。“差不多，”士兵们这样咕哝着，“就这样吧，差不多就行了。”有什么好担心的?

射手们已经停止射击，信使便吆喝着他骑的那匹勇敢的马全力奔跑。两天内它已经是第五次走这条路了，对路况很熟悉，因此对主人的召唤也格外卖力。地标一个个从它身边闪过。不管怎样，现在一个篇章已经圆满结束了，身上的重任也卸下了。于是信使在沿着荒芜的道路飞速前进时，起劲地唱起歌来。最后，他骑着马咔嗒咔嗒地走过观音堂的主街道，然后进入将军的司令部。队长正惴惴不安地等在那里，他在屋里走过来走过去，一直在为信使的安全担忧。信使走进来后，他终于可以长舒一口气了。两

① 原文如此。——译者注

个人以英国人的方式聊了些无关紧要的事情。英国人的感情隐藏得很深，他们对恐惧的表现也就隐藏得更深了。队长还设法弄了些米饭来，并且盯着信使一定要让他吃下去。然后他们便带着一种少见的高昂情绪追赶旅行队去了。

他们的情绪突然间便跌落下来。因为一个骑手看见路上躺着个什么东西，惊恐得倒吸了口凉气，并勒住缰绳把马拉开一段距离。那个东西以前是一个人，甚至是一具尸体，但是现在！……一只坏透了的鸟拍打着翅膀，缓慢而笨拙地从那里飞起来，停在边坡的顶部，并且还发出那种令人讨恶的表示抗议的叫声。马儿们无动于衷。两名骑手在经过最初的惊恐之后，心理上也适应下来。这是对的，因为前面出现的场景更令人恐怖。在一个村庄的小桥边，散落着一些残缺不全的尸体。他们问一个老态龙钟的人，为什么村里人没有埋掉那些看着叫人同情的尸体。他回答说，他们已经这么做了，至少是把那些属于他们村子的人埋了。“那其他人呢?”“噢，他们是陌生人。关我们什么事?”……我们又看到一些骨瘦如柴、面相凶恶的狗负罪般地跑开了。

这就是战争。战争就像它正在进行的那样，而不是像它被歌唱的那样。对于那些被亵渎的死者，也即战争的受害者来说，假使人们在某个地方弹奏着班卓琴，要求他的世界对他给予补偿，那也是毫无意义的。

◎ 第五十六章　前往北京

关于远征队，已经没有很多要说的了。那天晚上我们到达渑池，第二天抵达新安县。1 月 15 日，旅行队在河南府火车站的站台上宣告解散。这里的法国工程师对我们真诚而友善，他的太太费了好大工夫给我们“这些可怜人”泡了茶。我们将乘坐专列出发，这得归功于待任总统的好心以及三位公使不懈的努力。现在，马匹需要卖掉，车夫和轿夫们的工钱也要结清，而邮局则被我们这些久未与外界联系的人挤得满满的。16 日中午，我们乘车抵达郑州，这是京汉铁路干线的枢纽。这里有美国浸礼会的一个代表，这可是同胞兄弟啊。他给我们拿了一捆报纸。我们贪婪地翻阅着，并围着他问东问西。美好的世界又向我们打开了。

然后列车向北驶去。队长抽了很多烟，悠然地不再理会其他俗务，也拒绝谈论除了他的老婆和孩子以外的任何其他事情。在一封长长的电报里，他叫妻子在北京与他见面。军需官掀开储物箱的盖子，厚颜无耻地宣布不再为我们服务。“我们可以像猪一样吃了睡，睡了吃了，自己动手吧。”副队长一直习惯于不紧不慢地打理内务（把一些事情归入内务的范围总是很方便的），在某一个中间站他絮絮叨叨为了买甜点而讨价还价，耗到火车都开动了。虽然他没来得及进到车厢，但却抓住了火车末尾的缓冲器。他就在缓冲器上忍受着这严冬的夜晚，当火车在下一站停靠时，他已经变成一个可怜虫。那个从哈佛来的人原来是一个很棒的厨师，他能用鸡蛋做出精美绝伦的菜肴。而我们的会计无论是在撒哈拉还是在佛里特街①，都没什么两样。因为对他来说，整个世界就被一个小小的笔记本紧紧地联系在一起，这本子上记载着这六个星期的账目。坦白地说，我们的救援队已经士气全无，瞬间瓦解了。尤其是那两个离异的男人，格外不服管束。他们抱着某种反常的错觉，只知道胡吹“我和我妻子是相遇在……”，除此之外其他什么都做不了。这已经成了他们每天说话的主题。只有一件事情振奋了队长的精神，那就是斗嘴吵架。原来，当我们的专列经过一些车站时，士兵们为了赚取外快，就不断在我们后面加挂车厢。新上来的旅客当然不可能有车票，而钱就直接给了那些士兵。午夜时分，当我们要向北再行驶上百英里的路程时，明显感觉火车慢了下来，简直就是在爬行了，这是因为擅自加挂的车厢已经让火车头不堪重负。然后，宁静的夜晚就被激烈的吵架声打破。以后的每一个停靠点，队长都强烈地反对他们加挂车厢。

1月17日，也就是星期三那天傍晚的时候，火车终于开进了终点站，我们随即受到北京各路热心人士的款待。然后，无论是在公使馆还是在教会团体，无论是在邮政局食堂还是在正规的餐厅，我们再一次感受到了北京对我们的欢迎，它所体现的是那种世界主义“共同体”的纯正的友情和善意。

---

① 伦敦的一条街道，得名于佛里特河（Fleet River）。旧译舰队街。它曾是英国报馆的集中地。——译者注

抢掠的后果之一

由美国士兵守卫的使馆街西端

抢掠的后果之二

由法国和德国士兵守卫的使馆街东端

在那些拥挤而又紧张的日子里共同经历过这次救援行动的男男女女们又怎样了呢？到了北京之后他们就各自分散开了。也许在以后的生活里他们之间也不会再有任何交集。然而，很可能对他们每个人来说，经历过这段旅程后，他们的眼界变得更开阔了，同情心变得更容易付出了，对生命的尊重也变得更加神圣了，甚至于——那些日子的教育意义也是巨大的——他们的幽默感也变得更强了，这乃是他们一路上志同道合、休戚与共所致。这些将会成为这段旅程留给人们的最丰富的（因为其中的人情味是最浓的）记忆和奖赏，这就是他们或其他人所知道的陕西救援队的旅程。

◎尾声　西安府的又一个安息日

中华民国成立第一年，也就是1912年的5月，即使在遥远的西安府也展现出和平的希望。

毅军已经退回到河南陕州，并在那里做着维持道路治安的工作，虽然平淡无奇但却有用的。在潼关，张伯英已经脱离险境，并与赵倜将军实现了和解，现正守卫着陕西的门户。在陕西省前抚台衙门里，云山先生正忙于制订工业企业的发展计划，同时对那些有可能煽动叛乱的哥老会成员施加了越来越大的压力，他甚至还能腾出点时间琢磨摄影技术。不过都督衙门仍旧充斥着怀疑和恐惧；天主教徒也还面临困境；陕西革命政权虽然得到了北京那位总统的正式承认，但很难说是真心实意的，尽管如此，陕西领导人还是急切地接受了这种承认，并高调宣布了这个消息。医院人满为患，甚至连“切尔西医院”也有了自己的病人，现在它已经正式开业了。商业活动的脉搏虽在跳动但十分虚弱，商人们的信心就像一只胆怯的小鸟，它已被此前的动乱吓坏了；不仅如此，金融秩序也仍处于混乱之中，贷款还是极其困难。帝国时期便已暴露的诸多经济积弊，如今又在困扰着年轻的共和国。

“使人和睦的人有福了”

作者、荣安居医生、陕西都督、邵涤源牧师、罗德存医生。

在陕西“切尔西医院”的开幕式上，革命党人和哥老会成员会见了发起成立医院的医生，以及那位在陕西对革命党和哥老会双方均颇有帮扶的英国资深传教士。

陕西的衰退已经达到一种极低的地步，以至于悲观主义者预言，陕西在数年内——如果不是世世代代的话——都将处于这种极度衰退的状态。但是，潮流已经在转向。慢慢地，非常缓慢地，民权制约军权正在取得进展。慢慢地，理性开始重新占据它的主导地位。展望未来，学校、军队、城市以及教堂里的理想主义者正在增多，幸运的是甚至在政府机关都已经有这样的人了。在这个国家的所有这些部门中，人们已或多或少认识到英国人如此令人信服地传递给他们的理想的价值，这些英国人始终以朋友的身份与他们站在一起。在军队里，哥老会的“弟兄”——不管是长官还是士兵——会和你数小时地谈论他们的“大夫”，也就是他们的医生。在他们的伤口真正发臭腐烂，而他们自己的中国朋友却捏着鼻子、扭头不管时，是这些医生在照料他们。对于那些被人追捕、身上带伤、身无分文并终于逃脱了屠杀的满族人而言，除了在“救世堂”①，他们已经找不到有影响力的朋友了。

然而，对于这个来自海外的团体来说，最能欣赏他们所付出的努力，最能对他们的引导做出反应的，是那些与他们关系更近的妇女、男人以及孩子们。这些人就是教堂的成员，就是被他们拯救的人。现在，这些人满怀忧伤与爱戴，聚集在他们的引路人身边。

几天以前，在“切尔西医院”正式开业的仪式上，政府中的两个群体，即革命党和哥老会的领导人齐聚一堂，向那些由于危机结束而准备离开这座城市，并要翻山越岭前往外地的外国人表示敬意。这两群相互竞争的人能够坐在一起，这对于那些促成这一局面的人来说，是一种礼物。这两群人能够在同一张桌子上吃饭，在同一幅照片中出现，是因为他们想要表达对那些外国人的尊敬。明天，这些外国人将从这座城市胜利地撤退，军乐将要奏响，礼炮也会齐鸣，象征荣誉的英雄绶带也将赠予曾同部队一道进军的外科医生。

但这些都是昨天或明天的事情。今天的时间是属于教堂的。今天，他们再一次聚集到一起，聆听一位富有远见和权威的男人发表演讲。他的嗓音是洪亮的，他的话语是掷地有声的，他所传递的信息是无比光明的。冬天已然消逝，教堂的屋子挤满了人。士绅们放弃他们旧式的傲慢，与穷困卑微者聚集在一起。他们还一次又一次地回到这里。对这些人来说，曾经的世界已经倾覆，站在它的废墟中间，他们无所适从。但在这里，有人向

① 这是陕西的英国浸礼会所采用的名称。——原注

他们展示了一条可能的路径，通过它可以进入一种秩序与希望并存的境界。他们要变得诚实而又坦率，富有同情心而又强大，他们要坚守自己最高的理想，他们要追随已经逐渐认识清楚的朋友。那位朋友的爱是他们的指路明星。他们在成为这样的人和这样去做的时候，将受到这位朋友的劝说、鼓励和教导。

那个人的声音变得越来越嘶哑，越来越微弱，但是意志却让他不断地讲下去……讲下去……

哦，心胸狭隘的人从这个集会中看不出任何伟大之处！缺乏想象力的人眼中只看到“本地基督徒”的贫困、过错和缺点。这幅场景对你来说难道毫无价值吗？他们所做的这些事情难道一无是处吗？为什么教会的人会被征召到需要信任的岗位上任职？那是因为他们正直和诚实。为什么那些被追捕的满人要来找他们？那是因为他们被教导以同情之心待人。为什么当他们的非基督徒邻居处于危难之中时，人们要据此来判断、批评和评价他们？那是因为他们公开宣布了一种做人的标准，并且宣称自己具有那种助人为乐的动力，这一点外面的人不管情愿与否都是承认的。为什么陕西政府现在要选派一批学者到沿海的教会学校继续其学业？那是因为教会学校所提供的教育，尽管在表面上没那么引人注目，但却更加真实，更加可靠，并为政府之类的机构所赞赏。

道德感经常会衰落，同情心有时会枯竭，匡扶正义的热情也会冷却，难道不是吗？是的，那么然后怎么办呢？答案在这里。这些本地基督徒，尽管他们有着各种各样的缺点，但已经作为一个群体，从他们周围更大的群体中脱颖而出。甚至于仅就他们目前取得的成就而言，已经足以让他们卓尔不凡了。

现在，他们聚集在一些男人和女人的周围，正是这些人给他们带来了这一切。他们集中到一起，倾听那个他们既热爱又敬畏的人做离别的训导。这个人是他们的导师，在需要的时候会毫不犹豫地拿起惩戒的棍棒。这个人击碎他们的各种托辞和借口，引导他们走出自我的恐惧，摆脱自命不凡，进而走上更光明的大道。这个人为了他们耗尽了精力，爱他们，同他们一起，并为了他们而祈祷。这个人暗地里为他们哭泣，并且极其忠诚地、面对面地帮他们解决问题。

“告别西安府”

当最危险的时刻过去，一切即将恢复正常的时候，邵涤源先生和荣安居医生以及他们的家人出发前往沿海地区。陕西军政府的各个部门一起向他们致敬。

记住，这并不是黑夜中闪现的孤零零的一丝微光。在那个集会中有一些中国人，虽然人数不多，但他们有智慧，有学问，有口才，有领导天赋，并且还具有坚忍不拔的品格。那个集会中也有一些人会在明天，以及许多个明天的明天，延续这火炬的光芒，并让它照亮那黑暗的地方。在今天的中国，到处都能找到这样的人。他们也许是本地的，也许是从海外来的，在性格上他们可能没有什么令人瞩目之处，在做事的效率上也不一定有那么高。今天，他们辛勤地工作着——无论是本地人还是外国人都是如此，就像他们过去数十年来一直在这片伟大的土地上工作着那样。他们工作在巡回传教的旅途中，工作在乡镇和省城，工作在大学、医院和各种机构里，工作在编辑的椅子上和译书局里。

这样带来的结果是什么呢？结果就是出现了很多像孙中山、黎元洪和严博士①一样的人。在政府主办的大学和学校里，可以找到那种致力于救偏补弊的导师；在社会上可以找到那些正在努力并将继续努力，尽管经常失败但仍然诚实经营的商人；还可以找到那种农民，他们从自己的辛苦劳作中发现了新的自尊、被唤醒的才智、道德上的激情以及一种伟大的希望。

这些不是梦，也不仅是希望；他们是如今出现的结果，是真实存在的。他们在数量上还不是很多，教会可以因此而受到责备，但绝不能丧失信心，因为他们所代表的方向是正确的，只是数量还不够多。

这就是这项工作所带来的某些结果，它就是由在中华民国西北地区艰苦工作的这些男人和女人们已经完成或正在进行的。当然，这项工作值得他们生活在那里，甚至值得他们长眠在那里，不是吗？

训导结束了，聚集的人群中响起了一阵歌声，那歌声充满着渴望、决心、坚定和爱，他们的内心因此而如释重负。那个人的声音又再次响起，坚定而平稳；最后他的音调降了下来，但他那威严而又亲切柔和的祝福话语还持续了很久。于是，缺点、恐惧以及不祥之兆通通被抛诸脑后。他们出发向前，知道自己要去做什么，也知道怎么去做。这些人就是未来的希望，就是中国将在世界民族之林中拥有一席之地的保证。

这样做值得吗？是的，的确，非常值得！

---

① 此处所指可能是严复。——译者注

◎附录　专有名词英汉对照表

Abdul Hamid	阿卜杜勒·哈米德
Acting Governor	护理巡抚
Admiral von Tirpitz	提尔皮茨上将号
Ah Sin	阿信（音译）
Ahlstrands	阿尔斯特兰德夫妇
Alva	阿尔瓦
American Board Mission	美国公理会
Andrew Young	荣安居
Antwerp	安特卫普
Army Medical Corps	军医院
Arthur de Carl Sowerby	苏柯仁
Babe of Bethlehem	伯利恒婴儿
Banking Street（“Silver” Street）	梁家牌楼
Baptist Mission（Baptist Missionary Society）	浸礼会
Baptist Zenana Mission	浸礼会妇女传道部
Bastilles	巴士底狱
Beckingsale	贝琴塞尔
Beckmann	白锦荣

Bell Tower	钟楼
BlÖm	布洛姆
Bomb Corps	炸弹队
Boxer	义和团
British American Tobacco Co.	英美烟草公司
Cahors	卡奥尔
Canton	广州
Captain	队长
Cecil F. Robertson	罗德存
Ceylon	锡兰
Chalmers	查尔默斯
Chambre des Deputies	众议院
Ch'ang An Hsien	长安县
Chang Fei	张飞
Chang Fang	张钫
Chang Feng Hui	张凤翙
Chang I Ch'ien	张一陈
Chang Hsin Chih	张行志
Chang Pao	张茅
Chang Pei Ying	张伯英
Chang Wu	长武
Chang Yün Shan（Cloudy Mountain）	张云山
Chao Ch'ou	赵倜
Charter，G. A.	贾尔德
Chelsea Hospital	切尔西医院
Cheng Chou	郑州

Ch'eng Hwang Miao	城隍庙
Chicago Jungle	芝加哥丛林
Ch'ien Hu Yuan	钱护院
Ch'ien Chou	乾州
Chihli	直隶
China Inland Mission	内地会
Ching Tzu Kuan	荆紫关
ChinSi	晋祠
Ch'i Shan	岐山
Chihfu	知府
Chinese city	汉城
Ching Hsing	井陉
Chiu Shih T'ang（Save the World Hall）	救世堂
Christians	基督徒
Christmas Eve	平安夜
"Chung I" hall	"忠义"堂
Chung Pu	中部县
Colporteur	卖宗教书刊的小贩
Comerford	科默福德
Commissariat	军需官
Commissioner	钦差大臣
Communicants	信徒
Communion of Saints	圣徒相通
Constantinople	君士坦丁堡
Continent	欧洲大陆
Cornwall	康沃尔

Corsica	科西嘉岛
Dalny	大连
Deacon	执事
deus ex machina	救星
Denver-Jones	丹佛·琼斯
Donald Smith	唐纳德·史密斯
Dorothy Charter	多萝西·贾尔德
Due D'Enghien	昂吉安公爵
Duke of York	约克公爵
Duncan	敦崇礼
Dupont	杜邦
East Suburb	东关
Edict of Nantes	南特敕令
E. F. Borst-Smith	司慕德
Ellison	埃利森
Empress Dowager	太后
England	英格兰
English Hospital（English Mission Hospital）	英华医院
E. R. Long	郎德华
Euclid	欧几里得
Evangelist	福音传道员
Fairburn	费尔伯恩
Fenchoufu	汾州府
Fenghsiangfu	凤翔府
Fleet Street	佛里特街
Foreign Office	外交部（外务部，外交司）

Fouchet (Fouché)	富歇
French Minister	法国公使
French Revolution	法国大革命
Futai Yamen (Provincial Governor's Yamen)	抚台衙门
Fu Yin Ts'un (Gospel Village)	福音村
F. Warrington	沃林顿
Gautama	乔达摩
General Wu	吴将军
General Yen	阎将军
George Ahlstrand	杨大街
George Eliot	乔治·艾略特
Georgia	佐治亚
Gingal	抬枪
Gordon	戈登
Goshen	歌珊地
Gospel Hall	福音堂
Hamlet	哈姆雷特
Han	汉人
Hanchungfu	汉中府
Hankow	汉口
Han Yü	汉榆(音译)
Hatamen Street	哈德门大街
H. Ellis	埃利斯
Henley	亨利镇
Herbert Ellis	赫伯特·埃利斯
Herr Henne	赫尔·亨

Herodotus	希罗多德
H. E. Yuan	袁世凯阁下
H. H. Stanley	斯坦利
Hia jen	汉奸
Hilda BergstrÖm	孙兴平
Hilda Neilson	聂珍宝
Ho Fan	河樊（音译）
Home Society	国内布道会
Honanfu	河南府
Hong Kong	香港
Hsia Shih	硖石
Hsien magistrate	知县
Hsie-ts'un	薛村
Hsien Ning	咸宁
Hsienyang	咸阳
Hsü Shang Yuan ("Pity-the-Wounded" hospital)	恤伤院
Huang Ch'eng	皇城
Huachou	华州
Hua Yin Hsien	华阴县
Hua Yin Miao	华阴庙
Huai Pao	怀包（音译）
Huguenots	胡格诺教徒
Hunan	湖南
"Hung Chü" water	"黄初"水（音译）
Hupeh	湖北

Hu Yen	呼延
I Chün（I Chun）	毅军
I Chün	宜君
I Chang	义昌（音译）
Imperial City	皇城
Imperial Postal Service	大清邮政局
Irish Nationalists	爱尔兰民族主义者
Jacobin Club	雅各宾俱乐部
James Watson	武明道
Jan Ridd	约翰·理德
Jan Tien	冉店
J. C. Keyte	祈仰德
Jimmy	吉米
John Jordan	朱尔典
Kaifengfu	开封府
Kan Ch'uan	甘泉
Kan Hao	甘濠
Kansu	甘肃
Kant	康德
Ka Hsiao Yeh	盖晓叶（音译）
Keepers of the Roads	安抚招讨使
Ke Ming Tang	革命党
Kingdom of God	天国
King George	英王乔治
Kirke	柯克
Ko Lao Hui（Society of the Elder Brethren）	哥老会

Kuan Ti Miao	关帝庙
Kuan Yin T'ang	观音堂
Kuang Hsü	光绪
Kuo Hsi Jen	郭希仁
Kwan Ti	关帝
Lancashire	兰开夏
Lanchou	兰州
Lao Ho K'ou	老河口
La Veuve Scarron	寡妇斯卡隆
Legation Street	使馆街
Li Ming Shan	李明山
Li Ch'uan	醴泉
Li Hung Chang	李鸿章
Lingpao	灵宝
Lin Tung	临潼
Liu Chi Wa	刘赤娃（音译）
Liu Pei	刘备
Livingstone	利文斯顿
Li Yuan Hung	黎元洪
Lord's	伦敦大板球场
Lower	罗尔德
Lung Chü Tsai	龙驹寨
Ma An Liang	马安良
Ma Chung Hsiao	马忠效
Ma Fu Hsiang	马福祥
Magazine	军装局

Ma Kuei Jen	马国仁
Manchester	曼彻斯特
Manchu city	满城
Mary Anderson	梁玉钟
Massy	马西
Methodist	卫理公会教徒
Miao Kou	庙沟
Mien Chih	渑池
Miletus	米利都
Militia	民兵
Mission Chapel	教堂
Mohammedan	穆斯林
Mongol	蒙古人
Mongolia	蒙古
Monmouth	蒙茅斯
Morgan Palmer	摩根·帕尔默
Morrison	莫理循
Morrison Street	莫理循大街
Mr. Lin	林先生
Mu Er Yeh	穆额叶（音译）
Na Tung	那桐
Nanhotou	南河头（音译）
Nanking	南京
Nanking Road	南京路
New Dominion	新疆
New Guinea	新几内亚

Niangtzu	娘子关
Norman Taylor	诺曼·泰勒
Northern China	华北
NystrÖm	奈斯特龙
North and South War of '61	美国南北战争
North Shensi	陕北
Ocean Ghost Children (Yang Kwei Tzu)	洋鬼子
Ordnance	军需处
Ordos Desert	鄂尔多斯沙漠
Oscar BergstrÖm	孙金连
Oxford	牛津
Pao Kuei En	鲍魁恩（音译）
Paotingfu	保定府
Paris	巴黎
Paula Maier	葆拉·梅尔
P. D. Evans	埃文斯
Peak District	皮克地区
Peitaiho	北戴河
Pei T'ungkuan	北同官
Pei Ya	伯牙
Peking	北京
Peking-Hankow railway	京汉铁路
Pepys	佩皮斯
Petticoat Lane barrow	衬裙巷市场
Philip Manners	满飞烈
Piccadilly	皮卡迪利大街

Pidgin English	洋泾浜英语
Pinchou	邠州
Ping Liang	平凉
Postal Service Mess	邮政局
Prince Ching	庆亲王
Protestant	新教徒
Provincial Assembly (Provincial House of Assembly)	谘议局
Pye	派伊
Pyramus	皮拉摩斯
Quebec	魁北克
Red Cross Society	红十字会
Red Fez (Turkish fez)	土耳其毡帽
Relief Expedition	救援队
Republic of Kwang-tung	广东军政府
River Han	汉江
Robin Hood	罗宾汉
Roman Catholic	罗马天主教
Roman Catholics	罗马天主教徒
Romanists	天主教徒
R. S. Clark	克拉克
Russians	俄国人
Ruth	白水兰
Sahara	撒哈拉
Sanyuan	三原县
Scandinavian Alliance Mission	北美瑞挪会

Secret Societies	秘密会社
Sedgemoor	塞奇高沼
Selma Beckmann	白茹丹
Shanchou	陕州
Shanghai	上海
Shansi	山西
Sheng Yün	升允
Shensi	陕西
Shields	希尔兹
Shih Chia Chuang	石家庄
Shorrock，A. G.	邵涤源
Sianfu	西安府
Sian Hsien	新安县
Smithsonian Museum	史密森博物馆
Singapore	新加坡
South Suburb	南关
Spanish	西班牙人
Sphinx	斯芬克斯
Straits Settlements	（英属）海峡殖民地
St. Bartholomew's day	圣巴多罗马日
Stevens	史蒂文斯
Suitechou	绥德州
Sung Po Lu	宋伯鲁
Sun Yat sen	孙中山
Swedish Minister	瑞典公使
Swedish Mission	瑞典差会

Swedish Missionaries	瑞典传教士
Swiss Navy	瑞士海军
Szuchuen	四川
Szuchuenese	四川人
Ta Ch'ing	大清
Ta Ching Kuan	大庆关
T'ai Pei Shan	太白山
T'ai P'ing	太平军
Tao-t'ai	道台
Taiyuanfu	太原府
Tartar	鞑靼人
Tartar General	八旗将军
Ta Ts'ai Shih	大菜市
Thelma	西尔玛
The 1911 Revolution	辛亥革命
The caravan	旅行队
Thibet	西藏
Thisbe	提斯柏
Thomas	托马斯
T'ien Ting Shan	钱定三
Tientsin	天津
Times	泰晤士报
Treasurer	布政使（会计）
Treasurer's yamen	藩台衙门
Ts'ao T'an	草滩
Tsinanfu	济南府

Ts'ing Ling	秦岭
Tsingtau	青岛
Tso Pei Tao	左伯桃
Tsung Tzu Chi	钟子期
T'u-fei	土匪
T'ungchou	同州
Tung Erh Kou	洞儿沟
T'ung Kuan	潼关
T'ung Ling	统领
Turkestan	突厥斯坦
Turner	特纳
Tutu	都督
Tzu Hsi	慈禧
Urga	库伦
Vatne	沃特尼
Via Dolorosa	受难之路
Vicar Apostolic	名誉主教
Viceroy	总督
Victoria Cross	维多利亚十字勋章
Wagons-Lits	六国饭店
Wang Tien Chung	王天纵
War Office	军政部
Watt	瓦特
Weihaiwei	威海卫
Wedicson	魏荫庇
Weinan	渭南

Wen Hsiang	阌乡
Westminster	威斯敏斯特
Whig	辉格党
Wu Chang	武昌
Wuchen	吴城
Wulipu	五里铺
Yang Chio Ai	羊角哀
Yangtzu（应为 Yangtze）	长江
Yao Chou	耀州
Yellow River	黄河
Yenanfu	延安府
Yin Cheng Liang	尹昌龄
Ying Chia Wei	引驾回
Y. M. C. A.	基督教青年会
Yuan Shih K'ai	袁世凯
Yulinfu	榆林府
Yung-ning	永宁
Yu-tzu	榆次
Yü Hsien	毓贤
Yüncheng	运城